# *Regenerations*

# *Régénérations*

# Regenerations

Canadian Women's Writing

# Régénérations

Écriture des femmes au Canada

*Marie Carrière & Patricia Demers, Editors / Directrices*

 THE UNIVERSITY OF ALBERTA PRESS

Published by
The University of Alberta Press
Ring House 2
Edmonton, Alberta, Canada T6G 2E1
www.uap.ualberta.ca

Copyright © 2014 The University of Alberta Press

LIBRARY AND ARCHIVES CANADA CATALOGUING IN PUBLICATION

Regenerations : Canadian women's writing = Régénérations : écriture des femmes au Canada / Marie Carrière & Patricia Demers, editors/directrices.

Includes bibliographical references and index.
Issued in print and electronic formats.
Text chiefly in English; some text in French.
ISBN 978-0-88864-627-9 (pbk.).–ISBN 978-1-77212-026-4 (epub).–
ISBN 978-1-77212-027-1 (Amazon kindle).–ISBN 978-1-77212-028-8 (pdf)

1. Canadian literature (English)--Women authors--History and criticism. 2. Canadian literature (French)--Women authors--History and criticism. I. Carrière, Marie J., 1971–, author, editor II. Demers, Patricia, 1946–, author, editor III. Title: Régénérations.

PS8089.5.W6R436 2014 C810.9'9287 C2014-905233-2
C2014-905234-0

First edition, first printing, 2014.
Printed and bound in Canada by Houghton Boston Printers, Saskatoon, Saskatchewan.
Copyediting and proofreading by Joanne Muzak and Anna Olivier.
Indexing by Judy Dunlop and François Trahan.

All rights reserved. No part of this publication may be produced, stored in a retrieval system, or transmitted in any form or by any means (electronic, mechanical, photocopying, recording, or otherwise) without prior written consent. Contact the University of Alberta Press for further details.

The University of Alberta Press is committed to protecting our natural environment. As part of our efforts, this book is printed on Enviro Paper: it contains 100% post-consumer recycled fibres and is acid- and chlorine-free.

The University of Alberta Press gratefully acknowledges the support received for its publishing program from The Canada Council for the Arts. The University of Alberta Press also gratefully acknowledges the financial support of the Government of Canada through the Canada Book Fund (CBF) and the Government of Alberta through the Alberta Media Fund (AMF) for its publishing activities.

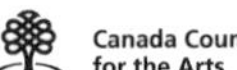

# Contents / Table des matières

# *Preface / Préface*

MARIE CARRIÈRE & PATRICIA DEMERS

*Ce que les femmes de chaque génération ont eu à dire et à transmettre*: with brilliant succinctness in her contribution to this volume, Nicole Brossard enunciates the scope of this collection. These essays are revised versions of papers delivered at the Canadian Women Writers Conference/Colloque écritures des femmes au Canada, held at the University of Alberta in fall 2010. Seeing, hearing, discovering, and recovering the words of Canadian women writers comprised its exciting prospect. Realizing that this material—from the nineteenth century to the present—continues to link and connect, and toggles back and forth across centuries and languages, has been one of the delights of our collaborative work of selection and positioning.

Relier, (em)brancher, rapprocher, ce ne sont que quelques mots pour évoquer plus généralement les trajectoires possibles rassemblant tout autant dans la similarité que la différence l'écriture des femmes et la critique féministe au Canada et au Québec. Quant à elle, l'écriture au féminin s'est très souvent voulue un mode de partages, de collaborations et de traductions, ainsi que de nouvelles approches poétiques et théoriques. Elle se situe aux confins de divers mouvements intellectuels et sociaux, notamment féministes et transculturels. Que ces pensées portent sur la prise de parole, le genre et la différence sexuelle, ou le soi et l'autre, l'écriture – celle d'hier comme celle d'aujourd'hui – les enchâsse, les remet en cause et, peut-être avant tout, ose les imaginer autrement.

Essay collections that treat Canadian women's writing in relation to literary history and digital scholarship, and with a multicultural and bilingual scope, have been close to non-existent, with the exception of Barbara

Godard's *Gynocritics/La gynocritique: Feminist Approaches to Canadian and Quebec Women's Writing/Approches féministes à l'écriture des canadiennes et québécoises* (1987). Historical, monolingual feminist collections, *A Mazing Space: Writing Canadian Women Writing* (1986) and *Reimagining Women: Representations of Women in Culture* (1993), both of which emerged from pre-digital-age conferences also held at the University of Alberta, set impressive benchmarks. Nous présentons notre ouvrage dans l'espoir d'amplifier et d'enrichir cette tradition. Selon nous, le temps s'annonce bien pour un recueil bilingue abordant les nouvelles formes de collaboration et de recherche numériques et concevant d'une manière innovatrice l'histoire littéraire canadienne façonnée par la recherche féministe. C'est ce que tente précisément de faire le présent volume collectif.

With the keynote speakers' addresses serving as touchstones to the chapters in each thematic section, what has emerged as most invigorating is the ways in which the chapters speak to one another, disregarding discursive divisions and time frames. Consider how the range of digital media allows us to see, hear, and connect Canadian women writers, their work, and the scholarly attention they attract. Plusieurs études de cet ouvrage démontrent que l'environnement électronique se propose non seulement comme un moyen de communication à la fine pointe, mais comme un véritable mécanisme de récupération et d'analyse de textes dont la place n'a pas toujours été dûment accordée par l'histoire littéraire. Susan Rudy's examination of the stimulating workspaces of poet-investigators Caroline Bergvall and Erin Moure opens up the field of collaboration for performance art as well as poetry so that online communication, brimming with potentiality, creates and even alters knowledge. Dean Irvine's collaborative, nationwide project of Canadian modernism illustrates the sociality of the digital commons. For Maïté Snauwaert, the blogs, e-books, and alternative radio broadcasts of Catherine Mavrikakis provide an entry point to the changing quotidian scene in which dreams themselves contribute to a kind of fugitive reality. Analyzing the intercultural film techniques of Midi Onodera allows Sheena Wilson to comment on Japanese-Canadian history, displacement, and redress by offering a new vision of imagining her-stories.

Paper and broadcast media are full of insights into other historical periods while they also link past and present writers and questions. Les voix féminines, connues et moins connues, dans les médias, la presse et le journal intime, par exemple, ne sont pas toujours immédiatement visibles, si on s'en tient aux modalités habituelles de nos histoires littéraires consacrées. Shauna Lancit's consideration of Dorothy Livesay's CBC radio show of the 1950s, *Critically Speaking*, prompts readers to connect this language of the social—with the housewife as a public intellectual—to Irvine's larger project of the sociality of the commons. Manuscript diaries, notebooks, and unpublished fiction supply platforms for Mary McDonald-Rissanen, Gary Kelly, and Patricia Demers to probe the lives of women writers often neglected in academic discourse and literary history and, in the process, to interrogate the exclusivity of our understanding of authorship and readership.

Writers and readers, we are reminded through the contributions of Lindsey McMaster and Cinda Gault, live in interconnected worlds. Certains points de convergence culturels et idéologiques mis en œuvre par ces deux études ne sont pas sans nous rappeler les liens rapprochant écriture et lecture au féminin, et cela par rapport aux deux contextes langagiers représentés dans ce recueil. While McMaster returns to nineteenth-century English-Canadian writers, whose divided heroines identify with French Canada, to reflect the emerging nation's inner conflicts, Gault concentrates on critical response to Margaret Laurence's protagonists as representations of unresolved tensions between nationalists and feminists. Marie Carrière's analysis of metafeminism captures its range and vacillating connections to second-wave feminism through the work of Hélène Dorion, Flora Balzano, and Nadine Bismuth.

The material conditions of production influence how writers do their work and how, in the digital age, we can access and discuss it. Chantal Savoie and Julie Roy's retrieved historical archive of women's contributions to the periodical press in nineteenth-century Quebec is one model of archival retrieval. Lucie Hotte's investigation of the link between provincial funding, critical reception, and francophone women's writing in New Brunswick, Manitoba, and especially Ontario in the pivotal period of the 1970s and 1980s is another. Ces chercheures nous font voir l'importance, voire la nécessité, d'une relecture de textes au féminin, notamment par l'utilisation de la technologie numérique. Cette relecture est souple et ouverte, d'où l'histoire de nos littératures et de leur réception critique divulgue ses lacunes et son inachèvement.

Material and cultural conditions are intricately interrelated. As Louise Dennys and Rosemary Sullivan disclose, they affect career trajectories. Witness the tough battles Dennys faced in the colonial power structure of the Canadian publishing industry in the 1970s, now transfigured by the prominence of literary voices from the old colonial margins. In a comparable sequence, Sullivan's remarkable achievement as a biographer of Elizabeth Smart, Gwendolyn MacEwen, and Margaret Atwood fuels her dedication to creative writing programs in Canadian universities, as new incarnations of an old atelier model.

Dans ce recueil collectif, des générations d'écrivaines se croisent et s'entrecroisent. *Lorsque je fais le tour de ma bibliothèque, je fais le tour de ma vie dans laquelle des femmes, des écrivaines, des amies ont constitué des temps forts dans mon existence*, témoigne encore Nicole Brossard dans les pages qui suivent. Ce sont les mouvements esthétiques et intellectuels qu'ont propagés ou desquels ont émergé ces femmes, ce sont les langues, les pratiques et les idées circulant en elles et à travers elles qui continuent à produire les temps forts de l'écriture des femmes et la critique féministe au Canada et au Québec. À les constituer dans leurs spécificités multiples et leurs trames pluridimensionnelles.

### Works Cited

Godard, Barbara, ed. *Gynocritics/La gynocritique: Feminist Approaches to Canadian and Quebec Women's Writing/Approches féministes à l'écriture des canadiennes et québécoises*. Toronto: ECW, 1987. Print.

Neuman, Shirley, Glennis Stephenson, and Glennis Byron, eds. *Reimagining Women: Representations of Women in Culture*. Toronto: U of Toronto P, 1993. Print.

Neuman, Shirley, and Smaro Kamboureli, eds. *A Mazing Space: Writing Canadian Women Writing*. Edmonton, AB: Longspoon, 1986. Print.

# I

# *AU FIL DE LA NARRATION...*

# *Au fil de la narration et des générations* 1

NICOLE BROSSARD

> Et l'on sera un jour dans le souvenir de nos enfants au milieu de petits-enfants et de gens qui ne sont pas encore nés. Comme le désir sexuel, la mémoire ne s'arrête jamais. Elle apparie les morts aux vivants, les êtres réels aux imaginaires, le rêve à l'histoire.
> – *Annie Ernaux,* Les années

Le monde a changé, il continue de le faire tous les jours à un rythme effarant avec un esprit marchand à tout casser. Parler de la mémoire dans un monde en perpétuels et rapides changements n'est donc pas une petite tâche. Et pour cela faut-il peut-être prendre le temps de réinvestir le mot mémoire et d'essayer de comprendre pourquoi nous voulons nous souvenir, à un moment de l'histoire où le présent ne chasse pas le passé mais le présent lui-même. Où l'espace n'est plus une distance, mais une présence de l'instant à partager. Notre présent ne ressemble-t-il pas de plus en plus à une multiplication fluide d'images éphémères, ouvrant sur du possible et du rêve? Ou conduit-il tout simplement à nous faire sombrer dans un ressassement superficiel?

### *Le livre, Internet, Facebook et Twitter*

Comme si le temps long du livre allait à la rencontre de l'éclair informatique, pour nous rappeler ou nous faire oublier ce que nous, femmes d'Amérique du Nord, étions il y a à peine cinquante ans. Ce que nous avons vécu durant ces années est unique dans l'histoire de l'humanité. Certes, il y a toujours eu des moments de rébellion chez les femmes, mais jamais nous nous étions autant adonnées à l'histoire, à la philosophie, à la critique, à la littérature, à l'art, à la création, à la politique, tout cela en notre propre nom et intérêt. Jamais dans l'histoire nous n'avions eu le contrôle de notre fertilité et de nos mots.

Le monde a changé. Aussi ne saurons-nous jamais quel fut notre apport à ces changements, car déjà des phrases phares comme « nous aurons les enfants que nous voudrons » ou « la vie privée est politique » ont été happées par les technologies de reproduction, les *reality shows* et le monde virtuel. Pourtant nous savons très bien que notre apport dans les domaines des relations interpersonnelles, de la sexualité et du quotidien a permis d'intégrer de nouvelles valeurs aux mondes du travail, de l'éducation, de l'environnement, du droit et de la santé. Nous sommes advenues dans la réalité en nous rendant visibles par nos revendications, nos propositions, nos questions, nos amours inimaginables. Étrange phénomène, les changements que nous avons rendus possibles (hélas! seulement pour quelques-unes d'entre nous) n'ont en rien changé l'attitude des papes, cardinaux, rabbins et mollahs à notre égard, n'ont en rien atténué l'esclavage et le commerce des corps féminins, n'ont en rien diminué la violence faite aux femmes, n'ont en rien sorti les femmes de la dépendance et de la pauvreté. (Un journal titrait récemment *La porno, indicateur de la sécurité en Irak*, 24/08/2010 : c'est vous dire à quel point plus ça change, plus c'est pareil!)

### *La mémoire*

Mais revenons un instant à la mémoire, puisque le projet qui nous réunit est tout autant lié à ce qui fut, à ce qui arrive présentement et à ce que nous aimerions poursuivre dans le cadre de projets et de dialogues, par l'entremise de l'impalpable espace virtuel capable d'altérer les mœurs, l'identité, l'énergie collective voire même l'histoire. Je pense ici à quelques phénomènes récents comme ces rencontres inventées et organisées en temps réel tels les *flash mobs* (rassemblements éclair) et les happenings éphémères.

De tout temps, une partie de la mémoire sociale a été appelée à devenir histoire. Cette histoire est le résultat de choix liés à ce que la société préfère se rappeler, les larmes aux yeux, ou célébrer, foule en liesse. La mémoire se transforme alors en centenaire ou bicentenaire événementiels, élit des œuvres littéraires qui deviennent des classiques, décrète que des sites naturels ou architecturaux feront désormais partie du patrimoine mondial. Nous célébrons de moins en moins héros et héroïnes, tout en ne continuant pas moins d'idolâtrer les stars-vedettes du système *sexy muscles and money symbol*. C'est de plus en plus avec une compassion médiatique que nous nous remémorons les victimes de violence haineuse et de désastres naturels ou politiques particulièrement spectaculaires. Parallèlement, nous avons constamment besoin de nous rappeler le courage, la résilience, la persévérance des gens ordinaires. De même, au moment où notre mémoire est de plus en plus dans notre ordinateur, nous multiplions les devoirs de mémoire afin d'être bien sûrs de ne pas oublier comment la folie de violence, d'orgueil et de bêtise a ici balayé sur son passage un peuple, là sacrifié une génération. Mais il est rare que nous puissions nous rappeler comment cette même folie a raturé, siècle après siècle, des milliers de femmes pour des raisons de religion et de tradition. En effet, les sociétés omettent facilement de parler de l'oppression des femmes, ces dernières étant toujours piégées dans les filets du pouvoir et ceux de la religion, de l'ignorance et des peurs collectives qui constituent une menace constante à leur intégrité.

Se rappeler, c'est rappeler vers nous des êtres (héros, figures emblématiques) et des événements (Hiroshima, la chute du mur de Berlin, le 6 décembre 1989, le 11 septembre 2001), bref, c'est se souvenir de circonstances et de gestes exceptionnellement beaux, ou exceptionnellement cruels. Maintenant que notre accès à un savoir vaste est facile, comment jouir et profiter de connexions qui peuvent, sans nous encombrer l'esprit, stimuler la créativité et nourrir notre solidarité?

Chaque acte public de mémoire célèbre une ou des valeurs dont le sens est intégré à nos vies sous forme de valeur affective. De là les larmes, les cris de joie, le délire et la fête qui accompagnent les moments de partage public d'une mémoire collective. Les actes publics virtuels concernent de moins en moins la politique et de plus en plus les petits plaisirs individualistes gavés de présent et d'un appétit constant de consommation. Certes, il y a encore des manifestations politiques, à l'occasion des G-8 et G-20, mais, de plus en plus, on s'adonne à des *flash mobs* sans aucune revendication, dans le seul but de se regrouper instantanément pour un apéro, une danse ou une photo : « être une foule inexplicable pendant 10 minutes ou moins »[1].

**ELLES / *notre mémoire***

Récemment, une amie française lesbienne radicale est décédée. Elle vivait entourée de femmes fortement liées au mouvement radical lesbien du milieu des années 1970. Elle avait connu des écrivaines féministes lesbiennes québécoises, françaises et américaines de l'époque la plus dynamique. Dans une lettre d'adieu, cette amie nomme les femmes créatrices qu'elle a connues, qui l'ont aidée et stimulée dans sa vie. Par cette énumération toute simple, chacune de celles qui a lu la lettre a vu défiler sa vie de jeune femme adulte en lutte et en amour. Ainsi peut-on dire que sa mort a donné lieu à un ressourcement de mémoire. En d'autres termes, on ne répètera jamais assez la force de la dynamique de la deuxième vague du féminisme et combien il a été vital pour plusieurs femmes de ma génération de découvrir et de lire Virginia Woolf, Simone de Beauvoir, Djuna Barnes et Gertrude Stein, de retrouver les femmes de la Rive gauche à Paris, de voir le *Dinner Party* de Judy Chicago, d'entendre Mary Daly et de participer à la *School of Writing for Women* créée par Daphne Marlatt et Betsy Warland. Je ne suis jamais allée au *Womyn's Festival* du Michigan, mais je présume que cela aussi devait être magique. J'ai participé à quatre des cinq Foires du livre féministe entre 1984 et 1994 et rencontré des dizaines d'écrivaines des cinq continents. En décembre 2009, à l'occasion d'un colloque consacré à la regrettée Barbara Godard, j'ai eu l'occasion de revoir plusieurs des écrivaines et universitaires canadiennes qui ont transformé le rapport aux mots et la lecture critique. Pour ma part, il m'a toujours semblé important d'inscrire de la mémoire dans la vie culturelle et cela je pense l'avoir fait avec l'*Anthologie la poésie des femmes au Québec, La nef des sorcières, Les têtes de pioche, Baiser vertige*, la petite maison d'édition L'Intégrale que j'ai fondée et qui m'a permis de publier un texte de Mary Daly (traduit par Michèle Causse) et un autre de Louky Bersianik. Lorsque je fais le tour de ma bibliothèque, je fais le tour de ma vie dans laquelle des femmes, des écrivaines, des amies ont constitué des temps forts dans mon existence. Récemment, je suis tombée sur quelques-uns des livres parus entre 1975 et 1990 : SP/ELLES, *Poetry by Canadian Women*, préparé en 1986 par Judith Fitzgerald, qui regroupait des textes de Daphne Marlatt, Ann Wallace, Lola Lemire Tostevin, P.K. Page, Dorothy Livesay, Louise Dupré, Louise Cotnoir, Ayanna Black, etc. Et ce numéro 53 de la revue *Ellipse* consacré à la poésie d'Erin Mouré et à la mienne avec des articles de Susan Knutson et de Susan Rudy. Et l'anthologie intitulée *The Girl Wants To* de Lynn Crosbie dans laquelle se retrouvaient entre autres les noms de Kathy Acker, Beth Brand, Barbara Gowdy, Evelyn Lau, Makda Silvera. Et combien d'autres livres dont *A Mazing Space* préparé par Smaro Kamboureli et Shirley Neuman ainsi que les revues *A Room of One's Own*, *Tessera*, *La vie en rose*, *Arcade*, etc. Il me suffit de regarder dans ma bibliothèque pour voir se profiler l'énergie de trois générations (et je reviendrai sur la question des générations).

D'autres auront en mémoire leur lutte active pour l'équité salariale, pour les garderies, pour le droit à l'avortement, pour un changement des lois concernant le délit de viol et de harcèlement sexuel, pour le mariage entre personnes du même sexe, pour un registre canadien des armes à feu. Ici, je serais tentée de dire qu'il faudrait aussi avoir en mémoire le présent très récent et ne pas oublier que le gouvernement minoritaire (devenu ensuite majoritaire lors de l'élection du 2 mai 2011) du premier ministre Stephen Harper a éliminé le Programme de contestation judiciaire, réduit le budget de Condition féminine au Canada, a coupé des millions de dollars au Programme d'apprentissage, d'alphabétisation et d'acquisition des compétences essentielles pour les adultes, a aboli le droit à l'équité salariale des fonctionnaires fédéraux et a présenté une loi qui ouvre la porte à la re-criminalisation de l'avortement.

Oui, il faut ouvrir l'œil au présent. Mais il faut aussi sortir nos albums de photos car ils ravivent les certitudes et la ferveur. L'album de photos ne me rend pas nostalgique, il me stimule, m'incite à observer et à questionner le visible et l'invisible de notre présence au monde. Il faut entretenir notre mémoire comme on entretient un jardin, avec ses racines et son cycle de vie, car en elle se cache en grande partie ce qui constitue notre identité vivante. Elle est une clé vitale sur la façon que nous avons d'interpréter et d'interpeller le monde fuyant dans lequel nous vivons. Un proverbe dit : « loin des yeux loin du cœur ». J'ai besoin de ma mémoire féministe car, sans elle, le monde happe d'un seul coup de mâchoire machiste une force vitale à la vie et à la dignité des femmes. L'album de photos nous rappelle ce que nous avons dit, fait, pensé et voulu. Il force inévitablement la question : ai-je changé? Est-ce que je continue de penser et d'agir en fonction du même fond de pensées et de croyances que celles qui m'ont animée il y a 40 ans? Suis-je ailleurs en pensée et en action vivant avec d'autres urgences, d'autres angoisses et révoltes qui, sans être à l'opposé de ce que je pensais il y a 40 ans, occupent désormais le devant de mes solidarités et de ma réflexion? En ce sens, nul doute que le projet *Régénérations* est essentiel, car en combinant les notions de fiction, de réel, de virtuel, de présence, d'absence, d'énergie et d'imagination, il devient circulation de valeurs et d'émotions, désir de connaissance et de partage. De plus, je dirais que le projet demeure particulièrement vivant dans la mesure où les générations s'y côtoient en combinant leur lucidité patiente et leur espoir dynamisant.

Il me semble important de parler ici de la mémoire individuelle et de la mémoire collective. La mémoire et le sens de l'histoire vont ensemble. Cependant, l'une et l'autre apparaissent de plus en plus comme des dinosaures, puisque la mémoire historique jadis semi-objectivée dans le contexte de l'écrit est aujourd'hui en constante transformation interactive. Disons qu'elle vacille, tout comme le statut idéologique et moral de la vérité qui, en principe, facilitait notre adhésion au monde et à sa compréhension. Dans le contexte de l'informatique, des bio- et nanotechnologies, il est normal de parler du déclin de ce que nous appelions l'évidence du vrai, puisque la vérité-réalité est de plus en plus complexe et que nous sommes maintenant en mesure de l'observer sous plusieurs angles. Un peu comme, après 1416, la découverte de la perspective en peinture allait changer le regard et une manière de comprendre le monde. Et même si la vérité-réalité n'était que le résultat de statistiques, il y en a qui voudraient la réduire à sa plus simple expression, de manière à ce qu'il soit de plus en plus difficile d'arguer contre des lois et des règlements érodant la démocratie.

Auparavant, l'intellectuel était quelqu'un dont la tâche était justement de montrer les différents aspects de la vérité-réalité, en affirmant qu'il ne fallait surtout pas la qualifier d'unidimensionnelle. C'est d'une certaine manière ce que j'ai tenté de faire lorsque je parlais d'holographie dans mon roman *Picture Theory* (1982) et de fiction théorique dans *L'amèr ou le chapitre effrité* (1977). J'affirmais alors que nous ne pouvions pas nous fier à la vérité-réalité, puisqu'elle m'apparaissait de plus en plus comme le produit de la seule subjectivité masculine. Aujourd'hui, c'est pratique courante de concevoir la réalité sous plusieurs angles et d'être pris en flagrant délit de doute, de vertige et d'indécision. Alors qu'un couturier, un ingénieur, un architecte peuvent désormais évaluer leur prototype ou modèle sous tous les angles avant de faire un choix, on pourrait croire qu'il en est de même pour nous lorsque nous essayons d'analyser les ensembles politiques, moraux et pragmatiques qui nous gouvernent. Le fait d'avoir en partie abandonné le raisonnement dualiste (le bien et le mal, la gauche et la droite) pour agir sur le monde – sans pour autant avoir assimilé les notions de fluidité, de variété et d'une nécessaire adaptation constante – nous rend, en tant que femmes et citoyennes responsables, la tâche militante beaucoup plus difficile, et elle n'efface pas le drame non encore résolu de la violence contre les femmes et de la cohabitation de l'amour et des « techniques douces » d'exploitation. Or, pendant que nous essayons de comprendre le changement et d'évaluer les possibilités qu'il offre, les politiciens et les multinationales érodent, lentement mais sûrement, les fondements de la démocratie et de l'égalité théorique à coup de petits changements et de règlements.

|

Nous disions donc archiver et transmettre paroles, livres, événements dans un monde non seulement éphémère mais dont la culture est de produire de l'éphémère, du faux, de la copie, de l'illusion. Et n'ayons pas peur de le dire, de l'insignifiance propice à la consommation et à la complaisance narcissique. Jadis on dessinait (métaphoriquement s'entend) sur l'écran du temps, des images, des visages, des paysages. Or, si je devais poursuivre la métaphore, je dirais qu'aujourd'hui nous nous contentons d'effleurer ce même écran temporel comme si cela pouvait donner à notre présence au monde une plus-value. Nous multiplions à tout prix des traces de présence virtuelle, confondant de plus en plus l'intime, le privé et le public. Nous avons faim de présence dans un monde qui avale tout indistinctement. Je pense ici aux courtes phrases que l'on trouve sur Facebook qui nous annonce la mort d'une mère, la naissance d'un enfant. Phrases graffiti dans la nuit des temps, résumés de douleurs et de joies dispersés dans la chaleur laminée du présent virtuel.

Nous sommes à une époque où il nous faut décider si et comment ce en quoi nous croyons est (encore) valable et signifiant, ou disons porteur de vitalité. Le monde change, et si nous avons l'excuse de ne pas tout comprendre, nous n'en avons aucune pour faire semblant qu'il ne change pas, n'a pas changé en vingt ans le concept de ce que nous avons appelé jusqu'à maintenant notre humanité, notre humanisme et ses points de repère qui font de nous des êtres d'espoir et d'enthousiasme, de violence et d'angoisse, mais surtout des êtres de mélancolie. Oui, bien sûr, l'« homme » est encore le même : orgueilleux, avide, cruel, bête ou menteur rusé, mais les paradigmes de notre nature, la reproduction et la mort, le début et la fin de nos vies sont en train de se transformer. Jamais auparavant, sauf en fiction religieuse, nous n'avions appuyé scientifiquement sur les boutons de la conception et de l'immortalité, jamais le symbolique n'avait autant cédé de place aux signes. Or les femmes ont été de tout temps au cœur du symbolique, en raison de cette association contradictoire que l'on a fait entre *femme vie-nature* et *femme mort*[2]. Angle symbolique contradictoire, qui nous a toujours placées dans la double contrainte quant à une image positive de nous-mêmes. Cela dit, je ne crois pas que nous ayons des excuses pour démissionner devant les changements bouleversants qui affectent notre réalité intérieure, intellectuelle et spirituelle ou la réalité socioéconomique et culturelle. Jusqu'ici, nous pouvons dire que, si la condition humaine des femmes a changé depuis 50 ans pour une minorité de femmes, elle reste pour la majorité d'entre elles aussi ancienne que l'esclavage. Je dirais même que nous devons les changements qui nous concernent tout autant à la science et à des impératifs économiques qu'aux changements lents et partiels de nos luttes ainsi qu'à la volonté solidaire de quelques hommes à notre égard.

Ceci à peine dit, permettez-moi de vous parler de deux images qui m'ont profondément troublée récemment. La première est apparue sur mon écran parmi le fil de nouvelles de Facebook. À gauche, un homme semble nouer les lacets d'une de ses bottes, mais on peut aussi penser qu'il déplace ou replace de la terre avec ses mains. À droite, il y a la masse sombre de deux femmes vêtues de noir de la tête aux pieds. Au centre de l'image, un jeune homme est lui aussi penché vers le sol. Il est sur le point de soulever ou de déverser une pelletée de terre. Plus bas, à ses pieds, une femme avec un voile blanc est enterrée jusqu'à la poitrine. On distingue bien son visage, et l'expression de terreur sur son visage. Quiconque regarde cette image sait que dans quelques instants on commencera à jeter des pierres sur cette femme, dont seuls les épaules et le visage émergent de la terre.

Le mot pour décrire cette action est lapidation.

La seconde image a saisi mon regard alors que je passais devant un étalage de magazines. D'abord l'image floue d'un voile d'un beau mauve bleuté, une abondante chevelure couleur jais, puis ce vide, ce trou noir monstre au milieu du visage. Qu'est-ce que c'est? Une jeune femme afghane de 18 ans dont le nez et les oreilles ont été tranchés pour la punir d'avoir voulu échapper à la violence de son mari.

Fin des images qui m'ont bouleversée. La vie continue. Et je sais qu'elle est riche de beauté, de tendresse, d'intelligence. Fin des images qui m'ont blessée et meurtrie d'un réel immémorial qui aura trouvé son chemin dans un monde numérique.

### *Le partage du savoir, des pensées, des émotions, des histoires*

Nous disions donc archiver? Du passé, de l'instantané, des preuves vivantes, assister en direct au *morphing* de nos vies, de nos pensées, savoir que d'autres femmes furent là avant nous et qu'à notre tour nous devons déployer le désir et le rêve de voir le statut et la condition des femmes changer.

Avant d'aller plus loin, je voudrais insérer dans ce processus de réflexion sur les outils numériques et technologiques la notion d'« arbre de connaissances » développée par Pierre Lévy et Michel Authier en 1992, car il me semble qu'il y a là matière à penser des questions de réseaux et de communication qui nous concernent.

### *Les arbres de connaissances*

Les arbres de connaissances constituent une nouvelle approche du repérage des connaissances et des compétences dans une communauté de personnes. Ils posent la problématique du processus d'acquisition des compétences et celle de l'espace de leur mise en sens.

Voici plus spécifiquement les principes des arbres de connaissances :

- un arbre de connaissances rend visible la multiplicité organisée des richesses, des savoirs et des compétences portée par une communauté sans pour autant que la moyenne écrase la singularité des personnes;
- un arbre de connaissances permet à un individu de se situer non par un classement à partir des performances mais par rapport à la richesse de la collectivité (positionnement relatif). Il peut pointer ce qui est commun (ce qui insère) et ce qui distingue (ce qui identifie);
- les arbres de connaissances induisent comme fait premier la *reconnaissance* comme dispositif de communication qui affiche les identités telles que les personnes veulent bien les faire percevoir. Chacun peut s'adresser aux autres ou peut être interpellé par les autres dans la mesure où ceux-ci deviennent *visibles par un acte volontaire et maîtrisé.* La reconnaissance est à la base de la socialité et les arbres de connaissances privilégient la notion de *partage* plutôt que celle d'échange;
- les arbres de connaissances forment une cartographie qui est l'expression des expériences des individus relativement à une communauté donnée.

### *Quelques atouts des arbres de connaissances*

Avec l'arbre de connaissances, ce n'est plus la mise en concurrence qui est facteur d'efficacité mais le partage en transparence, grâce à la confiance établie au sein d'un groupe et à la solidarité autour d'objectifs communs. Cette efficacité rend nécessaire le lien au groupe : l'individu évolue grâce au groupe et inversement.

Chaque acteur est à même de voir où il se situe dans le dispositif, d'apprécier la contribution qu'il apporte à la richesse collective et de découvrir les opportunités de travail collectif en synergie avec les autres. Il peut alors se demander « est-ce que je sais de quoi je suis capable? » et « quelles sont les capacités du collectif où je me trouve? ».

L'arbre de connaissances fonctionne selon une *logique d'intérêt* qu'il est nécessaire de rendre visible. Chacun agit dans son intérêt en gardant, de son point de vue, une vision globale sur l'ensemble (voir l'article de Wikipédia sur le sujet).

|

La théorie des arbres de connaissances est fascinante et semble répondre à ce que nous recherchons. Il y a quelques mots qui reviennent et qui nous concernent tout particulièrement, qui personnellement en tout cas m'interpellent : reconnaissance, visibilité, partage, compétence et logique d'intérêt.

La *reconnaissance* a toujours été pour moi le filon premier porteur de solidarité et de projets. Qu'est-ce que je reconnais en toi qui fait partie de moi et constitue une partie de mon désir de vie, de mon système de valeurs, de mon expérience? Dans la reconnaissance, il y a aussi toute la question de l'image : quelle image ai-je des autres femmes, de moi en tant que femme? C'est d'ailleurs ce qui dans *La lettre aérienne* (1985) a donné lieu au texte « Une image captivante ».

La *visibilité* fut là une question majeure dans l'analyse que nous avons faite de la langue française, mais aussi des autres langues qui rendent les femmes invisibles. C'est tout l'enjeu de la question des femmes et de leur place ou de leur absence dans les institutions et, de manière générale, sur la place publique. Se faire voir et entendre positivement va à l'encontre de la tradition patriarcale qui rend les femmes invisibles (symboliquement, linguistiquement ou réellement). Visibles, invisibles, muettes ou trop bavardes, nous voici au cœur de la double contrainte (*double bind*). J'aime bien l'idée que dans la théorie de l'arbre de connaissances on puisse se rendre visible par un acte volontaire maîtrisé. Et je dirais que c'est en partie l'acte de se rendre visible (dans le mouvement gai on dit *coming out*) qui enrichit la diversité, déclenche des débats, transforme la réalité dans le pas à pas du devenir, de la tolérance et du partage.

Cette notion de *partage* que l'on préfère à celle d'échange me semble intéressante, quoique je reste ambivalente. L'échange, bien qu'il soit au cœur du système marchand, est également ce qui stimule la circulation, le mouvement, la curiosité, la permutation des biens, des idées et des philosophies. Le partage, lui, enrichit surtout moralement : il est caractéristique des gestes solidaires de compassion et d'entraide. Presque toutes les sociétés modernes et occidentales sont fondées sur l'échange, c'est-à-dire le commerce (juste ou injuste), et elles ne pratiquent qu'en marge le partage. Ici il faudrait réfléchir sur ces notions de partage et d'échange.

Le principe des arbres de connaissances est également fondé sur le fait que tout le monde sait quelque chose et que la société ou le groupe d'appartenance peut bénéficier de ce quelque chose, d'une *compétence*. Je ne peux m'empêcher ici de penser à la mise en commun de leur expérience que les femmes ont vécue au tout début du mouvement féministe. Au début, le public était restreint, composé de quelques femmes. C'est ce que l'on a appelé les *groupes de prise de conscience*. Très rapidement, ces femmes ont mis en commun leurs expériences et leur subjectivité, ce qui a permis de mesurer l'ampleur et de définir le fonctionnement d'un système appelé patriarcat, et d'élaborer des stratégies pour procéder (partiellement) à son démantèlement théorique et légal.

J'aime enfin l'expression *logique d'intérêt*. En effet, il m'a toujours semblé qu'il y avait une logique d'intérêt pour les femmes à être solidaires des autres femmes et des féministes. C'est ce qui fait que je n'ai jamais compris pourquoi la subjectivité de chacune (ses intérêts particuliers) entraînait souvent un refus du féminisme, c'est-à-dire d'une réflexion saine permettant d'identifier l'existence d'un système aliénant, dangereux et mortifère pour les femmes. Je crois que c'est ce questionnement qui a donné lieu à mon texte « De radicales à intégrales » dans *La lettre aérienne*. Avec trois expressions (une femme est un homme, une femme c'est moi et une femme est une femme), j'ai essayé de montrer comment la singularité et les intérêts de chacune avaient été jusqu'à maintenant une belle excuse pour éviter la solidarité. Aujourd'hui, je dirais que c'est l'acquiescement solidaire à la grande période féministe qui fait que désormais chacune peut réintégrer sa singularité et la déployer. Nous ne devons jamais oublier que la logique des intérêts de chacune de nous s'enrichit, mais elle ne peut le faire que s'il existe une complicité solidaire construite antérieurement à partir de ce que nous sommes, c'est-à-dire du genre féminin.

Avant de parler des générations, du visible et de l'invisible de nos vies et de conclure sur la question du sens, j'aimerais revenir brièvement sur la notion de vie privée, d'intimité et de ce qu'on appelle les émotions non privées, en anglais *public emotion*. Depuis l'avènement d'Internet, de Facebook et de Twitter, nous sommes appelées à remettre en question le lien entre la zone du virtuel et celle de l'intimité. En fait, il nous faut peut-être parler d'une nouvelle intimité qui se profile dans l'image que nous nous faisons de notre individualité.

Jusqu'à tout récemment, nous partagions nos pensées, nos émotions, nos sentiments, nos désirs avec des amies intimes, par la parole, l'échange épistolaire et bien évidemment par la littérature. J'ai toujours dit aussi que ce qu'il y avait de merveilleux dans la littérature, c'est qu'elle permettait un dialogue à travers les siècles et les continents, qu'elle rendait accessible un partage de pensées, d'idées, d'émotions de savoir avec des auteures pouvant devenir *comme* des amies par le simple fait d'affinités rencontrées à travers leurs œuvres. Parce qu'elle permet la circulation des idées et des émotions, la littérature appelle le dialogue, qui est une forme de présence au monde alimentant non seulement la connaissance et l'expérience de ce monde mais aussi l'amitié et la solidarité.

Que se passe-t-il aujourd'hui si nous pensons à la circulation, à la communication, au dialogue en matière d'Internet, de Facebook et de Twitter par exemple? Ne faudrait-il pas ici parler d'*intimité non privée* (ce qui en soi est un oxymoron) et d'émotions dites *non privées* parce que ressenties en public, comme au cinéma, au théâtre, à un concert ou dans une foule rassemblée pour des raisons politiques? Une émotion non privée est-elle plus riche qu'une émotion intime? Devons-nous dire que les émotions que nous partageons en public sont des émotions culturelles? Peuvent-elles faire avancer la conscience? Peuvent-elles nous transformer sinon plus, à tout le moins tout autant que les émotions privées pour lesquelles nous n'avons aucun mode d'emploi si je puis dire, alors que l'émotion non privée, elle, est entourée d'un code de réceptivité très spécifique, que la performance interactive a d'ailleurs tenté de modifier?

Depuis que je fréquente Facebook, je me pose plusieurs questions sur l'intimité non privée. Tout comme j'évoquais plus haut l'image de la femme lapidée, il m'est aussi arrivé de vivre de belles émotions en circulant sur le fil des nouvelles de Facebook. Par exemple, voir et entendre Glenn Gould pendant quatre minutes est un petit moment de joie perdu et retrouvé dans une immensité d'insignifiances. Voir et entendre Oum Kalsoum, Simone de Beauvoir, écouter la voix de Virginia Woolf, de Sylvia Plath ou un extrait de *À la recherche de temps perdu* sont de petits moments précieux. Et cela touche à mon intimité.

Maintenant, la question est de savoir si c'est ma sensibilité naturelle qui me porte vers ces fragments, de même qu'il serait intéressant de savoir si ces moments me semblent beaux parce qu'ils surgissent d'un monde passé remis à jour par une nouvelle technologie, dont l'usage peut ainsi tout aussi bien faire de nous des bavards qu'agir sur notre capacité d'émotion et de création.

Qu'est-ce que l'intimité non privée? Comment peut-elle contribuer à notre plaisir, à notre connaissance des autres et de soi, comment peut-elle avoir des conséquences positives socialement et culturellement? Il y a là un concept qui n'est pas anodin dans nos vies et qui peut contribuer à la notion noble, si je puis dire, de *génération*.

## *Générations*

Chaque génération qui meurt emporte avec elle une partie du vocabulaire, chaque génération qui arrive enrichit ou appauvrit ce même vocabulaire selon les valeurs, la technologie, le chassé-croisé des enthousiasmes, des urgences et des tragédies collectives. Chaque génération fait passer dans la langue ses joies, sa fascination, ses peurs, ses angoisses. On imagine facilement qu'une génération qui doit constamment déjouer la censure d'une dictature ne parle pas de la même façon qu'une génération qui vit dans le libéralisme, l'abondance et le féminisme. Il y a des mots qui disparaissent, des métaphores qui apparaissent là où avant un seul mot suffisait, d'autres mots sont prononcés plus fréquemment comme des mantras culturels. Il y a des mots qui reviennent à la mode, un peu comme les prénoms anciens donnés à des enfants font revivre en mémoire une grand-mère ou un grand-père.

Et dire que pendant des siècles, et encore aujourd'hui, nous connaissons si peu ce que les femmes de chaque génération ont eu à dire et à transmettre. En ce sens, on pourrait penser qu'il y a des identités qui ont été entièrement absorbées par la douleur et l'ignorance et qui se sont volatilisées dans l'oubli, ou que la violence a radicalement effacées.

Si on accepte qu'une partie de la littérature consiste à se souvenir, à retracer l'instant d'un mal-entendu devenu blessure, on peut alors penser qu'une partie des blessures d'enfance vient de ce que l'enfant n'arrive pas à comprendre : pourquoi faut-il absolument se comporter d'une manière qui interdit le plaisir, même les plus petits et innocents plaisirs? En ce sens, il y a des blessures qui naissent d'interdictions qui n'ont pour l'enfant aucun sens et qui apparaissent comme le comble de l'injustice et du mépris. Et, comme on le sait, toute injustice provoque de la colère, de la peine, des cris et des larmes qui font dans l'âme turbulence et contradiction des sentiments qui nous habitent. Je pense ici à Assia Djebar qui, dans son dernier roman *Nulle part dans la maison de mon père*, raconte comment son père musulman lui interdit de monter à bicyclette, sous prétexte qu'une fille ne doit pas montrer ses jambes et cela même à l'âge de sept ans. L'enfant ne comprend pas pourquoi ce père aimant devient soudainement injuste et si sévère.

Ceci n'est qu'un petit exemple, mais il témoigne fortement de cette difficulté pour les filles de se construire une identité de splendeur au milieu d'un système d'interdictions qui nie non seulement leur plaisir, mais la moindre tentative d'exploration et de création. Et surtout, il faut constamment se demander quelle image du féminin et du sexe féminin le système patriarcal projette dans la tête des filles. Posture de repli, quand ce n'est pas la coutume elle-même qui dicte de se taire, de baisser les yeux, de se rendre serviable. Je voudrais dire aussi quelques mots sur ce qu'il y a peut-être de plus vivant en nous, c'est-à-dire la partie invisible, que l'on ne doit pas confondre avec l'inconscient, car cette partie invisible est consciente et organise constamment nos actions. Notre intelligence du monde se cache dans la partie invisible de notre identité. Et cette partie invisible est une narration submergée.

## *La partie invisible*

Une partie de la vie et de nos vies est invisible, secrète, douloureuse, heureuse, imaginée pour le plaisir ou inventée par nécessité compensatoire. C'est la partie désirante, rêveuse qui en chacun de nous alimente le potentiel de renouveau du contrat social. C'est là que l'imprévu, l'impossible, l'inattendu mijotent notre avenir singulier et collectif. C'est d'abord dans cette partie invisible que se préparent les projets qui deviendront art, science, architecture, révolution ou desseins terrifiants de petites et grandes dominations. Chaque individu a sa partie secrète, et il en est de même pour chaque collectivité. Les sociétés ont aussi leurs blessures : la tuerie de Polytechnique, guerres et grands deuils collectifs. À chaque génération, la partie invisible de la vie collective se modifie, la plupart du temps légèrement, parfois radicalement comme ce fut le cas avec la révolution tranquille du Québec des années 1960 et celle du féminisme des années 1970. Chaque génération doit trouver sa version, réapprendre ce qu'est aimer, partager, se défendre, apprendre à apprendre.

Et à travers celles qui circulent sous le nom de littérature, d'autres naissent qui sont des soupapes d'existence, de survie, ce qui de tout temps a constitué le terrain singulier du récit que chacun et chacune portent en soi.

Il est évident qu'une partie de la littérature consiste à faire émerger cette partie invisible et secrète qui, en ce qui concerne les femmes, a souvent été faite de culpabilité et de désespoir. En fait, la littérature nous révèle souvent la partie invisible qui cherche plus que tout à faire triompher la vie, malgré les blessures de la domination, de l'exil, du mépris, de la souffrance infligée, etc. La partie invisible, c'est ce que nous pourrions appeler *une histoire inventée*, pour reprendre le titre d'un film du cinéaste Marc-André Forcier. Et c'est sans doute dans cette partie inventée, imaginée, que la question du sens et de la narration refait surface.

*La question du sens*

De tout temps, la question du sens de la vie et de nos relations avec autrui s'est posée. Il est certain aussi que ceux et celles dont l'identité n'est pas mise en doute, parce qu'ils sont majoritaires ou dominants par la loi ou l'argent, voient différemment la réalité et conséquemment aussi ce que nous appelons la fiction romanesque. Les majoritaires du sens, ceux qui détiennent encore le pouvoir d'orchestrer et de valider le sens de la vie, sont encore les mêmes qu'il y a deux siècles. Pourtant, il serait faux de prétendre que le sens de la vie en tant que tel n'est qu'entre leurs mains. Le sens bouge constamment, par exemple la notion de santé, de tabou, de reproduction, de temps et d'espace, de richesse et de pauvreté, de dignité et de grossièreté, de mensonge et de vérité, d'original et de copie. Nous ne pouvons plus faire semblant que rien n'a changé depuis vingt ans.

Le sens serait-il comme l'eau? Parfois pure et rapide, parfois stagnante et souillée, parfois glacée, parfois évaporée par on ne sait quel tour de passe-passe. L'eau ne s'arrête pas. Elle nourrit, elle dévaste. Elle vit. Et bien sûr, comme Héraclite nous l'a fait réaliser, « on ne se baigne jamais deux fois dans le même fleuve ».

Pendant longtemps, le sens de la vie était dans la vie elle-même : nourriture, abri, reproduction. Les mystères de la nature étaient alors source de mises en scène et de rituels permettant à l'esprit de vivre en paix malgré la peur, la mort et la violence. Qu'en est-il du sens de la vie quand les besoins primaires sont satisfaits? On peut penser qu'alors le loisir de culture occupe le temps jadis réservé au travail. Si pendant longtemps le loisir de culture a été associé à la pensée, à l'art, à la science, à des questions esthétiques et éthiques, qu'en est-il aujourd'hui de ce *temps libre* qui n'est pas nécessairement un temps de loisir?

Car maintenant que nous avons idéologiquement mené à terme la production de l'individu amorcée avec la philosophie grecque et renforcée par les grands textes du Siècle des Lumières, on peut parler paradoxalement d'un « individualisme de masse ». Nous avons complété la carte du génome humain et nous pouvons cloner des bêtes. Nous pouvons déjà rêver d'une très longue vie, sinon d'immortalité. Le coït n'est plus nécessaire à la reproduction. Les saisons sont méconnaissables et imprévisibles. L'espèce humaine est sous surveillance à temps plein. Nous voyons de moins en moins les étoiles. Nous avons oublié ce qu'est la nuit noire et impénétrable. Pourtant, tout comme au temps des Atrides, le sang coule à flot. Et les femmes ont souvent le cœur et l'image d'elles-mêmes brisés tout comme autrefois.

Je ne crois pas que la question du sens de la vie soit dans l'information, mais je sais qu'il faudra un jour s'interroger à ce sujet. La question du sens a-t-elle un lien avec une idée du bonheur? Peut-être, mais on le sait, notre bonheur ne sera jamais aussi simple que nous l'aimerions, car la question du sens est aussi une question de nature et nous n'avons jamais su vraiment qu'elle est la nature de notre espèce, sinon qu'elle est changeante et fondée sur des récits effrayants, apaisants, intrigants, émouvants. Et qu'il nous faut compter sur notre mémoire comme un *chant* de vision et d'extrême présence au monde.

## *Notes*

1 Depuis le printemps arabe de 2011, les foules indignées et revendicatrices n'ont pas cessé de se manifester dans toutes les régions du monde, y compris au Québec avec le « printemps érable ».

2 L'histoire de la peinture occidentale est en cela exemplaire.

## *Bibliographie*


Brossard, Nicole. *La lettre aérienne*. Montréal: Éditions du Remue-Ménage, 1985.

Djebar, Assia. *Nulle part dans la maison de mon père*. Montréal: Leméac; Arles: Actes Sud, 2010.

Lévy, Pierre. *Qu'est-ce que le virtuel?* Paris: Éditions La Découverte, 1995.

Lévy, Pierre, et Michel Authier. *Les arbres de connaissances*. Paris: Éditions La Découverte. 1992.

# Women Who Invite Collaboration 2

*Caroline Bergvall, Erín Moure, et al.*

SUSAN RUDY

> what is meaning, after all, if it is not "our" meaning?
> *–Erín Moure, "Translation"*

> How does one create textual works where the authorial hold over the text is somehow distanced, perhaps neutralized, yet where the structural impact of experience, of living, of loving, of knowing, of reading, are in fact recognized.
> *–Caroline Bergvall, "The Conceptual Twist"*

In her 2010 dissertation, which locates a genealogy of transnational feminist thought in Canadian women's writing, Andrea Beverley speaks of the centrality of collaborative theory and practice (35).[1] For innovative women writers from Canada, transnational and even transhistorical connections have been enabled by collaboration. "Women's fraught relationship with nationality," Lianne Moyes notes in an article on citizenship in Erín Moure's work, "has often led them to affiliate differently and transnationally" (123). It has also led them to imagine collaboration and collaborative writing otherwise. For multilingual, mobile, and intellectual poet-investigators like Moure and Caroline Bergvall, the category of the national or even the hemispheric is not big enough. But neither is a single language, historical moment, or author-based notion of collaboration. For Moure, "Poetry...emerges from or in...collaboration."[2] In Bergvall's words, "we need other platforms on which to do poetic work" (Rudy, "A Conversation with Caroline Bergvall" n. pag.). This chapter outlines what some of those other platforms already look like and how poetry emerges there.

## *Imagining Collaboration Otherwise*

In the neoliberal university of the second decade of the twenty-first century, the word "collaboration" has a legitimacy that it lacked in the 1990s when the research on collaboration first appeared.[3] Lisa Ede and Andrea Lunsford's *Singular Texts / Plural Authors* (1990) was the first to combine theoretical and historical explorations with actual research on collaborative and group writing. And yet, as recently as 2001, Ede and Lunsford continued to argue that no matter how thoroughly "the status of the author has been problematized, deconstructed, and challenged" ("Collaboration" 354), we in English studies "are often more comfortable theorizing about subjectivity, agency, and authorship than we are attempting to enact alternatives" (356).

In an effort to encourage collaborative efforts, Ede and Lunsford's 2001 article points to several examples of humanities scholars' success at collaborative research and writing, including the University of Alberta's Orlando Project. As evidence of the crucial role collaboration played in the project, they highlight the "number of scholars involved, the breadth of the goal, and the multiple perspectives necessary to illuminate the writing of women across such a broad span of time" (361). Clearly, the Canadian Writing Research Collaboratory/Collaboratoire scientifique des écrits du Canada (CWRC/CSÉC) follows in this mode.[4]

But my focus is on alternative collaborative modes in innovative women's writing communities. A bridge from Ede and Lunsford's argument to my own may be found in their attention to the work of Kathy Acker, whom they describe as a "self-styled autoplagiarist" (362). In Acker's work they find a practical example of the "theory that language cannot be owned—particularly not by a coherent, autonomous, individual author" (363). Also useful is Ede and Lunsford's discussion of an "invitational rhetoric" that "grows out of collaborative principles," one that offers an alternative to the "agonistic individualism characteristic of so much academic writing" (360). As much as I admire and have learned from their research, I find it a bit unsettling that despite their call for ways of thinking about writing that are genuinely collaborative, what they really want to see is work that is being written by *two* coherent, autonomous individuals—two authors, rather than one. Their collaborative writing is still, to paraphrase the title of their book, a "singular text," but it is now written by "plural authors."

### *Breaking the Authorial Hold: Collaboration as Connivance*

In the work of innovative women's writing in Canada, there is both a critique of the author and an enactment of an alternative: a collaborative space of friendship, networking, and conviviality that Nicole Brossard calls "connivance." In an article on Brossard's *Baroque at Dawn*, Jodi Lundgren gestures toward the meaning of "connivance" when she sets it alongside the word "complicity": "The "respectful connivance" (230) and "nice complicity" ([*Baroque at Dawn*] 118) that develop between her [Nicole Brossard] and her translator offer hope for an intimate, transnational exchange between women of words" (18). This notion of collaboration as an "intimate, transnational exchange between women of words" is strangely absent from recent scholarship on women's collaborative writing. Despite the complex vision of collaboration analyzed in Lorraine York's *Rethinking Women's Collaborative Writing* (2002), for example, when it comes right down to it collaboration means, simply, "overt co-authorship or co-signature of a work of art" (4).

*Rethinking Women's Collaborative Writing* begins with an epigraph, one that takes us to that fantastic moment in Virginia Woolf's *A Room of One's Own* when, "perhaps for the first time in literature" (78), a woman liked another woman. She "collaborated" with her in the sense that they "shared a laboratory." Or did she? York cites Woolf's text as follows:

> Chloe liked Olivia. They shared a laboratory together.

The text actually looks like this:

> 'Chloe liked Olivia. They shared a laboratory together...' (79)

In deleting the quotation marks and the ellipses, York has eliminated both the fictional writer and imagined reader of these lines, both of whom were crucial for Woolf's argument and for grasping Woolf's vision of collaboration otherwise. In order to write the sentence, "Chloe liked Olivia. They shared a laboratory together," Woolf had to collaborate with herself by creating a heteronym—a novelist by the name of Mary Carmichael—who ostensibly writes these words in a novel that the "I" (also "a convenient term for somebody who has no real being" [Woolf 6]) of Woolf's text is reading. Woolf's imagined women readers are also collaborators in the telling of this tale. We are addressed directly: "Are there no men present?...We are all women you assure me?" (78).

According to the *Oxford English Dictionary*, "connivance" involves sharing a covert understanding with a person, co-operating with that person. The Latin roots of the word "collaborate" are "col"—"together"—and "laborare"—"to work." To collaborate means "to work in conjunction with another or others, to co-operate." Authorship has nothing to do with it. For Woolf, connivance required her to connive, to undertake a covert operation. For Brossard, collaboration is overt and involves "a fine adventure of encounters, discussions, sharing, friendship and writing," as she explains in a fragment of conversation with Louise Forsyth entitled "Connivance":

> One part of my connivance with women showed up in activities linked in the first instance with literature or cultural life. It started with the film *Some American Feminists* with Luce Guilbeault; then there was the creation of the feminist newspaper *Les Têtes de pioche* [*Battle-axes*] and the collective work around the play *La nef des sorcières* [*A Clash of Symbols*]. Next there was the organization of the theatrical show *Célébrations* in collaboration with Jovette Marchessault and, of course, *L'anthologie de la poésie des femmes au Québec* with Lisette Girouard, of which we have just launched the second edition bringing in twelve new poets. ("Fragments" 27)

"I work in places where there are affinities," Brossard asserts; "Work spaces among women linked by a project are stimulating and productive, and I have always associated pleasure, friendship and festivity with them" ("Fragments" 27).

### *A Mapping Issue*

By way of offering a concrete image of this alternative notion of collaboration, let me turn to one of the "stimulating and productive" "work spaces" shared by Caroline Bergvall and Erín Moure. Rather than list them in a traditional table of contents, Oana Avasilichioaei and Kathleen Brown, the co-editors of the 2011 *Mapping* issue of Calgary's *dANDelion* magazine decided to include the names of the contributors in an unconventional way (see Figure 2.1).

As this small section of the map indicates, Erín Moure may be linked to Caroline Bergvall via a collaborative space that includes Donato Mancini, Elena Johnson, Kai Fierle-Hendrick, Traver Pam Dick, Indra Singh, and Rachel Zolf. Several additional chapters could be written tracking the generative collaborative links between this set of names alone. But let me look briefly at just one of them: Rachel Zolf. Previously based in Toronto, while studying at the New School in New York, Zolf designed and mounted possibly the "first collaborative MFA in Creative Writing ever." "The Tolerance Project" emerged out of an online archive of "poetic DNA" that she elicited from eighty-six writers, artists, and thinkers from across North America, all of whom are listed as collaborators.[5] Moure's name is listed on Zolf's "Tolerance Project" site, as is that of another of the writers on the *dANDelion* special issue map above: Kai Fierle-Hedrick. Moure donated poetic DNA; Fierle-Hedrick produced a poem based on the archived donations. And Bergvall included Zolf in *I'll Drown My Book* (2012), her co-edited anthology of conceptual writing by women. Bergvall and Moure et al. write in this always-expanding, rhizomatic field of what Brossard calls "connivance." As a reader of their work, I feel invited to participate by noting the ways that their alternative collaborative writing practices connect texts across space and time in a way that also expands our understanding of collaboration.

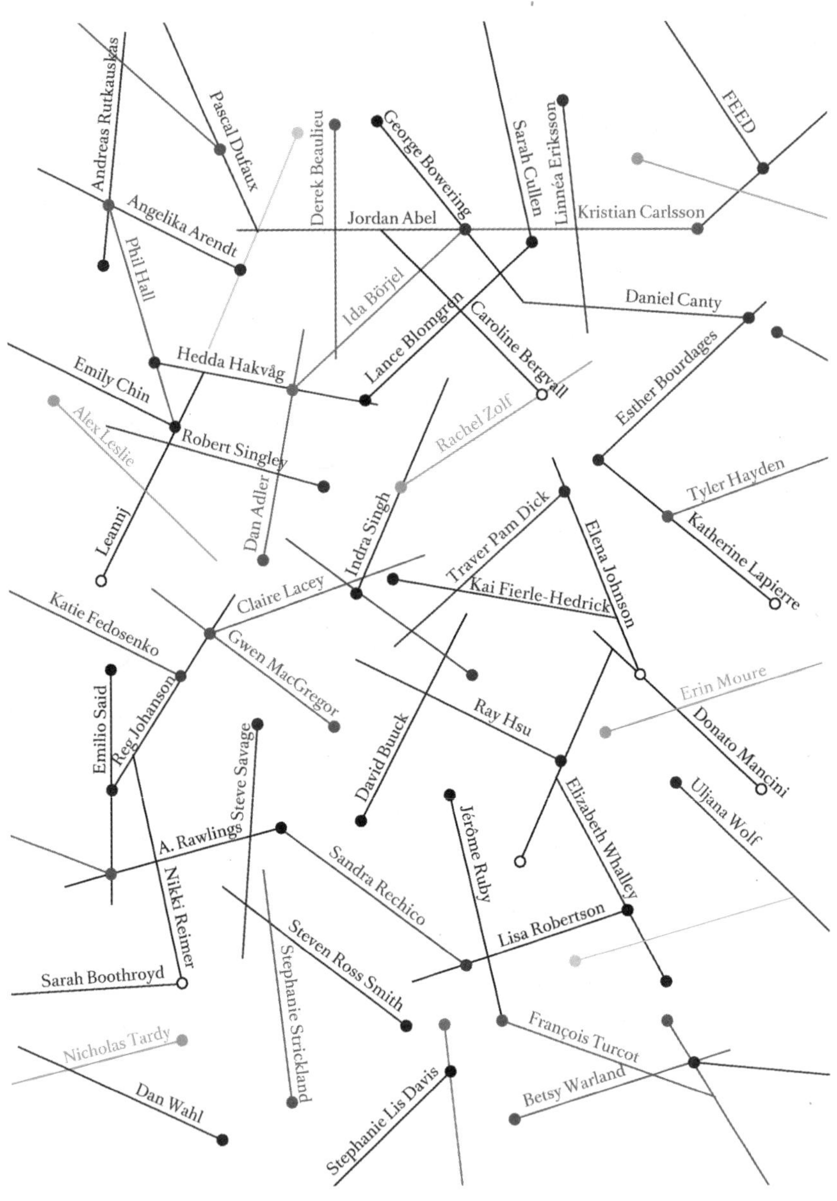


*Figure 2.1* Contents page for *dANDelion 37.1*, *Mapping*. [Image designed by Blair Prentice]

## *Caroline Bergvall: "I run a project"*

> You're a very different kind of animal when you compose for a gallery. At the moment, I run a project where I have a project manager and a technical team.
> –*Caroline Bergvall in Rudy, "A Conversation"*

Born in 1962, to a French mother and Norwegian father but based in London since 1989, Bergvall is a multilingual poet and artist who has published four books, several chapbooks, and a compact disc of performance texts entitled *VIA: Poems 1994–2004*. The John Hansard Gallery at the University of Southampton has published a DVD release of Bergvall's solo work under the title *Ghost Pieces: Four Language-based Installations*. Bergvall works with collaborators who are architects, composers, musicians, and installation artists. She has mounted sound-space-text installations in Britain and the United States, including one at the Tate Modern in London and another at the Museum of Modern Art in New York. In 2013, I invited her to produce an art piece based on the qualitative data in the Rhodes Project archive, and she ended up collaborating with a graphic designer. The art piece they produced, entitled *THEREISNOTACLEARBRIGHTLINE*, is now part of the permanent collection at Rhodes House in Oxford. Bergvall even runs her website (carolinebergvall.com) like a project. The front page, for example, features a series of photographs from three recent projects: "Ghost Cargo," a sky banner prepared for Refugee Week; photographs from "IDJ2MANY," an audiotext with vinyl lettering installed in the main lift of the Theatre du Grötli in Geneva from February 2–5, 2012, and a photograph of "VIA (48 Dante Translations)," part of a group show at Fundació Antoni Tàpies in Barcelona, October 2011 to February 2012.

Bergvall's texts are not singular either; they exist in always morphing iterations and the installation work appears in different contexts with different content and effect. Only in particular moments of reading and performance, as Jacob Edmond argues, can a singularity be grasped: "These repetitions and variations stress the singularity of each embodied instantiation at the intersection of multiple vectors of iteration, what Bergvall (2011: 5) elsewhere calls 'a series of intersecting lines or tissues of lines'" (114). Bergvall's comments in the published version of an interview I did with her about her installation piece *Say Parsley* offer some insight into the way she thinks about the relation between different iterations of a text:

> Rudy: And the piece "For Walls"—was that in the 2001 version of *Say Parsley*?
>
> Bergvall: No, that's completely new.
>
> Rudy: So the Bristol version is really a completely different piece then.
>
> Bergvall: No, it's the same.
>
> Rudy: Tell me about how it's the same when it's made up of such different pieces?
>
> Bergvall: Well it's about how the piece fits the space, for one thing. And of course the time that elapses between iterations. And the pursuit of the question.
>
> (Rudy, "A Conversation" n. pag.)

Bergvall and Moure's alternative collaborative writing practices take seriously the implications of Barthes' notion of the death of the author. If writing requires the death of the author, why not collaborate with dead people?[6] They've both done so. In *Sheep's Vigil by a Fervent Person*, Moure collaborates with Pessoa. And in *Alyson Singes*, Bergvall collaborates with Chaucer, rewriting the Wife of Bath's tale from the point of view of a contemporary woman named "Al."

The opening of *Alyson Singes* describes the invitational rhetoric she experiences in reading Chaucer: "Do we let ourselves go back to the ancients, or do they catch up with us? No matter. An outstretched hand suffices. Lightly they cross over to us, our strange guests who are like ourselves" (n. pag.). The English language itself is a strange guest in Bergvall's mouth. Having grown up speaking French and Norwegian, she describes her move to London in 1989 as precipitating what she calls her "language's work" in English.

> When you move to another country,...you have to change your language, change your being. [Hybridity] remains a very powerful

> trope for me, particularly as it relates to my sexuality, since this is what kind of propelled me into English. I know that as a young gay woman I was being defined, often negatively, by others, and this means that processing language with pleasure for me became very connected to a necessary physical act of verbal distancing from home languages, and eventually physical migration. Responses to my sexuality were the main reasons why I moved both myself and my language's work into English. (Bergvall in Rudy, "A Conversation" n. pag.)

Bergvall collaborates with the English language—"meddles" with it, to use the adjective of her recent collection of texts *Meddle English*—in order to, in her words, "create textual works where the authorial hold over the text is somehow distanced, perhaps neutralized, yet where the structural impact of experience, of living, of loving, of knowing, of reading, are in fact recognized" ("The Conceptual Twist" 21).

Edmond sees Bergvall's practice as one that simultaneously asserts and erases both "voice and identity" (114). But I prefer to see it as entering into a collaboration with itself and others, with itself as other. Like Moure, Bergvall describes her practice as not solely motivated by linguistic and verbal concerns but also by "concerns of context & situation" (*VIA: Poems 1994–2004*). Bergvall's practice inhabits what Joanna Drucker (among others) calls an expanded field of writing that includes recorded sound, the speaking body in performance, and text installations. One of the signifiers that shows up repeatedly in Bergvall's texts in this expanded field is the graphic sign of collaboration: the ampersand. Bergvall sees the ampersand as, in her words, a sign "of interconnections and spaces of inscription." It offers an alternative to the either/or space of the binary opposition that in literary contexts is figured as writer/reader and gestures toward the fundamental importance of collaboration for Bergvall's practice.

### *Erín Moure: "Poetry...emerges from or in...collaboration"*

In contrast to Bergvall, who began publishing in the 1990s and whose work with text was performative and innovative from the start, Erín Moure was initially recognized within Canada as a sophisticated and capable but resolutely lyric poet. However, by 1988 when her fifth book, *Furious*, won the Governor General's Award for poetry, Moure was already "furious" about "the way people use language" (86) and bored by what she called the "Erin Mouré poem." As I wrote in 2005, "With each book since *Furious* won the Governor General's award for poetry in 1988, Erin Mouré has posed increasingly complicated challenges to herself as a writer and to her readers" ("'what can atmosphere'" 205). Like Woolf, she has created a fictional collaborator, the heteronym Elisa Sampedrín, who first appeared in *Little Theatres* (2005). Sampedrín is listed as a co-author, along with Moure and Avasilichioaei, of *Expeditions of a Chimoera* (2009). Consider the following overt invitation to the reader to collaborate on the first page of *Expeditions of a Chimoera*:

> You're me
> I'm you
> She's we
> We's it
> Us they thee: huh?
> What if the first one
> To turn the page
> (there's still a page)
> Plays author.
> It's safer that way.
> OK. Ready?
>
> Turn! (7)

Moure's practice of signing her texts with multiple names further challenges the notion of a single point of origin for a text. In their collaboratively written epistolary text "O YES,"[7] Bergvall writes to Moure:

> Dear Erin, dear Erin Mouré, dear Erín Moure,
> Dear Eirin Moure, dear EM,
> I wasn't sure by which name to address you, so just to make sure, I thought I'd greet you in all the ones I know for you. I should say, the

> ones I know for your work. The more your work as a poet and as a translator proliferates, the more your names do too. (167)

Bergvall might well have addressed Moure herself as "Erin Mouré et al." This proliferation of authorial identities began when Moure signed her name "Eirin Moure" on the cover of *Sheep's Vigil by a Fervent Person* (2001), what she calls her "trans*e*lation" of the Portuguese poet Fernando Pessoa's *O guardador de rebanhos* (itself published by Pessoa under the heteronym Alberto Caeiro). By using the Portuguese spelling of her name—Eirin—she exemplifies the ways that, for her, "A practice of reading is always embodied" ("Hi, Fidelity!" n. pag.) and it always engages an "other."

In the words of Édouard Glissant, "rhizomatic thought is the principle behind what I call the Poetics of Relation, in which each and every identity is extended through a relationship with the Other" (11). Despite the fact that Pessoa died in 1935, Moure's experience of translating his work sounds a lot like she has collaborated with him. As she writes, in "Notes in Recollection" at the beginning of *Sheep's Vigil by a Fervent Person*, "I translated Pessoa by responding to him as a person. I, a person, and Pessoa, a person. For in Portuguese, *pessoa* is person. I just read the Pessoan poem line, then wrote my line, or read a few lines, then wrote mine. It was abrupt, direct, total" (viii). The "elation" of translation arises, for Moure, in those moments when the lines between author, translator, and reader can no longer be clearly delineated. When we're all collaborators, especially with ourselves. As Ann Levanthal writes in a review of Moure's collected essays, her "beloved wager" is on the opportunity the collaboratively written/read text gives for us all "to be changed by language and have the world created anew" (n. pag.).

### *Co-labour: An Exquisite Risk*

> Each subjectivity...is dented and moved by what is proximate to it... and by the unpredictability and exquisite risk of working alongside another person.
>
> —*Oana Avasilichioaei and Erín Moure, "Curiously 'My' Writing"*

This chapter originated in a collaborative research project with Erín Moure and was extended because of a collaborative project with Caroline Bergvall. My move to London has enabled me to continue to collaborate with Bergvall. As I have demonstrated, Bergvall shares with Moure a commitment to "poetry as an intellectual and investigative form of writing-knowledge" (Bergvall and Moure 170) that requires the presence of many engaged bodies. Their impulse to collaborate, to take the "exquisite risk of working alongside another person," has come about because they are multilingual and because they are translators as well as poets. But they also share a marginalized sexuality (they are both lesbians), and further research could be done on this aspect of their collaborative work.

In Bergvall's long poem *Cropper,* she speaks directly and autobiographically about her body's relation to language and to the collaboration with language that she must maintain in order to "make sure that what [she calls] her body would remain in the transit from othr [*sic*] languages" (146). In Norwegian, the word "kropper" means "bodies," and this long poem explores what Alison Weir might have called the "sacrificial logics" of identity formation, the ways that "any concept of self-identity necessarily represses the fragmentation or multiplicity of the self" (3)—the way the self must be "cropped" in order to exist. Bergvall writes,

> How does one keep ones body as ones own, what does this mean but the relative safety of boundaries, could I make sure that what I called my body would remain in the transit from othr languages, that it would hold its progression into English, and because I didn know and wasn sure, and since for a great number of people, for an overwhelming number of persons, for an overwhelmingly large number of persons, for an always growing number of persons, this is far from self-evident, this is not self-evident, this does not apply, this doesn even begin to figure, I never knew for sure—
> (*Cropper* 147)

For Bergvall and Moure, as for Brossard, whom they have both translated,[8] connivance offers the opportunity to celebrate the multiplicity of the self with others, to collaborate with language that, because it "takes place outside 'me' as an individual" (Avasilichioaei and Moure, "Curiously" 36), ceaselessly challenges the authorial hold on the text. Let it go, their texts say. Take the risk. Consider, instead,

> Observing a form as one observes tranquility
> Or a period of silence
> Or an invitation.
> To act so that today will matter in form.
> (Bergvall, *Fig* 116)

## *Notes*

1 My thinking about collaboration has been based on several close working relationships with innovative women writers, including Bergvall, Brossard, and Moure. I first collaborated with Bergvall in 1996 when, after seeing her stunning sound poetry performance at the Assembling Alternatives Poetry Conference/Festival at the University of New Hampshire, I invited her to spend a week at the University of Calgary as a visiting scholar. Most recently, our conversational text about Bergvall's collaborative performance piece *Say Parsley* appeared in the University of Pennsylvania's online journal *Jacket2* in 2011. My collaborations with Moure also began in the 1990s and have continued. She contributed her essay "The Anti-Anaesthetic" to an issue of *Open Letter* that I edited, and an interview that Pauline Butling and I conducted with Moure appears in our collaborative book project *Poets Talk*. Moure, Bergvall, and Butling all participated in the 1997 Women and Texts conference at the University of Leeds, an event that arose out of another collaboration, between myself, Lynette Hunter, and Marta Dvorak.

2 This line is taken from the biographical description of Erín Moure on the Lemon Hound blog on 13 February 2012. (See Moure "Translation: Operations at the Heart (ache) of Meaning"). The full description appears as follows: "Erín Moure is a Montreal poet who writes in English, multilingually. In her recent *O Resplandor* and–in collaboration with Oana Avasilichioaei–*Expeditions of a Chimoera*, poetry is hybrid, and emerges from or in translation and collaboration."

3 It has become imperative for academics to participate in at least some forms of collaborative work. In *Structure and Agency in the Neoliberal University*, for example, Jonathan Church speaks of the "intensive collaboration" required of faculty members who, rather than being the "sole providers of knowledge" are expected to be part of teams creating "pedagogical products" (35).

4 See Susan Brown and Mary-Jo Romaniuk's Afterword in this volume for more on the CWRC/CSÉC.

5 In Zolf's article "The Tolerance Project: Projection of the Intimate into the Historical," she lists all of the following as her collaborators: Sandra Alland, Gary Barwin, Emily Beall, Joel Bettridge, Gregory Betts, Christian Bök, Jules Boykoff, Di Brandt, Laynie Browne and Jacob Davidson, Kathy Caldwell, Angela Carr, Abigail Child, George Elliott Clarke, Stephen Collis, Communications and External Affairs, Jen Currin, Moyra Davey, Anonymous Donor, Thom Donovan, Sarah Dowling, Marcella Durand, Kate Eichhorn, Laura Elrick, Jennifer Firestone, Rob Fitterman, Jenna Freedman, Dina Georgis, Barbara Godard, Nada Gordon, Kate Greenstreet, Rob Halpern and Nonsite Collective, Lyn Hejinian, Susan Holbrook, Catherine Hunter, Jeff T. Johnson, Reena Katz, Bill Kennedy, Kevin Killian, Rachel Levitsky, Dana Teen Lomax, Dorothy Trujillo Lusk, Jill Magi, Nicole Markotic, Dawn Lundy Martin, Steve McCaffery, Erica Meiners, Heather Milne, K. Silem Mohammad, Anna Moschovakis, Erín Moure, The Office of Institutional Research, Akilah Oliver, Jena Osman, Bob Perelman, Tim Peterson, Vanessa Place, Kristin Prevallet, Arlo Quint, Rob Read, Evelyn Reilly, Lisa Robertson, Kit Robinson, Kim Rosenfield, Paul Russell, Trish Salah, Jenny Sampirisi, Heidi Schaefer, Susan Schultz, Jordan Scott, Evie Shockley, Jason Simon, Cheryl Sourkes, Juliana Spahr, Christine Stewart, John Stout, Catriona Strang, Chris Stroffolino, Michelle Taransky, Anne Tardos, Sharon Thesen, Lola Lemire Tostevin, Aaron Tucker, Nicolas Veroli, Fred Wah, Betsy Warland, Darren Wershler, and Rita Wong. (n. pag.)

6 With thanks to my partner Frances Bowen who, when I was stuck, read a draft and then asked if I really intended to claim that Moure was collaborating with dead people and fictional versions of herself. The insight is hers.

7 In *Antiphonies: Essays on Women's Experimental Poetries in Canada* (2008).

8 Bergvall has translated two pieces by Brossard—"Typhon dru" and "La matière harmonieuse manœuvre encore"; they appeared together under the title *Typhon Dru* and were published by London's Reality Street editions in 1997. With the innovative poet and novelist Robert Majzels, Moure has published three translations of Brossard's texts: *Notebook of Roses and Civilization* (2007), and, under the "Mouré" spelling of her name, *Museum of Bone and Water* (1999), and *Installations* (1998).

## Works Cited


Avasilichioaei, Oana, and Erín Moure (with interferences by Elisa Sampedrín). *Expeditions of a Chimoera*. Toronto: Book Thug, 2009. Print.

——. "Curiously 'My' Writing." Bergvall et al. 35–36. Print.

Avasilichioaei, Oana, and Kathleen Brown, eds. *Mapping. dANDelion* 37.1 (2011): 1-201. Print.

Bergvall, Caroline. *Alyson Singes*. New York: Belladonna, 2008. Print.

——. "The Conceptual Twist." Foreword to *I'll Drown My Book*. Bergvall et al. 18–22. Print.

——. *Cropper*. *Meddle English*. 137–51. Print.

——. *Éclat*. Suffolk: Sound and Language, 1996. Print.

——. *Fig [Goan Atom 2]*. Cambridge, UK: Salt, 2005. Print.

——. *Ghost Pieces: Four Language-based Installations*. Southampton, UK: John Hansard Gallery Publications, 2012. DVD.

——. *Goan Atom 1: Doll*. San Francisco: Krupskaya, 2001. Print.

——. "In the Place of Writing." *Assembling Alternatives: Reading Postmodern Poetries Transnationally*. Ed. Romana Huk. Middletown, CT: Wesleyan UP, 2003. 327–37. Print.

——. *Meddle English: New and Selected Texts*. Callicoon, NY: Nightboat, 2011. Print.

——. *Middling English*. Southampton, UK: John Hansard Gallery, 2010. Print.

——. *THEREISNOTACLEARBRIGHTLINE*. Screenprint, gold leaf and printed text. Permanent collection, Rhodes House, Oxford. 2013.

——. *VIA: Poems, 1994–2004*. Contemporary Poetics Research Centre, Optic Nerve for Birbeck College, 2005. CD.

Bergvall, Caroline, and Erín Moure. "O YES." *Antiphonies: Essays on Women's Experimental Poetries in Canada*. Ed. Nate Dorwood. Willowdale, ON: Gig Press, 2008. 167–76. Print.

Bergvall, Caroline, Laynie Browne, Teresa Carmody, and Vanessa Place, eds. *I'll Drown My Book: Conceptual Writing by Women*. Los Angeles: Les Figues, 2012. Print.

Beverley, Andrea. "Grounds for Telling It: Transnational Feminism and Canadian Women's Writing." Diss. Université de Montréal, 2010. Print.

Brossard, Nicole. *Baroque at Dawn*. Trans. Patricia Claxton. Toronto: McClelland and Stewart, 1997. Print.

——. "Fragments of a Conversation." Trans. Louise Forsyth. Forsyth 19–33. Print.

——. *Installations*. Trans. Erin Mouré and Robert Majzels. Toronto: Muses' Company, 1998. Print.

——. *Museum of Bone and Water*. Trans. Erin Mouré and Robert Majzels. Toronto: Anansi, 2003. Print.

——. *Notebook of Roses and Civilization*. Trans. Erín Moure and Robert Majzels. Toronto: Coach House Books, 2007. Print.

——. *Typhon Dru*. Trans. Caroline Bergvall. London: Reality Street, 1997. Print.

Butling, Pauline, and Susan Rudy. *Poets Talk: Conversations with Robert Kroetsch, Daphne Marlatt, Erin Mouré, Dionne Brand, Marie Annharte Baker, Jeff Derksen and Fred Wah*. Edmonton: U of Alberta P, 2005. Print.

——. *Writing in Our Time: Canada's Radical Poetries in English (1957–2003)*. Waterloo, ON: Wilfrid Laurier UP, 2005. Print.

Church, Jonathan T. "Managing Knowledge: Intellectual Property, Instructional Design and the Manufacturing of Higher Education." *Structure and Agency in the Neoliberal*

*University*. Ed. Joyce E. Canaan and Wesley Shumar. New York: Routledge, 2008. 33–45. Print.

Drucker, Johanna. "Writing Events." Writing in the Expanded Field, UCLA. October 2008. Presentation. http://polaris.gseis.ucla.edu/drucker/WritingEvent_08.pdf. 24 February 2012.

Ede, Lisa, and Andrea A. Lunsford. "Collaboration and Concepts of Authorship." *PMLA* 116.2 (2001): 354–69. Print.

——. *Singular Texts / Plural Authors: Perspectives on Collaborative Writing*. Carbondale: Southern Illinois UP, 1990. Print.

Edmond, Jacob. "'Let's Do a Gertrude Stein on It': Caroline Bergvall and Iterative Poetics." *Journal of British and Irish Innovative Poetry* 3.2 (2011): 109–22. Print.

Forsyth, Louise, ed. *Nicole Brossard: Essays on Her Works*. Toronto: Guernica, 2005. Print.

Glissant, Édouard. *Poetics of Relation*. Trans. Betsy Wing. Ann Arbor: U of Michigan P, 1997. Print.

Levanthal, Ann. Rev. of *My Beloved Wager* by Erin Mouré. *Montreal Review of Books* 13.2 (Spring 2010): n. pag. Print.

Lundgren, Jodi. "'A Girl in Combat in the City of Men': The Civic, Resistant, Ontological Woman in the Work of Nicole Brossard." *How2* 2.3 (2005): 1–24. Web. 13 March 2012.

Moure, Eirin. *Sheep's Vigil by a Fervent Person: A transelation of Alberto Caeiro/Fernando Pessoa's O guardador de rebanhos*. Toronto: Anansi, 2001. Print.

Mouré, Erin. *Furious*. Toronto: Anansi, 1988. Print.

——. "Hi, Fidelity! Or Translating Fernando Pessoa: Felicity was Ever My Aim." *Poetics.ca* 4 (Fall 2004). Web. 5 May 2008.

Moure, Erín. Email to Susan Rudy. 2 October 2010.

——. *Little Theatres*. Toronto: Anansi, 2005. Print.

——. *My Beloved Wager: Essays from a Writing Practice*. Edmonton, AB: NeWest Press, 2009. Print.

——. *O Resplandor*. Toronto: Anansi, 2010. Print.

——. "Translation: Operations at the Heart (ache) of Meaning." Announcement of her talk on the Lemon Hound blog, 13 February 2012. Web. 28 February 2012.

Moyes, Lianne. "Acts of Citizenship: Erín Moure's *O Cidadán* and the Limits of Worldliness." *Trans.Can.Lit: Resituating the Study of Canadian Literature*. Ed. Smaro Kamboureli and Roy Miki. Waterloo, ON: Wilfrid Laurier UP, 2007. 111–28. Print.

Rudy, Susan. "A Conversation with Caroline Bergvall." *Jacket2*. 7 April 2011. Web. 8 April 2011.

——. "'what can atmosphere with / vocabularies delight?': Excessively Reading Erin Mouré." Butling and Rudy, *Writing in Our Time* 205–16. Print.

Weir, Allison. *Sacrificial Logics: Feminist Theory and the Critique of Identity*. London: Routledge, 1996. Print.

Woolf, Virginia. 1929. *A Room of One's Own*. London: Granada, 1985. Print.

York, Lorraine. *Rethinking Women's Collaborative Writing: Power, Difference, Property*. Toronto: U of Toronto P, 2002. Print.

Zolf, Rachel. "The Tolerance Project: Projection of the Intimate into the Historical." *Jacket2*. 21 July 2011. Web. 28 February 2012.

# *A Modernist Commons in Canada / Une commune moderniste au Canada* 3

DEAN IRVINE

Since its establishment in 2008, the Editing Modernism in Canada/ Édition du modernisme au Canada (EMiC/EMaC) project has partnered with researchers who are committed to digitization projects and collaborated with developers involved in the design of digital tools and repositories for collaborative scholarly editorial work. EMiC/EMaC is a Social Sciences and Humanities Research Council-funded Strategic Knowledge Cluster that brings together participants and institutional partners from regions across Canada and from France, England, Belgium, New Zealand, and the United States. EMiC/EMaC's mandate is to facilitate collaboration among its transnational network of researchers and institutions to produce new print and digital editions of Canadian anglophone and francophone modernist texts from the early to mid-twentieth century through collaborative research, networking, and training initiatives.

In collaboration with Library and Archives Canada, EMiC/EMaC has undertaken the digitization of selected fonds of modernist authors, including the literary papers of P.K. Page, Elizabeth Smart, F.R. Scott, Miriam Waddington, and John Glassco. With Paul Hjartarson at the University of Alberta, we are working toward a project that will see the digitization of the Sheila Watson and Wilfred Watson fonds located at archives in Toronto and Edmonton. At the University of Guelph, Alan Filewod and Katherine Harvey have digitized part of the Toby Gordon Ryan Fonds. At the Thomas Fisher Rare Book Library at the University of Toronto, EMiC/EMaC graduate fellow Melissa Dalgliesh is working on a digital edition of Anne Wilkinson's poetry and letters. At Concordia University, Sophie

Marcotte is co-director (with François Ricard and Jane Everett, McGill University) of Le groupe de recherche sur Gabrielle Roy, which includes Le projet HyperRoy.[1] At St. Thomas University, Tony Tremblay is editing a digital selection of Fred Cogswell's creative and critical works in collaboration with the Electronic Text Centre at the University of New Brunswick. At the University of Victoria, EMiC/EMaC graduate fellows Jana Millar-Usiskin and Leah Ellingwood are digitizing the poetry of Audrey Alexandra Brown and archival materials related to Wyndham Lewis's novel *Tarr*, respectively. At Université de Sherbrooke, Marc Fortin is digitizing selected papers from the Marius Barbeau Fonds at the Museum of Civilization. At the University of British Columbia, EMiC/EMaC graduate fellow Reilly Yeo is working with Mary Chapman on the digitization of the fiction and non-fiction of Edith Eaton, who published under the pseudonym Sui Sin Far. At Dalhousie University, I have co-ordinated a group of graduate and undergraduate students to digitize the collected works of Scott, Smart, and Dorothy Livesay. Also at Dalhousie, EMiC/EMaC postdoctoral fellow Matt Huculak has co-ordinated a second group to digitize the Montreal-based avant-garde magazine *Le Nigog*. Each of these digitization projects is directed toward the production of digital editions and apparatuses to print editions affiliated with EMiC/EMaC.[2]

From the archival and library collections of its institutional partners, EMiC/EMaC produces not digital versions of the same but a different kind of repository—a digital commons. Among the principal differences between an archives and a commons are the collective social production and distribution of resources included in a commons. Rather than an archives or fonds of material attributed to a single creator, a commons is collectively produced by and distributed among the many different workers who contribute their labour to its creation. This notion of a digital commons as a "social product" and as a "source of innovation and creativity" is central to the conception of the commons as defined by Michael Hardt and Antonio Negri (112). For these authors of the *Empire* (2000), *Multitude* (2004), and *Commonwealth* (2009) trilogy, the commons is recognized not just as natural resources available for expropriation and privatization but as social phenomena such as "ideas, affects, codes, knowledges, information, and images" (299). Predicated on the sociality of the commons and the production of social goods, the practices of scholarly collaboration undertaken in the creation of the EMiC/Emac digital commons are the result of what Hardt and Negri call "immaterial labor" (132) that perpetually creates an excess that is available to the commons. Theorized over the past decade in response to and elaboration on concepts introduced by Michel Foucault, the commons as deployed by Hardt and Negri is a productive theoretical device for the analysis of gender relations and the labour of women involved in the EMiC/Emac project.

Although feminist scholars have been critical of what Mary Hawkesworth calls the "gendered ontology" (357) and what Lee Quinby calls the "gender-blindness" (240) of the early instalments of Hardt and Negri's trilogy—especially the characterization of the multitude as an "ungendered aggregate" (Hawkesworth 357)—the 2009 *Commonwealth* volume specifically addresses the gendering of work and of immaterial labour under the capitalist regime of globalization. The forms of cognitive and affective labour that produce immaterial goods or the immaterial aspects of material goods—such as "images, information, knowledge, affects, codes, and social relationships" (132)—are not the work of an ungendered multitude. Rather, they are indices of the feminization of work, a phenomenon that Hardt and Negri understand as a process of "labor *becoming biopolitical*, which emphasizes the increasingly blurred boundaries between labour and life, and between production and reproduction." "This is a process," they claim, "in which putting to work human faculties, competencies, and knowledges—those acquired on the job but, more important, those accumulated outside work interacting with automated and computerized productive systems—is directly productive of value" (132–33). In other words, the traditional economic division between productive and reproductive labour breaks down in an era of digitalization, as capitalism moves toward the production of not only digital media as material goods but also the valorization of immaterial forms of cognitive and affective labour necessary to produce those goods. The gendering of the multitude's immaterial labour is generative of the commons as biopolitical; it is a repository whose materiality is subordinated to its sociality, whose gendered production at once constitutes and is constituted by social goods. For the EMiC/Emac project, the digital commons is conceived as a social good, and its gendering takes place through its creation of value predominantly by women's labour and through its socialization of texts in the processes of marking up semantic and bibliographic codes.

EMiC/EMaC's digital commons is not an archive, even though at times it reproduces the contents of archives. It is actually at two removes from archives—that is, from the institutional repositories that we generally call archives. Between the archives and the commons is an intermediating space, a repository of raw materials for the production of print and digital editions, an excess from which editors may expropriate material for the creation of their editions. This space we call the co-op—or, more affectionately, the coop—since it is produced by co-operative labour and openly shared among project participants. Because of copyright law, the co-op is not open to the general public; it is—for legal reasons that permit the limited reproduction of copyrighted material for educational purposes—restricted to the community of registered EMiC/EMaC participants. Any researcher may request access to the co-op by application to the repository manager or project director. Digital objects deposited in the co-op cannot be restricted for exclusive access or reproduction by one individual or any group of scholars; they are available at any time for use by any and all of the project's participants. Terms of access may be familiar to those who torrent digital content: a user who accesses the co-op is expected to reciprocate by contributing to its productivity, whether by using the material for a digital edition installed in the commons or by adding new content (and thereby contributing labour) to the co-op. Materials from the co-op may be appropriated and transformed by the labour of project participants to become their intellectual property and, in turn, registered under the terms of a Creative Commons licence—or, in the case of print editions, assigned copyright under contract. Except for content already in the public domain, project participants are responsible for securing permissions to reproduce materials from the co-op for public dissemination in the commons. Whether print or digital, all objects remediated by the co-op and made public in the commons are irreducibly collective. The co-op's remediation of the archive foregrounds an editorial collectivity, rendering in reproduction not the archive itself but the labour that reproduces the archive; it is this labour, which may be in turn appropriated by a multitude of present and future editors, that generates the digital edition not as the exclusive content of an individual but as the collaborative product and production of a digital commons.

By way of examples, I want to take a detour into modernism's archives, which is where I discovered print precursors to EMiC/EMaC's digital co-op and commons. First, I will elaborate with examples from Livesay's leftist archive of writing from the 1930s, her collaborations with editors on the construction of her retrospective collections of the 1970s, and my own editorial collaborations as the director of EMiC/EMaC. Second, I will address the issue that the majority of EMiC/EMaC's digital initiatives involve anglophone modernists and speak to the collaboration between F.R. Scott and Anne Hébert in the 1960s as a precursor to unrealized partnerships with francophone scholars and institutions that hold the potential for EMiC/EMaC to engage more fully with Canada's and Quebec's interlingual modernisms. Mediated at once by the gendering of immaterial labour and by the gendering of the commons, these case studies serve as generalizable instances of ways in which the gender relations in authorial and editorial work in print are remediated in digital media.

Livesay's poetry of the 1930s issues from what Cary Nelson calls the decade's progressive conception of culture as a "collective project" galvanized by a sense of "commonality and shared cultural mission" (6, 8).[3] Her leftist archive manifests this collectivism. For instance, her poetry's adaptation of lyrics from International Workers of the World (IWW) songs is a typical leftist cultural practice, one that Hester Furey reads as a "modernist intervention in the imaginary" (52). IWW songwriters "rewrote popular, religious, and patriotic songs" in a parodic manner that "resembles modernist art functionally, mixing high and low" (52). The IWW songbook combined "the gestures and functions of missal, manifesto, performance art, poetry, and song" in a way that "takes issue with traditional representations of its subject matter, working to disrupt and transform the culture it represents" (52–3). In the context of the IWW songbook, the notion of originality was irrelevant. "The song belonged to the group, not just to the person who wrote it" (55). As an extension of this leftist cultural practice, Livesay's borrowings from the politically conscious modernism of the Auden generation are blatant and extensive, and at times her poetry's indenture to some of their best-known poems may seem little more than an apprentice's imitations; yet these are not merely exercises in poetic imitation but localized rearticulations of an international cultural practice on the left. If we attend to Livesay's leftist archive as the collective voice of what Nelson calls a "poetry chorus" (141), rather than the discrete voices of individual poets or songwriters, we may begin to hear the polyvocality and intertextuality of her poetry as that of communal, contrapuntal masses. Or, to put it another way, we may begin to read her leftist archive as a production of the commons.

These appropriations from mass and literary culture—alternately and simultaneously proletarian and modernist—mark one of the distinctive features of Livesay's leftist archive. At another time, I argued that Livesay was riven by antimodernist and modernist tendencies and that this divide coincided with the transition of her politics from the Third Period of the early 1930s to the Popular Front of the mid-to-late decade (see Irvine, *Editing Modernity* 29–76). I am not prepared to abandon that narrative of Livesay's 1930s altogether, but I am persuaded by Hardt and Negri's suggestion that a third category produces an alternative space beyond the antimonies of modernism and antimodernism. Altermodernity, as they define it, is an instance of revolutionary modernism's abolition of modernism not by opposition but by rupture and transformation (112–18). As I return to Livesay's leftist archive, I rediscover the ways in which her break with high modernism is effected through her adaptation of material from proletarian and modernist commons that produces an altermodernism.

Livesay's engagement in leftist print culture of the 1930s provides another instance of her production of the commons. The publication of poetry in working-class newspapers—frequently on the features page, along with letters to the editor, notices of events, and recipes—marked the broader transformation of poetry's public and cultural function during the 1930s. According to Nelson, "mass readership reinforced the shift in emphasis from the production to the consumption of poems, shifting ownership from author to audience....Publishing poems in newspapers suggested not so much that poems were utterly expendable and transitory...but rather that their claims to transhistorical values mattered only if they were taken up in people's daily lives" (145). For instance, poems published in the Canadian communist paper the *Worker* between 1935 and 1936 frequently appeared on the same page as cartoons, sports, recipes, and the column "With Our

Women," which suggests not only the insertion of poetry into a public space directed specifically (though not exclusively) at women but also the gendering of poetry and mass culture in leftist newspapers. Livesay's poetry is included among the poems that appeared on the *Worker*'s eclectic mass culture pages, alongside the women's column, which included advice and commentary on women's issues, labour and working conditions, domestic management, child rearing, and so on. These poems, like advice columns, could be read as part of the quotidian events of daily living, integrated into a common proletarian culture; they constituted a working-women's commons.

When Livesay returned to her leftist archive for the multigeneric documentary memoir *Right Hand Left Hand* in 1977, she reconstituted the commons for a reconfigured audience. Livesay worked on the text in collaboration with editors David Arnason and Kim Todd, and this collaborative character of the text's production is key to its montage effects, multiple voices, and mixed media. Subtitled *A True Life of the Thirties: Paris, Toronto, Montreal, the West and Vancouver. Love, Politics, the Depression and Feminism*, it is a compendium of leftist culture during a decade that extends from the Comintern's Third Period to the Popular Front, the Spanish Civil War, and the beginning of the Second World War. It is a scrapbook of Livesay's twenties in the 1930s, one that intersperses her memoirs among reproductions of poetry, short stories, reportage, essays, mass chants, interviews, diary entries, newspaper clippings, political pamphlets, posters, magazine covers, radio scripts, photographs, film stills, paintings, drawings, linocut and woodcut prints, and even a menu from the Bloor Street diner that Livesay and her sister Sophie ran in the late 1920s. Its reproduction of materials selected from Livesay's papers now dispersed among repositories across Canada offers the reader limited access to her leftist archives. Given that her recollection of the 1930s is mediated by the New Left's nostalgia for the Old Left, it is fair to say that *Right Hand Left Hand* provides only restricted access to her leftist archives. What appears to be a comprehensive documentary of the decade is inevitably a selective and constructed series of documents contextualized by the apparatus of the memoir narrative. For every item reproduced in *Right Hand Left Hand*, there are a dozen others—many in multiple versions—that might have taken its place.

When I embarked at the beginning of the EMiC/EMaC project with the idea of producing a critical edition of *Right Hand Left Hand*, I was at once mindful of the editorial collaboration that led to the construction of the text and aware of the masses of material that remained in Livesay's archives. A decade earlier, I spent *my* twenties in the 1990s researching her poetry and tracking down fugitive pieces in newspapers, magazines, and archives. The result of that search was *Archive for Our Times: Previously Uncollected and Unpublished Poems of Dorothy Livesay* (1998), a selection of what I estimated to be roughly a quarter of the poems that Livesay left out of her book collections at the time of her death in 1996. According to my rationale at that time, the edition extended Livesay's own practice of selective recovery from her unpublished and uncollected work for retrospective collections published in the 1970s and 1980s. Her published body of work still stands where I left it in 1998. Not long after I started teaching at Dalhousie in 2003, I met a fellow leftist who came to spend his twenties with me studying leftist-modernist Canadian literature for his master's and doctoral research. Since 2008, Bart Vautour and I have worked with a group of graduate and undergraduate students—Vanessa Lent, Kim Johnson, Katherine Adair, Jenner Brooker, Christine Handley, and Leslie Gallagher—on the digitization of Livesay's writing from the late 1920s to the mid-1940s. We arrived at the dates of this long decade by using her enrolment at the University of Toronto in 1928 as the start and the publication of her retrospective volume of 1930s poetry *Day and Night* in 1944 as the end. Organized around a projected critically edited print volume of *Right Hand Left Hand*, the next stage of digitization of material from Livesay's long 1930s extends not only to documents located in her disparate fonds deposited at institutions across Canada but also to museums, libraries, and other archives with holdings of originals unavailable in any of her fonds or inaccessible to us at Dalhousie. All of these materials will be encoded with metadata and uploaded to the EMiC/EMaC co-op, where they will be accessible to all project participants, and from there edited and published in the commons as a digital companion to the print edition of *Right Hand Left Hand*, where they will be accessible to the public.

Subsequent stages of the project will move through the processes of image-based editing and the implementation of text-analysis visualization tools as integral components of reading Livesay's leftist archive in a digital environment. Rather than following past practices of transcribing texts and marking up transcriptions in the creation of electronic texts, EMiC/EMaC and its partners are pioneering image-based editing, semantic markup, analysis, and visualization of texts in a field of emergent practices in digital humanities scholarship. Instead of producing reading environments based on linear-discursive transcriptions of texts, EMiC/EMaC is producing, in collaboration with its partners, techniques and technologies for encoding and interpreting the complex relations among large collections of visual and audial objects in non-linear reading environments. What these interactive text-analysis and visualization tools offer is the means to transform readers into producers, not just consumers, of digital texts. Readers who use these digital tools become producers of aesthetic objects; they, too, become producers of the commons.

With a project such as EMiC/EMaC, its sociality issues from collaborations among its participants in the production of the digital co-op and commons. Our partnerships with developers of the Image Markup Tool at the University of Victoria and the Text-Image Linking Environment at the Maryland Institute for Technology in the Humanities have provided us with prototypes for the tools that can be used for the creation of image-based digital editions. And our partnership with the Islandora project at the University of Prince Edward Island has allowed us to test an automated text-ingestion workflow that uses a Drupal interface and stores digital objects and metadata in a Fedora Commons repository. Most important to the EMiC/EMaC project has not just been the partnerships on an institutional level but the collaborations among programmers and digital humanists; that is, our value as a project accrues according to the production of digital knowledges as social goods.[4]

That our project has now evolved from its own network of collaboration to a much larger-scale partnership with the Canadian Writing Research Collaboratory/Collaboratoire scientifique des écrits du Canada (CWRC/CSÉC),[5] directed by Susan Brown at the University of Alberta, speaks to the extensibility of EMiC/EMaC's commons into the multilingual environments of Canadian literatures. This partnership offers the technological and infrastructural means to transform ways in which the predominantly anglophone EMiC/EmaC scholarly community could and should work to engage with francophone groups affiliated with Le Centre de recherche interuniversitiare sur la littérature et la culture québécoises (CRILCQ)—notably Le Centre Anne-Hébert at l'Université de Sherbrooke, Le Centre Hector-De Saint-Denys-Garneau at l'Université Laval, and Le Centre d'archives Gaston-Miron at l'Université de Montréal.[6] EMiC/EmaC needs to translate itself into a digital commons that opens itself up not just to speak in translation with francophone modernist scholars in Quebec but one that engages with a transnational community of digital modernists working in multilingual digital environments. To this end, I want to address the ways in which EMiC/EmaC's partnership with the CWRC/CSÉC presents opportunities for new collaborative editorial initiatives that seek to translate across the multilingual terrain of international and transnational modernisms. In particular, I want to speak to EMiC/EmaC's plan to contribute to the CWRC/CSÉC commons, which could serve as a repository for Canada's and Quebec's anglophone and francophone "lost" modernists.

EMiC/EmaC was never intended at its inception to be an exclusively anglophone initiative, and somehow our invitations to colleagues in Quebec to join our project got lost, fell into gaps of mistranslation. When I look at the network of projects and institutions affiliated with CRILCQ, it is not difficult to understand why EMiC/EmaC's invitation might seem like an unnecessary intrusion into an already extensive community of researchers. In dialogue with EMiC/EmaC collaborator Sophie Marcotte, I have recognized my own inabilities to reach out from English Canada and difficulties that we have both encountered in trying to extend EMiC/EmaC's network into Quebec. Co-organized by Marcotte and EMiC/EmaC graduate fellow Vanessa Lent, the bilingual Association des littératures canadiennes et québécoise/Association for Canadian and Québec Literatures (ALCQ/ACQL) panels at Congress 2011 ("La modernité dans les littératures canadiennes francophone et anglophone/French/Canadian Modernisms") is one kind of invitation to bridge the gap between francophone and anglophone modernist studies in Canada and Quebec. Another invitation is EMiC/EmaC's bilingual colloquium in June 2012 in Paris, co-organized by myself, Marta Dvorak at the Nouvelle Sorbonne, Kit Dobson at Mount

Royal University, and postdoctoral fellow Matt Huculak at Dalhousie. Our colloquium title, "Exile's Return," is taken from Malcolm Cowley's famous study of the Lost Generation of American expatriates living in Paris in the 1920s. Cowley was but one of the many Anglo-American chroniclers of the tipsy twenties who was not particularly attentive to Canada's modernists in Paris; they have become another kind of lost generation—except to those of us who are inclined to read Morley Callaghan's *That Summer in Paris* or John Glassco's *Memoirs of Montparnasse* alongside their more celebrated contemporaries. In the translation from Paris to North America, Canada's modernists got lost in a breakdown of transatlantic communication. When I speak of Canada's lost generation, I do not speak exclusively of modernists who gravitated to Paris in the first half of the twentieth century. These included writers such as Marius Barbeau, Marcel Dugas, Mavis Gallant, Alain Grandbois, Anne Hébert, Dorothy Livesay, Jean-Aubert Loranger, Gaston Miron, Thérèse Renaud, Mordecai Richler, and Sheila Watson and artists such as Paul-Émile Borduas, Emily Carr, A.Y. Jackson, Fernand Leduc, Alfred Pellan, and Jean-Paul Riopelle. And I certainly do not speak exclusively to those anglophone expatriates who moved in the same circles as Gertrude Stein, James Joyce, and Ernest Hemingway. Rather, when I speak of Canada's lost generation, I refer to two generations of anglophone and francophone modernists whose novels and short stories and poems have fallen out of print, whose canvasses and sculptures are stored away in the back rooms of museums, whose unpublished papers reside in archives and in the basements of descendants, whose plays have gone unperformed for decades. At the same time, Canada's and Quebec's modernists have been lost to each other. As conspicuous as the absence of Canada's modernists from literary histories and memoirs of the Lost Generation is the relative absence of francophone modernists from anglophone narratives of modernism in Canada and, conversely, the absence of anglophone modernists from francophone narratives of modernism in Quebec. While attempts to translate across this linguistic divide were made by anglophone modernists such as Scott and Glassco in their anthologies of the 1960s and 1970s and with the publication of francophone modernists in translation in the journal *Ellipse* (1969–), these projects for the most part disappeared with the passing of the modernist authors and translators who initiated them.

For each of Canada's official linguistic communities, the other stands as a lost generation of modernists; each is exiled from the other.

In preparing for the ALCQ/ACQL panels and the Paris colloquium, we encountered what might seem like the most obvious of problems: how do we translate EMiC? After a few attempts, we arrived at L'Édition du modernisme au Canada, which compresses into the acronym EmaC, with its French *petit-a* signaling its *différance*. This collaborative act of translation was made via communication among EMiC/EmaC-affiliated scholars in Quebec and France as well as Eastern and Western Canada, a communicative circuit that represents in miniature the international and transnational routes of an interlingual modernism. Because Canada's modernism was at once cosmopolitan and multilingual, its relationship to the many languages of international and transnational modernisms needs to be articulated in an environment such as CWRC/CSÉC that facilitates interlingual communication and collaboration.

One instance of modernist anglophone-francophone collaboration can be found in the 1970 collection *Dialogue sur la traduction*, co-authored by F.R. Scott and Anne Hébert, which brings together a pair of texts previously published in 1960 and 1962 with an introduction by Northrop Frye. A critical edition of the *Dialogue* is currently in preparation by Patricia Godbout at Le Centre Anne-Hébert, as part of the poetry volume included in the projected multivolume *Édition critique : l'œuvre d'Anne Hébert*, under the direction of Nathalie Watteyene.[7] As an editor (with Robert G. May) of a two-volume critical edition of Scott's poems and translations (see Irvine, "Editing Canadian Modernism" 68–80), I have a particular interest in this edition of the *Dialogue*, not least because it will be contextualized by scholarly editorial work on Hébert's poetry itself. While the *Dialogue* is chiefly recognized for its insight into Scott's process of translation and notable for its inclusion of multiple translated versions of *Le tombeau des rois* as well as correspondence between author and translator, its appearance in a critical edition alongside Hébert's poems will add yet another dialogic dimension by embedding it in an apparatus that documents her process of composition. That genetic process is one element that Scott could not account for in his translation of the final version of the poem; nor, as Scott's editor, is it a process that I could document in a critical edition of his poems and translations. The parallel but separate production of the Scott and Hébert critical editions is exemplary of both the untranslated gap between anglophone and francophone modernisms and the absence of bilingual infrastructure to facilitate communication between scholarly communities in Canada and Quebec. As an anglophone editor preparing a critical edition that includes Scott's translations of Hébert, I have benefited from the scholarship published in *Les cahiers Anne Hébert*, and no doubt my work will be illuminated by the critical edition of Hébert's poetry and her dialogue with Scott on translation. While in no way do I want to diminish the importance of publishing critical editions in print volumes, I am convinced that we have an extraordinary opportunity to extend the dialogue that Scott and Hébert initiated in the 1960s into the twenty-first century and facilitate collaboration among scholarly editors, critics, and literary historians who are working on anglophone and francophone modernisms in Canada and Quebec.

If, for instance, we were to direct our projects toward the production of a digital commons that included both Scott and Hébert, it would not only generate new possibilities for interpretation across Canada's multilingual modernisms but also engage francophone and anglophone researchers in a common research environment. This would activate one of the principal functions of the digital commons as a socialized space, a collaborative and distributed network whose sociality is constituted by collective immaterial (cognitive and affective) labour and, therefore, by the production of value through the generation of social relationships between anglophone and francophone linguistic communities. At workshops and conferences organized by Susan Brown and others working on the CWRC/CSÉC project, I have listened to prominent francophone researchers such as Marie Carrière, Lucie Hotte, and Chantal Savoie speak to some of the ways in which digital technologies are providing new tools and methodologies for scholarship on women writers in Quebec and French Canada. Given that the lead initiative for CWRC/CSÉC is the Canadian Women's Writing Project, EMiC/EMaC's partnership with this feminist project is predicated upon the collective labour of women's work as both literary scholars and digital humanists. Furthermore, this partnership corresponds to the gendering of predominantly women's labour in EMiC/EMaC, its production of a digital commons, and its federation with CWRC/CSÉC's commons. If this partnership can serve as a means of transforming modernist studies from a field that until recently had been considered predominantly masculinist in its neglect of women authors and by its domination by male scholars (see Brandt and Godard), and if it can manage the co-ordination of anglophone and francophone modernist scholarship, it is reasonable to suggest that the CWRC/CSÉC–EMiC/EMaC partnership is well positioned to effect a radical transfiguration of modernist studies in Canada and Quebec. Indeed, this partnership has the means to produce the kind of transvaluation of Canadian and Quebecois modernism that Hardt and Negri would call altermodernism; it has the necessary capacities, in other words, to generate Canada's and Quebec's altermodernist commons.

Insofar as EMiC/EMaC and its digital initiatives stem in part from editorial projects that I started when I was a graduate student, it is my hope that by providing the tools and training for and collaborating with emerging scholars that my editorial work and scholarship on modernist Canadian women in particular will continue to unfold into the next generation and beyond. It has not gone unnoticed by me—or, I expect, anyone else involved—that the majority of students working on the Livesay digitization project have been women and that they are working on editorial initiative that is directed by two male collaborators. True, we are all collaborating, but in the end only two of us (both male) are seeing the project through from start to finish and receiving recognition as co-editors. This gender dynamic is typical not just of other digitization projects currently supervised by other EMiC/EMaC faculty participants but of the project as a whole, at least insofar as I am directing a group of predominantly female emerging scholars who are receiving training in the digital humanities. If, for example, we take the enrolments at University of Victoria's Digital Humanities Summer Institute (DHSI) that EMiC/EMaC participants attended in 2009, 2010, and 2011, women have accounted for an average of 82 per cent of our graduate student cohort and 63 per cent of our total number.[8] This must be a promising sign for the future of the digital humanities and modernist studies in Canada, and it may speak to a generational shift underway among graduate students who choose to work on modernist literatures in Canada. One of the principal ways in which EMiC/EMaC has facilitated recognition of the labour of its female researchers and research assistants is through its community blog (http://editingmodernism.ca/community), where students, postdoctoral fellows, and faculty post stories about their work in progress. We launched the blog in the summer of 2010, and from the onset it has been consistently populated by a community of women proportionate to the project's gender demographics (in the first year, over 75 per cent of the posts were by women). In addition, EMiC/EMaC's digital training was originated by Meagan Timney, our project's first postdoctoral fellow, who designed and taught a seminar at DHSI 2011 on the production of digital editions. This seminar and other training initiatives launched by EMiC/EMaC have been designed to facilitate the work of emerging scholars on their own editorial projects. If the distribution of graduate student stipends and postdoctoral fellowships in support of their own editorial projects is some indication, women account for over 80 per cent of the recipients of funding from the project. As we move forward with the development of the EMiC/EMaC co-op and commons, I will continue to track the ways in which gender inflects our networks of collaboration and the composition of our repositories. Rather than reserving the majority of our resources for distribution to faculty, EMiC/EMaC aims to instantiate a rupture and transformation of modernist studies in Canada through its training of a multitude whose collective labour shares in the production of the commons. If, at least in the context of EMiC/EMaC, women are the multitude who is principally responsible for the production of the commons, it stands to reason that the future of our project and of modernist studies in Canada and Quebec will be radically transformed by their labour.

## *Notes*

1 Information on Le projet HyperRoy is available at http://www.hyperroy.nt2.uqam.ca/.

2 EMiC/EMaC's digital initiatives are always in flux. These projects, their participants, and their institutional locations are subject to change.

3 This reading of Livesay's leftist archive is adapted from an earlier study of her periodical publications in my 2008 book *Editing Modernity* (48–49).

4 For an overview of EMiC/EMaC's digital initiatives, see Irvine and Timney.

5 For more information about the Canadian Writing Research Collaboratory/Collaboratoire scientifique des écrits du Canada, see http://www.cwrc.ca.

6 Refer to these organizations' websites for further details: The Canadian Writing Research Collaboratory/Le Collaboratoire scientifique des écrits du Canada, http://www.cwrc.ca; Le Centre de recherche interuniversitiare sur la littérature et la culture québécoises, http://www.crilcq.org; Le Centre Anne-Hébert at l'Université de Sherbrooke, http://www.usherbrooke.ca/centreanne-hebert/; Le Centre Hector-De Saint-Denys-Garneau at l'Université Laval, http://www.crilcq.org/centregarneau/; and Le Centre d'archives Gaston-Miron at l'Université de Montréal, http://www.crlq.umontreal.ca/CAGM/.

7 See Godbout for a history and analysis of the Scott and Hébert collaboration.

8 In 2009, women accounted for 87 per cent of our graduate student cohort and 63 per cent of our total number; in 2010, they accounted for 88 per cent of our graduate student cohort and 72 per cent of our total; and in 2011, they accounted for 70 per cent of our graduate student cohort and 53 per cent of our total.

## *Works Cited*


Brandt, Di, and Barbara Godard, eds. *Wider Boundaries of Daring: The Modernist Impulse in Canadian Women's Poetry*. Waterloo, ON: Wilfrid Laurier UP, 2009. Print.

Furey, Hester. "IWW Songs as Modernist Poetry." *Journal of the Midwest Modern Language Association* 34.2 (Spring 2001): 51–72. Print.

Godbout, Patricia. "L'espace du *Dialogue sur la traduction* entre Anne Hébert et Frank Scott." *Cahiers Anne Hébert* 9 (2010). Print.

Hardt, Michael, and Antonio Negri. *Commonwealth*. Cambridge, MA: Harvard UP, 2009. Print.

Hawkesworth, Mary. "The Gendered Ontlology of *Multitude*." *Political Theory* 34.3 (2006): 357–64. Print.

Irvine, Dean. "Editing Canadian Modernism." *English Studies in Canada* 33.1–2 (March/June 2007): 53–85. Print.

——. *Editing Modernity: Women and Little-Magazine Cultures in Canada, 1916–1956*. Toronto: U of Toronto P, 2008. Print.

Irvine, Dean, and Meagan Timney. "A New Build: Digital Tools for Archives, Commons, and Collaboration." *Archival Narratives for Canada: Re-Telling Stories in a Changing Landscape*. Ed. Kathleen Garay and Christl Verduyn. Halifax, NS: Fernwood Press, 2011. Print.

Livesay, Dorothy. *Archive for Our Times: Previously Uncollected and Unpublished Poems of Dorothy Livesay*. Ed. Dean J. Irvine. Vancouver: Arsenal Pulp Press, 1998. Print.

——. *Right Hand Left Hand: A True Life of the Thirties*. Ed. David Arnason and Kim Todd. Erin, ON: Porcépic, 1977. Print.

Nelson, Cary. *Revolutionary Memory: Recovering Poetry of the American Left*. New York: Routledge, 2001. Print.

Quinby, Lee. "Taking the Millenialist Pulse of *Empire*'s Multitude: A Genealogical Feminist Diagnosis." *Empire's New Clothes: Reading Hardt and Negri*. Ed. Paul A. Passavant and Jodi Dean. New York: Routledge, 2004. 231–52. Print.

Scott, F.R. *Auto-anthology: Complete Poems and Translations, 1918–1984*. Ed. Dean Irvine and Robert G. May. 2 vols. Ottawa: U of Ottawa P, forthcoming 2015.

Scott, F.R. and Anne Hébert. *Dialogue sur la traduction: à propos du Tombeau des rois*. Montréal: HMH, 1970. Print.

# *L'apport du concept d'ontologie informatique à l'étude de l'histoire littéraire des femmes au* XIX^e *siècle*

4

CHANTAL SAVOIE & JULIE ROY

Le projet : « Histoire littéraire des femmes au Québec : stratégies de légitimation et principes de filiation » s'intéresse à l'émergence de l'écriture des femmes dans la presse périodique québécoise au cours de la seconde moitié du XIX^e siècle. Il comporte deux volets, soit la collecte de textes écrits par des femmes dans la presse périodique francophone entre 1837 et 1881, pour la plupart inédits, et l'analyse du corpus en fonction de paramètres liés aux stratégies de légitimation et aux principes de filiation qui s'y déploient. Ce que nous entendons par stratégies de légitimation et principes de filiation est repérable par des indices internes aux textes, notamment l'intertextualité et la posture, et par des indices externes, comme l'étude des habitus et des réseaux des auteures repérées. L'objectif de ce projet est donc double. D'abord, constituer un corpus de travail encore méconnu, pour une période largement occultée de l'histoire littéraire, qui rende compte des pratiques d'écriture des femmes et de leur participation à la presse périodique amorcée un siècle plus tôt et qui se déploie de façon extensive à la fin du XIX^e siècle. Ensuite, étudier ce corpus en fonction d'une grille d'analyse permettant de comprendre les pratiques d'écriture des femmes et comment celles-ci ont modulé leur participation à la vie littéraire et leur reconnaissance en tant qu'auteures.

Ce projet nécessitait la mise en place d'un espace de stockage pour rassembler le corpus et d'un outil d'analyse. Il supposait également un travail collaboratif à distance. Pour ce faire, nous avons mis sur pied une base de données relationnelle MySQL en ligne permettant de faire la collecte des informations brutes et la gestion des connaissances liées au corpus et à son analyse. Notre étude vise à présenter le travail accompli en ce qui a trait à la mise en place d'une structure de recherche au moyen d'outils technologiques et du développement d'une ontologie permettant de gérer l'ensemble de manière satisfaisante, tant sur le plan opérationnel qu'intellectuel. Si l'ontologie est une notion philosophique qui renvoie à la *théorie de l'existence*, c'est-à-dire qui tente d'expliquer les concepts qui existent dans le monde et comment ils s'imbriquent et s'organisent, les ontologies informatiques sont des outils qui permettent de représenter un *univers de connaissances* sous une forme utilisable par un ordinateur[1].

Nous ne prétendons pas utiliser le concept d'ontologie informatique au sens strict du terme avec tout l'outillage technologique qu'il suppose. Ce concept constitue plutôt un outil qui a nourri notre réflexion. Il a fourni ses assises à la création de l'architecture de notre base de données et nous permet de poursuivre son développement en vue de la seconde étape de notre projet, soit l'analyse des données accumulées lors des dépouillements. Nous l'utilisons ici pour présenter la réflexion entourant notre projet et ses bases conceptuelles et montrer comment nous avons tenté de l'arrimer au monde informatique avec lequel nous travaillons. Car, dans l'univers des sciences humaines, c'est bien souvent cet arrimage entre la recherche intellectuelle et sa représentation informatique qui fait défaut. Le concept d'ontologie nous a forcées à nous demander de façon plus systématique quels étaient les objectifs du projet quant à la constitution du corpus puis de définir les éléments permettant d'identifier les filiations et les stratégies de légitimation de façon claire et cohérente pour un système informatique. Nous avons notamment utilisé le concept de classe ou de catégorie d'information, établi les propriétés de ces classes, les liens nécessaires entre les classes et les propriétés et utilisé un vocabulaire commun pertinent. Ce texte se divise en deux volets : d'abord, la présentation des fondements de notre base de données et de quelques-uns des ajustements envisagés en vue de l'analyse, puis, à l'aide d'exemples, l'exploration du concept de posture et des difficultés que suscite sa représentation formelle à l'aide des outils informatiques.

### *Identifier les auteurs et les pseudonymes*

La première étape, celle de la constitution du corpus, nécessitait deux classes principales dans notre base de données. Il s'agissait d'identifier les *textes* écrits par des femmes (pierre angulaire du projet) et de leur associer des *auteures*. Si cette première étape semble relativement simple, la complexité de la problématique de l'autorité littéraire, dans le contexte où nous nous situions et la perspective particulière que nous souhaitions adopter, présentaient déjà certaines difficultés.

La classe *auteur* détermine les caractéristiques des personnes qui ont une autorité sur un texte. Il s'agit d'un individu socialisé possédant une existence propre. Les propriétés sont donc relativement simples et relèvent essentiellement de la biographie (sexe, date et lieu de naissance, etc.). Or cette définition de l'auteur posait problème étant donnée l'importance des textes signés sous des pseudonymes non élucidés et l'autonomie relative de l'univers de la presse au XIXe siècle qu'elle provoque vis-à-vis du monde réel. Dans le cadre d'une recherche sur les stratégies de légitimation et sur la filiation, l'imbrication de ces deux possibles de l'autorité littéraire (l'auteur et son pseudonyme) en une seule classe aurait rapidement porté à confusion. La création d'une classe *auteur* nécessitait donc, en parallèle, la création d'une propriété *signature* agissant comme une classe (c'est-à-dire possédant des propriétés et des liens avec l'ensemble des éléments de la base de données). Cela nous permet de distinguer les auteurs de chair et d'os de leurs instances pseudonymes. Cela permet également de faire interagir les pseudonymes de façon autonome, sans nécessairement qu'ils soient liés à un auteur, et de distinguer ainsi l'univers social réel de l'univers construit de la presse. Cette distinction permet également de donner voix au chapitre à ces êtres de papier qui s'assument comme des auteurs afin de départager les stratégies de légitimation concrètes des individus impliqués dans la presse de celles de leurs avatars qui évoluent dans l'univers de la presse. La propriété *signature*, en agissant comme une classe, nous permet d'identifier le genre sexué attribué au pseudonyme ainsi que le type de signature (initiales, anagrammes, prénom seul, etc.). Le concept de posture, qui est au cœur de notre analyse, nécessitera ultérieurement l'ajout de propriétés pour établir les habitus, réels ou fictifs, ainsi que les réseaux.

### *Identifier les textes*

En vis-à-vis, la classe *texte* constitue en quelque sorte le cœur de la base de données. Les propriétés de base permettent de colliger les informations bibliographiques concernant chacun des textes recensés (titre, date et lieu de production, date et lieu de publication, etc.) et de leur lier un *auteur* ou une *signature*. À cela s'ajoute un lien vers le document transcrit ou numérisé et un champ en texte libre permettant de faire des commentaires, notamment sur le contexte de la rédaction ou de la publication, et d'ajouter divers détails sur le document qui ne sont pas pris en compte par les propriétés de base. Nous avons d'ailleurs déjà envisagé la création de propriétés additionnelles afin d'analyser ces textes de façon plus cohérente. En matière de filiation et de stratégie de légitimation, nous étudions la possibilité d'ajouter des éléments touchant les genres littéraires et les formes, les sujets abordés ainsi que les registres littéraires et les tonalités.

### *Les classes auxiliaires et la question des relations*

À ces classes qui forment les grands piliers de la base de données s'ajoutent des classes auxiliaires qui permettent de donner une plus-value aux informations portant sur les textes, les auteurs et les signatures en les inscrivant dans un contexte plus général. On trouve la classe *périodique* et la classe *institution*, qui permettent notamment d'analyser les habitus, les réseaux et les espaces dans lesquels l'écriture féminine est autorisée et voir de quelle manière ces contextes influencent cette écriture.

Bien que la question des classes et des propriétés soit au cœur de notre réflexion, ce sont les relations qui les unissent qui permettent de rendre notre base de données opérationnelle, de donner à la théorie sa valeur de recherche et d'analyse et de l'appliquer à notre corpus. Les relations peuvent s'établir entre les classes principales (lien entre un texte et un périodique, lien entre une auteure et un texte, entre un texte et d'autres textes, une auteure et une institution, une auteure et une autre auteure). Elles peuvent également s'établir entre les classes et les propriétés, notamment *auteur* et *signature*. Si les propriétés permettent de classer les informations colligées, elles marquent surtout le début de l'analyse des stratégies de légitimation et la filiation. Elles permettent d'articuler la réflexion et de décupler la portée des informations recueillies.

### *La question de la posture littéraire*

Une fois le corpus établi et balisé, l'étape de l'analyse pose des défis considérables. D'abord, en ce qui a trait à la conversion de nos perspectives d'analyse en matière gérable par les moyens informatiques courants et accessibles à tous, et par conséquent sur la manière de lire les résultats obtenus. Notre capacité à « traduire » adéquatement nos préoccupations théoriques et littéraires en catégories à la fois maniables et significatives est en effet la clé de notre capacité à réellement renouveler les perspectives sur les pratiques d'écriture des femmes au XIXe siècle. Si nous n'arrivons pas à traiter cette abondante matière consignée dans la base de données, la dispersion et l'hétéroclite auront gain de cause sur le renouvellement de notre compréhension de ces pratiques d'écriture.

Le regain d'intérêt pour la sociopoétique qui s'est manifesté au cours des dernières années[2] s'est avéré commode, de notre point de vue, pour établir les éléments nécessaires à notre analyse, dans la mesure où cette perspective a permis la prise en compte de la société qui produit et reçoit le texte, dans les limites toutefois circonscrites d'une forme concrète qui apparaît à un moment et dans un lieu donné, à savoir ici notamment son incarnation dans la presse. L'ambition de concilier des préoccupations plus sociologiques et des enjeux scripturaires et formels qui caractérise la sociopoétique seyait en effet à notre corpus, notamment parce que la sociologie des pratiques s'avère limitée dans le contexte de l'anonymat ou du pseudonymat non élucidé. La sociocritique est également pertinente dans la mesure où le statut de *dominées* des femmes dans les champs social, littéraire et culturel tend à les obliger à expliciter leur position en regard des destinataires envisagés, qu'il s'agisse des interlocuteurs qui détiennent les positions les plus légitimes dans l'espace culturel ou du public général et de leur perception des femmes qui prennent la plume pour intervenir dans l'espace public.

C'est donc dans différents travaux qui relèvent de la sociopoétique que nous avons puisé la notion de *posture* élaborée initialement par Jérôme Meizoz. Articulation de l'individuel et du collectif, la posture est la « manière (générale) d'être (d'un) écrivain » (Molinié et Viala 217), lisible dans divers faits de position et d'habitus. La posture « permet de penser à la fois la "stratégie" [d'un auteur] dans le champ et ses options formelles, à savoir sa poétique propre » (Meizoz 16). La posture s'apparente ainsi à l'éthos des rhétoriciens et puise dans la notion, plus utilisée en anglais, de *persona*, qui désigne tout à la fois « une voix et son contexte d'intelligibilité » (Meizoz 19). Pour les besoins spécifiques de nos analyses et étant donné que le concept d'ontologie nécessite de formaliser notre problématique et de définir le vocabulaire utilisé, ce sont surtout les trois scènes du discours posées par Meizoz qui nous servent de repères. La *scène englobante* (celle où s'énoncent les grands types de discours, politique, religieux, etc.), la *scène générique* (qui décrit les genres du discours et les genres littéraires) et la *scène de la parole* (construite par l'énonciation). Outre les postures elles-mêmes, ce sont également la façon dont elles s'insèrent dans le continuum de l'ensemble des discours de leur époque et la façon dont elles puisent dans des postures du passé qui nous intéressent. La base de données nous permet de consigner le détail des stratégies, de rassembler les éléments en vue d'une analyse plus fine des postures et des façons de les adopter. De deux postures semblables pourraient par exemple émerger des stratégies différentes sur le plan des procédés à l'œuvre selon l'auteure, l'époque où elle s'inscrit ou le périodique où l'intervention est publiée, voire son insertion dans un espace précis de la page du journal.

### *La scène générique*

La question de la *scène générique* mérite quelques précisions dans la mesure où elle gagne à être élargie et mieux articulée en fonction de nos besoins et de l'univers informatique. D'une part, la notion de genre ne suffit pas à cartographier les diverses appartenances des textes au milieu littéraire ambiant. Au genre se greffent des régimes littéraires (dont la correspondance) et s'imposent des mouvements (dont le romantisme, pour ne pas prendre un exemple au hasard) que nous repérons aisément en balayant l'étendue de notre corpus. En outre, toute citation, au-delà des enjeux liés à l'énonciation (faire dire par quelqu'un d'autre ce qu'on préfère ne pas dire soi-même, par exemple), agit sur le plan de la rhétorique en tissant des liens entre un texte et ses prédécesseurs, sur le plan des postures autant que de la légitimité. Toutes les ressources permettant de repérer et de classer les différentes allusions et références, directement et indirectement contenues dans un texte, peuvent être mises à profit par le relais d'analyses de divers registres d'intertextualité, puisqu'elles jouent un rôle à la fois dans les stratégies de légitimation déployées ainsi que dans la filiation assumée consciemment ou non par les auteurs.

### *La scène de la parole*

Quant à la scène de la parole, outre le fait qu'elle tend à dégager les éléments de l'agir postural dérivant des théories de l'énonciation[3], elle élargit la seule considération de mise en scène de l'énonciateur et, le cas échéant, du destinataire, en permettant de cerner l'ensemble de la *scène d'énonciation* (voir Maingueneau). Il s'agit par exemple de prendre en compte les éléments de décor, comme les lieux d'où provient la parole (celui du couvent et de la chambre, par exemple, qui semblent se démarquer), certaines figures clés (la couventine, la religieuse, la mère, etc.) et les actions qui autorisent cette parole (célébrer, protester, prier, louer, etc.).

### *Un exemple d'analyse des scènes de l'*énonciation

Une brève analyse du texte intitulé « Mgr. L'Archevêque de Québec à Villa Maria », paru dans le *Courrier du Canada* en 1871, permet de sonder l'intérêt de la perspective que nous avons adoptée. Elle donne également une bonne idée des limites de l'approche et, surtout, des défis à surmonter, tant sur le plan quantitatif, étant donné la quantité importante de textes devant être soumis à l'analyse, qu'en ce qui concerne le codage informatique de ces éléments. Il s'agit d'une lettre destinée au rédacteur du *Courrier du Canada* demandant la publication de la lettre d'une jeune couventine, lettre présentée à la suite de la précédente.

Ce qui frappe en premier lieu est le jeu des relais de narration et l'enchâssement des récits : sous un titre qui pourrait figurer en tête d'un article ou d'un compte rendu figure une lettre, non signée, qui présente un document second, lettre elle aussi, signée par une autre personne et reproduite à sa suite. L'accent est mis sur les stratégies de véridiction, d'abord en incluant des allusions au lieu de parution : le texte s'adresse à « M. le Rédacteur » du *Courrier du Canada* et il suggère la publication dans son périodique d'une lettre originale présentée comme authentique. Si cette entrée en matière n'est pas signée, plusieurs indices laissent toutefois entendre que la mère de la jeune auteure de la lettre seconde est une signataire possible. Elle parle au féminin, mais surtout elle confesse le « vol » de la lettre intime qui suivra par un astucieux recours à une rhétorique de l'autocritique. La signataire de la première lettre doit choisir entre voler la lettre et trahir ainsi l'intimité, ou faire preuve d'égoïsme en gardant pour elle le « précieux butin ». Dès l'entrée en matière, donc, s'opposent le monde médiatique, et donc public, auquel s'adresse la première missive, et la sphère privée de la relation entre une mère et sa fille, les deux se superposant, en quelque sorte, par l'entremise de la correspondance.

Le récit second, celui qu'adresse « Ta petite fille » à sa « chère Maman » s'ouvre sur une nouvelle mise en scène de la parole, pratiquement au pied de la lettre. Un *je* amorce une lettre à sa mère en esquissant, par l'autoreprésentation, le contexte dans lequel elle écrit : de son pupitre, au moment d'une récréation, pendant un jour de congé au couvent. Le récit, au présent et dans un premier temps quasi en temps réel, est d'abord celui de l'écriture de la lettre et des différentes activités de la journée de congé offerte à l'occasion de la visite de Monseigneur. S'emboîte ensuite, au passé cette fois, le récit de la visite de l'archevêque de Québec. Ce récit, prétexte à l'écriture de la lettre de la couventine à sa mère, présente lui aussi une scène d'énonciation, celle qui encadre l'adresse à Monseigneur par les couventines, sa réponse, puis la bénédiction qu'il prodigue.

Quant aux enjeux posturaux, sur la scène englobante, l'éloquence religieuse de l'archevêque et le discours médiatique du *Courrier du Canada* personnifié par le rédacteur auquel s'adresse le texte balisent et jouxtent ceux de la mère et de la fille. L'éloquence religieuse s'inscrit dans une tradition bien établie, alors que le monde de la presse incarne un type de discours qui, sans être complètement nouveau, adapte l'ancien à la scène médiatique, l'avale en quelque sorte.

Sur la scène générique, ce texte présente l'imbrication de plusieurs genres de discours et de genres littéraires. D'une part, on trouve l'éloquence du discours religieux et moraliste, attribué à l'archevêque, lequel s'imbrique dans le discours de l'opinion publique, généré par le journal. D'autre part, la lettre familière de la mère, déviée de sa destination privée par sa publication dans le journal, devient une « lettre au journal » avec ses enjeux discursifs et énonciatifs propres. Il en est de même de la lettre familière et intimiste de la fille, dont le discours est fortement influencé par les devoirs de la couventine envers sa famille et les textes d'éducation qui circulent à l'époque. En s'inscrivant dans la presse, par le relais de la lettre de la mère, celle-ci devient une « lettre dans le journal » et transforme l'horizon de réception.

Sur la scène de la parole (construite par l'énonciation) s'imbrique donc un échange mère-fille, au présent, discours marqué par le rappel constant de la proximité et de l'affection, un récit-prétexte constitué de la visite de l'archevêque au couvent de Villa Maria et de ses effets, mais également un discours public, celui d'une mère s'adressant à l'opinion publique par le relais du discours de sa fille, transformant ainsi les enjeux d'un discours intimiste en tentative d'influencer cette opinion publique. On peut voir dans ce texte à plusieurs niveaux un véritable éloge de l'éducation des filles, et en particulier du pensionnat du couvent de Villa Maria. D'abord dans le discours louangeur de l'archevêque, ensuite dans celui de la couventine à propos des qualités de son couvent et de la description de ses consœurs ainsi que dans son écriture qui reçoit l'aval des rédacteurs par sa publication dans un journal et finalement dans l'exergue de la lettre :

> Envoie donc ma petite sœur, Maman, je t'assure que sa santé se rétablira et puis, elle sera infiniment mieux que dans les externats, si tu voyais la différence! Tu peux avoir confiance en moi, j'en aurai bien soin, et, il me sera si agréable de parler de toi, de rencontrer un cœur qui t'aime autant que le mien.

Cette analyse, très préliminaire, donne néanmoins accès à tout un pan du corpus que nous avons consigné dans notre base de données et révèle, très littéralement, comment le discours féminin s'insinue progressivement dans l'espace public. Ce que nous désignons, de manière préliminaire, comme une rhétorique de l'enchâssement, semble jouer un rôle important, et ce, de différentes manières. Bien sûr, le texte surreprésente les marqueurs de l'énonciation et les traces permettant de situer qui parle, à qui, dans quel contexte. Bien sûr, il situe hiérarchiquement les différents discours qui circulent dans l'espace social, reconduisant pour l'essentiel l'autorité de l'Église, l'importance de l'éducation et le maintien des privilèges de classe de la bourgeoisie. Au-delà de ces évidences, c'est véritablement à une petite scénographie du rapport des femmes aux lettres à laquelle nous semblons assister. La mère pave en quelque sorte la voie de la publication à sa fille en se faisant la passeuse d'une correspondance privée dans l'espace public, par le relais de la presse, le tout cautionné par le prétexte de la visite de l'archevêque, prétexte qui s'apparente à ce qui constitue une nouvelle, soit une forme autorisée dans le journal.

## *Une poétique de l'enchâssement*

Qu'en est-il de cette posture de l'enchâssement qui serait signifiante au-delà d'un texte particulier? Si nous avons sciemment sélectionné un texte en apparence peu « littéraire », au sens restreint du terme, pour ce premier exemple, c'est justement pour les liens qui l'unissent, à l'autre pôle, à l'un des exemples les plus littéraires du corpus, celui des poèmes adressés par Élise Larivière à différents journaux, ce qui nous laisse croire qu'il s'agit d'une stratégie d'écriture répandue. D'entrée de jeu, le genre poétique nous plonge dans un monde littéraire bien différent, sur le plan tant du statut symbolique que de l'acquisition de compétences particulières pour signer ce type d'écrit. Demeure toutefois la question de l'encadrement du texte poétique par une lettre qui met en scène les destinataires et, parfois, le contexte de rédaction, de même que le prétexte du passage à l'écriture poétique, toujours relié à des sujets et des personnages importants, qu'il s'agisse de Dieu personnifié par ses plus nobles serviteurs, de la noblesse ou de dirigeants politiques, d'écrivains ou d'artistes renommés. Pour reprendre la terminologie de Meizoz à propos des postures littéraires, la *scène englobante* est toujours fortement présente et montrée explicitement de manière à conforter l'ordre établi.

Quant à la *scène générique* des textes d'Élise Larivière, elle inclut de nouvelles formes (nouvelles en regard de leur appropriation par les femmes sur la scène publique, s'entend) mais ne néglige pas pour autant les anciennes et notamment la correspondance, que ce soit directement ou indirectement. Les épigraphes, par exemple, servent d'exorde en regard du destinataire premier, en même temps qu'ils annoncent le prétexte de l'écriture aux destinataires réels, ceux qui lisent le périodique. C'est ainsi, pour ne donner qu'un exemple, que le poème intitulé « Eugénie et le pied de la croix. À sa Majesté l'Impératrice Eugénie. Hommage profondément humble de l'auteur » est publié. Le titre contient d'ailleurs lui-même l'essentiel de la scène d'énonciation. Ce poème est encadré d'une introduction (qui s'apparente à un exorde) qui rappelle son contexte d'écriture et assure du même coup son passage de la sphère privée (le texte aurait été envoyé à l'impératrice elle-même) à la sphère médiatique. Il est suivi de la transcription de la réponse du duc de Bassno qui accuse réception du poème au nom de l'impératrice. Sur le plan de l'énonciation, ces remerciements bouclent la boucle de belle façon. Cette mise en abîme agit en effet comme une forme de clin d'œil : pour publier un poème, une humble jeune fille qui n'a ni le statut ni l'autorité suffisante doit trouver un prétexte et mettre en scène son travail d'écriture et son acceptation par une autorité compétente pour accéder à la publication. Le choix de l'impératrice s'avère astucieux et le résultat dépasse même l'ambition de la jeune poète puisqu'au final, l'impératrice s'avère « trop » importante pour répondre elle-même et désigne un duc comme secrétaire. L'impératrice s'avère ainsi, par la hiérarchie tant sociale que scripturaire, le miroir inversé de la jeune poète (l'une trop humble pour écrire, l'autre trop importante pour répondre).

### *L'analyse maintenant*

Reste maintenant à mettre au point le protocole de saisie des éléments posturaux dans la base de données. Si les trois scènes sont des catégories évidentes, reste à y organiser les marqueurs, qui sont de nature hétéroclite. Les deux premiers types de scène (la scène englobante et la scène générique) gagneraient certainement à exploiter des listes de catégories appuyées sur les genres et formes littéraires, les registres et tonalités, puisque les possibles sont relativement limités. Chaque catégorie pourrait donc être repérée et il s'agirait de consigner les éléments textuels qui permettent de justifier la présence de chaque catégorie. Pour la dernière scène, celle de la parole, c'est peut-être en filant la métaphore théâtrale de Dominique Maingueneau que nous avons la solution la plus opératoire. La *scène de la parole*, en interne, est incarnée par une énonciation, émanant d'un *personnage*, qui lui-même évolue dans un *décor*, le tout centré sur une *action*. Enfin, les différentes scènes sont organisées les unes par rapport aux autres, révélant ainsi une hiérarchie des discours qui proposent des enjeux, feints ou réels, pour la prise de parole des femmes sur la scène médiatique.

## *Conclusion*

L'utilisation du concept d'ontologie nous a permis de mieux définir notre objet d'analyse et de le formaliser de manière claire et cohérente à l'intérieur de notre base de données. Le travail de recherche sur le vocabulaire précis à employer, sur les réseaux de relations entre les classes et sur la façon de décliner leurs propriétés a été déterminant pour poursuivre notre réflexion. Ce concept nous guide à chaque étape, dans la mesure où, sans prétendre épuiser la matière textuelle stockée dans notre base de données, nous tentons de faire en sorte que chacun des éléments exploités dans le contexte de nos travaux (légitimation et filiation) le soit de manière systématique, gérable, significative, ouverte et cohérente avec l'ensemble de notre projet.

Il reste certes beaucoup à faire pour rendre la réflexion intellectuelle opératoire à l'intérieur de notre base de données. Cependant, l'état actuel de notre réflexion nous permet déjà de formuler l'hypothèse selon laquelle c'est précisément la façon dont les femmes mettent en scène leur parole au sein de l'espace public imprimé que constitue la page du journal, c'est-à-dire la façon dont elles se mettent elles-mêmes en scène en train d'écrire, et la façon dont elles situent cette pratique au sein de l'ensemble des textes et discours de l'époque, qui nous met sur la piste d'une réelle relecture de l'écriture au féminin au XIXe siècle. La formalisation de cet univers mérite à coup sûr qu'on y réfléchisse.

## *Notes*

1 Une ontologie, du point de vue informatique, est la *conceptualisation* d'un domaine, c'est-à-dire un *choix* quant à la manière de décrire un domaine ainsi que sa *description formelle*. Elle doit être partagée et consensuelle, s'appliquer à un domaine particulier et tendre vers un objectif commun.

2 Mentionnons principalement, dans la foulée des propositions d'Alain Viala, le travail de Jérôme Meizoz sur les postures littéraires ainsi que celui d'Alain Vaillant et de Marie-Ève Thérenty sur la presse périodique.

3 Notamment les travaux de Ruth Amossy, et plus précisément le collectif qu'elle dirige intitulé *Images de soi dans le discours. La construction d'un éthos.*

## *Bibliographie*

Amossy, Ruth. *Images de soi dans le discours : La construction d'un éthos*. Lausanne: Delachaux et Niestlé, 1999.

Maingueneau, Dominique. *Le discours littéraire : Paratopie et scène d'énonciation*. Paris: Armand Colin, 2004.

Meizoz, Jérôme. *Postures littéraires : Mises en scène modernes de l'auteur*. Genève: Slatkine, 2007.

Molinié, Georges, et Alain Viala. *Approches de la réception : Sémiostylistique et sociopoétique de Le Clézio*. Paris: Presses universitaires de France, 1993.

Vaillant, Alain et Marie-Ève Thérenty. « Histoire littéraire et histoire culturelle ». *L'Histoire culturelle du contemporain : Actes du colloque de Cerisy, Laurent Martin et Sylvain Venayre*. Dir. Alain Vaillant et Marie-Ève Thérenty. Paris: Nouveau Monde Éditions, 2005. 271–90.

# II

## *BACK TO THE FUTURE...*

# *Reclaiming the Past, Nurturing the Future* 5

ROSEMARY SULLIVAN

I have spent a decade of my life "reclaiming the past" by writing biographies of extraordinary Canadian women writers. I have also spent the last dozen years as the director of a creative writing program at the University of Toronto dedicated to "nurturing the future." These two activities are intimately connected in my mind. In writing biographies, I have discovered that a central theme of a writer's life is how to claim the confidence to believe in oneself as a writer. I have written about the lives of three women. Elizabeth Smart struggled against self-doubt and fell into silence; Gwendolyn MacEwen struggled against secrecy and died tragically. Margaret Atwood's career coincided with a new surge in Canadian literature, and in women's writing in particular, that gave her the confidence to be, fully, the writer she was meant to be. Their stories informed my sense of what the creative writing workshop can achieve—dialogue, collaboration, and a sense of historical context, such that you can feel the generational pressure of writers behind you, sustaining you as you dedicate yourself to the exacting and lifelong claims of the writer's art.

## I

In 1987, I was commissioned by Penguin Books Canada to write a biography of Elizabeth Smart. I had written an article about Smart for *This Magazine* called "Muse in a Female Ghetto," and it had come to the attention of an editor at Penguin, Catherine Yolles. I had never tried my hand at biography before but the challenge seemed exciting. And so I said yes. Smart's novel *By*

*Grand Central Station I Sat Down and Wept* was already being called one of the half dozen masterpieces of poetic prose in the English language.

Like a kind of female D.H. Lawrence, Smart was as famous for the story of her life as for her book. She always claimed to have lived a great love affair. The primary story, which she delighted in recounting in interviews, was that in 1937 at the age of twenty-four, she walked into a bookstore on Charing Cross Road in London, picked up a book of poetry, and began to read. She was immediately overwhelmed. She checked the biographical blurb. The poet's name was George Barker and he was the same age as she was. She instantly knew he was the "HE," the catalytic experience she needed to get her life as a writer started. (Her first candidate had been Lawrence Durrell.) Without seeing a photograph of Barker, she let it be known that she wanted to meet and marry him. She wanted to have his children. She set out on her hunt. In the course of my research, I actually met people who recalled Smart tearing around London asking how to meet George Barker. The masterpiece she came to write was based on her love affair with Barker, whom she finally met in California in 1940.

The question for me as a biographer was why did she find this autobiographical anecdote so compelling that she continued to tell it to most interviewers even forty years after the fact? This is where an act of historical imagination is required of the biographer. This was 1937, a time when women were still heavily constrained by conventional expectations, particularly regarding relationships between the sexes. In Smart's anecdote, she was the initiator and the romantic. I would say that, to her, this flinging of herself into romantic extremis, what she might have called "leaping into the arm of the infinite," was an act of courage. "To really live," Smart always said, "you had to have a large appetite." And she had male models to follow. Falling in love with the muse and writing love poetry had always been the male writer's first assignment.

I knew Smart as a friend. While living in London in 1979 I had searched her down. Her name had appeared in the *Guardian*, under the heading "Come Back of the Year Award." After thirty-four years of silence, she had finally published her second novel, *The Assumption of the Rogues and Rascals*. I wrote to her as a fellow Canadian, and she invited me to visit her at her remote cottage *The Dell* in Suffolk.

It was winter, and I can still remember how desolate her cottage seemed, adjacent to an empty gravel pit whose landscape was strewn with frozen pools of water and interrupted by huge cranes rising like pterodactyls. Smart stood at her gate waiting for my taxi. She was disheveled in mackinaw and gumboots. She would have been sixty-five then. My first impression was that she was incredibly lonely, but I would soon discover that her home was open to everyone, like Grand Central Station itself—the taxi driver was invited in with the passenger.

We talked about writing, about Canadian literature, and about the imagination required to love a man. But I particularly remember asking her one question. I asked her why the man in her novel with whom the narrator had fallen in love hardly seemed to have an identity. He seemed to me faceless. "Of course he has no face," she replied. "He is a love object."

I was too young then to realize that Smart was telling me she understood the nature of her romantic obsession. She had come to recognize her collusion in what she called "all that pricy pain." She had stranded herself in obsession. Romantic obsession is autoerotic, a projection onto the other of all that is most valuable in the self and that one longs to claim. Such passion serves as a catalyst to get one's life started or to kick start it again when it stalls. When the romantic projection is ripped away or dissolves, the other standing there is almost always a stranger. The great Australian novelist, Christina Stead, used to say that every love story is a ghost story. Still, the story of romantic obsession now feels like it comes from another age. It is hard today to think of romantic love without irony. No man can easily live the persona of the romantic artist. No woman writer could ever be so alone. There are new narratives.

But the story of Smart's life as a writer interested me deeply. It was a story of *silence*. Smart had experienced a painful writer's block of almost thirty years between books. How had she lost her sense of herself as a writer—that obsessive compulsion the artist feels to write? Once she had hoped to be as good as Emily Brontë. What had happened to the writer's necessary ego, which she had had in large enough measure to write a masterpiece like *Grand Central Station*? Puzzled by her own paralysis, she asked in a poem: is there a difference between the "muse, his and hers?" "Is ego a prick to the muse?" ("The Muse: His and Hers," *A Bonus*).

In one of our conversations she told me that when she was young she had felt the "maestro of the masculine sitting on my shoulder, telling me I would never be good enough." Smart left Canada in 1943 and did not return for forty years. "At the London literary table," she said, "the male writers allowed me a seat at the table, but they would never talk to me one on one."

The central issue for the pioneer female writer in the 1930s and 1940s was one of confidence. Where was it to be found? When *Grand Central Station* was published in England in 1945, it was issued on war-rationed paper and was printed in such small type that it was only forty-five pages long. It got good reviews, including one by Cyril Connolly. Then it sank like a stone. Smart had no one telling her just how good a writer she really was.

I fell in love with the genre of biography and so decided to write a second biography. This time I wanted to counter the narrative of silence and write about a woman writer who had achieved a successful career. I chose the Canadian poet Gwendolyn MacEwen, born a generation later in 1941, because she had been so productive, writing over twenty books in thirty years. But I soon discovered she had confronted another problem. I discovered MacEwen had lived her life under the weight of secrets. She had separated her friends into different pockets of her life. No one knew the full story.

Gwendolyn MacEwen was a great poet who died at the age of forty-six in mysterious circumstances. Some people suspected suicide. How was I to write about her?

We believe the roots of a lifetime are hidden and entwined in childhood. A biography begins its archaeology there. In my first chapter "Thirty-eight Keele Street," the address of MacEwen's childhood home, I offered a meditation on the very notion of a house.

> The houses we are born into are always more than domestic architecture. They are mental spaces that define the power dynamic of the world we enter unwittingly; those houses will surface repeatedly in our dreams and we will reconstruct them throughout a lifetime. Thirty-eight Keele was the first universe fate offered Gwendolyn. It was complex and full of secrets. (*Shadow Maker* 3)

The essential secret at the core of MacEwen's childhood was that her mother suffered periodic bouts of mental illness. Neither her father nor her aunt and uncle, with whom the MacEwens lived, would speak of this shameful secret. Gwendolyn and her sister Carol only knew that from time to time their mother disappeared from home. When they asked why, they were told, "You are too young to understand."

In writing *Shadow Maker*, I was deeply aware that I was entering the lives of *real* people. The first person with whom I spoke was MacEwan's sister Carol Wilson. On our first encounter, I sat across from her in her small-town Ontario kitchen and examined her face. Eight years older than her sister, she looked exactly like MacEwan would have looked at that age. Carol described how, in 1950, when her family moved to Winnipeg, she and her sister witnessed their mother's attempt to commit suicide by slashing her throat with a razor. Carol recounted the story to me in a halting voice full of pain. "This is not easy for me," she said. She still wondered whether Gwendolyn, who had been nine-years-old at the time, had seen what had happened in the bathroom that night.

On one of my visits, Carol handed me a sealed envelope, on the back of which Gwendolyn had scrawled her name in large childish letters. Carol told me it contained a pencil. Gwendolyn had saved it because it was the pencil with which she had written her first poem when she was ten. She also told me that Gwendolyn changed her name. The family had always called her Wendy, but at age twelve, she insisted that her name henceforth would be Gwendolyn. She said she thought one day she might be important and Wendy was not the name of somebody important.

The astonishing thing is that, out of the pain of this childhood, Gwendolyn MacEwen was able to construct such a powerful life for herself. For her, it seems that art was a way to make sense of life. It required training, discipline, love. And she had a remarkable mind, perpetually in gear.

I went to libraries and searched through city directories to locate the many places MacEwen had lived. I found her letters in writers' archives across the country, echoes of her lost voice. I consulted the Mormons in Salt Lake City to trace her genealogy. I phoned Edinburgh searching for details about her father's life. I wrote hospitals for files. And I tracked down many of the witnesses who shared, however peripherally, in her life.

The story grew. After quitting high school just one month shy of her graduation, she wandered the streets of High Park until she found a small chaider, or Hebrew school, and walked in asking them to teach her Hebrew. She was a brilliant autodidact. If she was to know the Bible, the Zoar, the Gnostics, she must read them in the original language. Unsupervised by parents whose lives were disintegrating, she roamed the back streets of Toronto late at night. Once, when she was at the Wah Mai Café on Queen Street, the police raided. As they hauled in the prostitutes, they inquired about the kid in the brown corduroy jumper. Gwendolyn told them she was there because she was training to be a writer: "I'm just a page now but one day I'll be a book" ("The Wah Mai Café," *Afterworlds* 34). "Poets," she said, "are magicians without quick wrists" (*Julian the Magician* 12)

In dialogue with the multiple voices swirling through my biography, I created my version of Gwendolyn MacEwen. It is the portrait of a woman of astonishing creative depth whose very mystery leaves one breathless.

After I published *Shadow Maker: The Life of Gwendolyn MacEwen*, much to my surprise, I received an extraordinary number of letters. Many people identified with the tragic life of Gwendolyn MacEwen. I was moved that they would take the time to write, and that so many told me they had gone out and bought her poetry and were reading her entire work. But there was something disturbing me. Some people began to ask why I identified with dark, self-destructive, romantic female extremists. But that was not how I saw either Gwendolyn MacEwen or Elizabeth Smart. They were writers of remarkable courage who had succeeded against the odds, as all writers must, and the difficulties of their lives had come from where most difficulties do: in large measure from the patterns scripted in childhood. Theirs were individual stories and it was risky to use their lives to generalize about the Ur-pattern of the artistic life.

I remembered Margaret Atwood once commenting that there is no common pattern to artists' lives. The only thing that writers have in common is that they write. I found myself thinking of writing a book about Atwood. Would that be possible? And why would I presume to write a biography of a living writing in mid-career? I had two motives. First, this would be another kind of story, a narrative about a woman who had managed to take control of her artistry *and* her life. And, secondly, she would be there to talk back. This intrigued me. I was sceptical about the way many biographers claim to know the motives of their subjects after they are dead.

I decided to write a portrait of Margaret Atwood's early career. My book would be about confidence, about how you find the courage to believe in yourself as an artist. It would be a cultural history. It would also be about the creative process itself.

In my head I thought of this book as a not-biography. There would be no intimate journals or letters as sources. These were still in private hands, though Atwood allowed me to read her restricted files in the Thomas Fisher Library that houses her papers, and we had a lively email correspondence. I also knew that people would be guarded and protective of her. Why, then, write the book? I wanted the third version of the female artist's life. Elizabeth Smart had been trapped in silence—after her masterpiece she had lost her nerve as a writer. Gwendolyn MacEwen had been deeply damaged by the secrets behind which she hid. Margaret Atwood had produced a brilliant and extensive body of work and was content in her life.

I knew this would be as much a biography of an era as it would be the record of an individual writer's life. Atwood came of age as a writer at a time when the currents of feminism and Canadian nationalism met. She was central to that period in the late 1960s and early 1970s when Canadian writers established themselves in the national imagination. Compelled by Northrop Frye's suggestion that the Canadian writer was not so much engaged in the pursuit of personal identity ("Who am I?") but rather cultural identity ("Where is here?"), they were engaged in articulating the myths and landscapes that have shaped our culture.

In the course of writing my previous biographies, I had experienced the nostalgic, elegiac feeling of following after. The subjects were gone and had left only their words behind. Writing about Margaret Atwood was, of course, completely different. I was driven by curiosity and intrigue, and found myself saying, "Ah, so that's what it was like."

On one of my many journeys, I trekked down to Harvard, where Atwood had gone to graduate school, and visited the Lamont Library, where, as a female student, she was not allowed to work. Apparently it was felt that the presence of females would distract the young male students. And I saw where Founder's House, her graduate residence at Radcliffe, had once stood. I thought of her description of the sexual perverts who, like aphids, had scaled its walls. In Boston, she would later say, she learned about urban violence. And I thought of the costume party she and her friend Jim Polk had organized at Founder's House.

According to Polk, they announced it as a Roman orgy: she went as Cleopatra's breast, wearing a birdcage covered in a flesh-coloured towel, and he went as the asp. Later, however, she would stage a more significant rebellion. As I walked through Harvard, I saw what Atwood would come to make of that intimidating institution. It would provide the locus for the fundamentalist dictatorship in her novel *The Handmaid's Tale*.

While I was writing these three biographies I dreamed of my subjects: Of Elizabeth standing at the end of my bed like a vengeful presence saying, "You'd better get it right." Of Gwendolyn entering my kitchen by a hidden door and offering me a gift. Of carrying a desiccated fragile child through a war-torn European city, knowing it was Margaret Atwood's child, and that I had to save it. The child was my book. I made it to the train station and the child was still alive. In my own personal mythology, each of these dreams gave me permission to write my books. They meant that the books would come from a deep place. My conscious and my unconscious mind, the place where the inspiration comes from, were in sync.

Looking back, I now consider these biographies to be a trilogy: they are essentially about the creative process and about how you find the confidence to believe in yourself as a writer.

I have been asked to discuss creative writing programs. In the old days, there were very few creative writing programs. Many of the writers directing programs now have not themselves been students in creative writing workshops. That was largely because they weren't available when they started out as writers and they weren't necessary. (I will speak of English-Canadian writers, though a similar narrative could be told about Quebec writers.) The writing community was small and mutually supportive. To counter their individual isolation, the writers set up small publishing companies—Contact Press, Talonbooks, House of Anansi. These were not just publishing houses but ateliers, workshops where they discussed, vetted, and nurtured each other's work. Margaret Atwood, Dennis Lee, Gwendolyn MacEwen exchanged and read each other's manuscripts. They offered criticism and support.

Elizabeth Smart had no such community. At least a part of her silence was caused by this vacuum. She once remarked to me that when she began reading Alice Munro and Margaret Laurence, she heard something of her own voice in their style and concerns and mused about what might have happened with her writing had she stayed in Canada. England in the 1950s was not a nurturing environment for women writers. In an interview, Elspeth Barker, Elizabeth's friend and George Barker's fifth wife, told me, rather shamed-faced and with some lingering shock, that as a young woman with artistic aspirations in England in the 1960s, you wouldn't be caught dead reading a woman writer. Great writing was done by men. By contrast in Canada, Atwood remarked that the writing community was so small and beleaguered that even women writers were welcomed.

So, there was artistic support, but what about social and financial support? Both Gwendolyn MacEwen and Margaret Atwood benefited from the mutual exchange of manuscripts and the support of friendship, but Margaret Atwood confided to me that, had she remained a poet and not turned to writing fiction, she would have either been as poor as Gwendolyn or have become a university professor to support herself. Having no money was a huge factor in the isolation and loneliness of MacEwen's life. I remember one of her lovers, Ruben, telling me an anecdote about MacEwen in the mid-1980s when she was financially struggling and was denied a loan by her bank. She went home, collected her books, marched back into the bank and banged the books on the counter saying, "Here. I've written these. I just want my money."

In our culture, books are dealt with, like everything else, as consumer products. The reward for writing a book and its success are measured entirely in monetary terms. But books, except perhaps formula books, are not produced as products, and there is no relationship, except perhaps that of luck, between the energy and thought put into a book, and the return the writer receives. Every writer hopes they might win the literary lottery and produce a book that sells, but that is not the motive driving a book's creation.

We need to acknowledge that writers live in a different cultural paradigm: we live in a gift-giving, as opposed to a commodity, culture. This is a term I came across years ago, thanks to a fascinating book by Lewis Hyde called *The Gift: Imagination and the Erotic Life of Property*. Margaret Atwood had directed me to its existence.

We are so deeply inside consumer culture that we cannot imagine a cultural paradigm other than that of private property. How could we live if we did not own things and collect things which serve as barricades against the way life can assault our equanimity without warning? And so we accumulate and accumulate until the lust for accumulation becomes an end in itself.

But in a culture based on the gift—giving without assurance of return—and there are numerous ancient, particularly Aboriginal societies who have followed this paradigm—giving, in itself, creates a cycle of return. In a gift-giving culture, when you give, you create a moral debt that will be paid back when the circle of giving completes itself.

In viewing culture as a gift, a special relationship to the world is established. And this, in fact, we are beginning to understand. We are beginning to understand that if we do not acknowledge nature as a gift rather than a commodity to be owned and exploited, we destroy our sacred relation to nature and thereby destroy ourselves. Creations of the imagination are also gifts that must be thought of as part of the gift-giving paradigm.

We writers were seduced for a while into believing we could speak of culture as a product. We could speak of cultural industries, adopting the commodity model, and asserting that we contributed to the general monetary economy and should be rewarded. But books are not products that earn a market reward. They are works of art that are essential to our collective human experience, and society, for its mental and spiritual health, should sustain their creation in the sheer principle of self-interest.

Our society believes it is free of any responsibility for the writers in their midst. Writers, like anyone else, have to work on the market model. But the network of support, the circle of sustenance the writer lives within, has to be based on a different paradigm. Writing is much more than a solitary writer in a room. It is a living, breathing network of creators whose work and input is so much larger than the product produced that it sustains what Hyde calls the erotic life of property: property not as a product to be consumed but to be passed on as a gift that enlarges the life of each recipient in the circle that receives from and sustains the gift-giver.

Forgive me if this seems abstract, but unless we change the paradigms by which we live—whether this is our responsibility toward others or toward the environment that sustains us—we are lost. And without the emotional and spiritual pleasure that art, and particularly books, give us, we are also lost.

The products of modern culture are just that: products. They are increasingly irresistible and feed our lust for addictive adventure. This can equally apply to reality shows, whether on television or in books, or violent action films and the books on which they are based. What, you ask, has this to do with creative writing programs? It is quite simply an explanation of why they have become an essential defence, or at least one of the defences, against the collective philistinism that surrounds us.

Cultural change is driven by ideas. There was a time in Canada when it was believed there was almost no English-Canadian literature. In the early 1960s, you could count on one hand the number of books published in Canada. If you were a Canadian writer, you believed you had to go elsewhere, to another country, to write. You had to substitute a foreign landscape for your own landscape because you were told that no one could set a novel in Toronto or Calgary and find any readers. How things have changed!

Writers in the late 1960s and early 1970s like Gwendolyn MacEwan and Margaret Atwood had a collective project: to create a vibrant Canadian literature. They set up their own small presses and they began to establish Canadian literature programs in the universities. It took only two decades for everything to alter profoundly. Look at the strength and diversity of Canadian writing now.

Now, we have a new project: to reconnect writing with the culture at large. One way is to sustain and grow the creative writing programs that have begun to be established in the last decade in universities and colleges and communities that can network with the public to bring writing to public attention.

The same mentality that berates writing programs, dismissing them with the statement like, *You can't teach writing*, profoundly misunderstands what writing is and what a creative writing program is. Creative writing programs are responses to the increasing isolation in contemporary culture. They are networks of support. They are part of the gift-giving paradigm.

It is not easy to set up a publishing house now. It cannot be done from an attic on Spadina or a back alley in Vancouver. But I see creative writing workshops as a new incarnation of the old atelier model, a way of establishing communities that provide the essential support each new writer needs. It is hard to believe in yourself as a writer; it is hard to sustain the confidence to continue. This, the workshop provides.

The workshop is an atelier, and the director assumes the role of editor rather than that of teacher. No relationship is quite so intimate and intense. Enormous sympathy, tact, diplomacy, and shrewdness are required. And a sense of humour.

People who come out of creative writing programs become not only writers but readers and publishers of small presses, zines and e-magazines, as well as initiators of creative experiments in new media that can give imaginative content to the new vehicles like Facebook and LinkedIn that are out there begging for content that moves and inspires people.

In writing biographies of Smart, MacEwen, and Atwood I learned that writing is certainly about talent, the love of language and story, but it is also about stamina. There needs to be a community that says that writing is essential and that provides collective support. Because there will be a moment when, as a young writer, you will ask yourself if you have the will to continue. When you are in the throes of a writing project, you will find yourself asking: Why do I do this to myself? The answer must be: Because I love it. It's my conversation with the world.

### *Works Cited*


Frye, Northrop. "Conclusion to a Literary History of Canada." *The Bush Garden: Essays on the Canadian Imagination*. Toronto: Anansi, 1995. Print.

Hyde, Louis. *The Gift: Imagination and the Erotic Life of Property*. New York: Random House, 1979. Print.

MacEwen, Gwendolyn. *Afterworlds*. Toronto: McClelland and Stewart, 1987. Print.

——. *Julian the Magician*. Toronto: Macmillan, 1963. Print.

Smart. Elizabeth. *A Bonus*. London: Polytantric Press, 1977. Print.

Sullivan, Rosemary. *By Heart: Elizabeth Smart / A Life*. Toronto: Viking, 1991. Print.

——. *Shadow Maker: The Life of Gwendolyn MacEwen*. Toronto: HarperCollins, 1995. Print.

——. *The Red Shoes: Margaret Atwood Starting Out*. Toronto: HarperCollins, 1998. Print.

# *Du métaféminisme et des histoires au féminin* 6

MARIE CARRIÈRE

> To be inside and outside a position at the same time—to occupy a territory while loitering sceptically on the boundary—is often where the most intensely creative ideas stem from. It is a resourceful place to be, if not always a painless one.
> – *Terry Eagleton,* After Theory

L'on pourrait bien se demander ce que peut une écriture au féminin à notre époque lorsque la qualification de la littérature fait souvent appel au *post*, si on pense à la postmodernité, au postcolonialisme, au postnationalisme ou au postféminisme. Ce dernier terme de postféminisme, néologisme proposé par Toril Moi en 1985 dans *Sexual/Textual Politics*, serait « piégé, démobilisateur, à proscrire », remarque Lori Saint-Martin (163). Toujours selon Saint-Martin, « la liberté d'expression [semble] prime[r] l'engagement » au nom d'une « féminité tranquille et assumée » (164) dans une littérature québécoise d'après l'éclosion du féminisme radical des années 1970.

L'on pourrait bien être portée à se demander si cette liberté serait donc venue éradiquer la présence même d'une pensée et d'une éthique féministe dans l'écriture des femmes. Comme s'interroge Lucie Joubert, le discours féministe aurait-il abouti à une simple « référence historique » dans « les œuvres des plus jeunes auteurs » (77) du Québec? Ou serait-ce « sous le mode ludique, essentiellement, que se détecte l'influence du féminisme » dans la littérature québécoise d'aujourd'hui – et cela, tant chez les hommes (tels un Guillaume Vigneault, un Christian Mistral ou un Dany Laferrière) que chez les femmes (77)? Les nouvelles formes d'expression au féminin, y compris celles se voulant intimistes, transculturelles ou ludiques et se produisant au Québec comme dans le reste du Canada français, n'auraient-elles pas plutôt forcé l'engagement (et les notions qu'on y associe, comme le collectif, l'identitaire et l'agentivité) non à battre en retraite, mais à se manifester autrement? Comme l'indique Nicole Brossard dans un texte d'une grande sensibilité au début du présent recueil :

> Est-ce que je continue de penser et d'agir en fonction du même fond de pensées et de croyances que celles qui m'ont animée il y a 40 ans? Suis-je ailleurs en pensée et en action vivant avec d'autres urgences, d'autres angoisses et révoltes qui, sans être à l'opposé de ce que je pensais il y a 40 ans, occupent désormais le devant de mes solidarités et de ma réflexion?

Posée par Francine Bordeleau en 1998 dans un dossier de *Lettres québécoises*, la question « L'écriture au féminin existe-t-elle » invitait à explorer si le féminisme était à bout de souffle, si on avait encore besoin de ce travail d'inscription d'une subjectivité féminine dans la textualité. Difficile, semblait-il d'emblée, de reconnaître l'empreinte du féminisme sur les écritures actuelles au féminin. Bref, peut-on toujours dire que la pensée féministe, avouée ou non, réfléchie ou non dans les œuvres, continue à influencer la majorité des écrivaines, particulièrement en Amérique du Nord, et ce, depuis la parution du *Deuxième sexe* de Simone de Beauvoir en 1949, comme l'affirme Isabelle Boisclair?

Selon Saint-Martin, les textes de femmes d'après la grande époque féministe au Québec renvoient à une conception plutôt métaféministe de la littérature – le méta désignant ce qui suit, mais aussi « ce qui dépasse *ou englobe* l'objet dont il est question » (165). Le métaféminisme ferait preuve d'un « *double mouvement* », celui de « remettre en cause les stratégies et les orientations des aînées féministes tout en intégrant des préoccupations similaires » (164). Une quinzaine d'années plus tard, Jennifer Henderson avance dans la même veine la notion de *cryptofeminism* pour décrire « *a kind of work that is feminist in a subterranean way* », qu'elle relie également au postféminisme. Joubert fait remarquer de son côté que « le discours des femmes a bien été entendu dans la littérature actuelle : on le rapporte, on le colporte, on l'assimile, tant dans les textes féminins que masculins » (90). Se manifeste ainsi un retrait vis-à-vis des désignations binaires comme victime/coupable ou de « la dénonciation généralisée des phallocrates et de l'idéalisation du féminin » (Saint-Martin, citée par Joubert 84). À leur place, les genres et les rôles sexuels vacillent et se brouillent (Joubert 84) : « la collision des discours du genre » et du « transgenre » (83) – au sens des termes anglais de *gender* et de *transgender* traités de prime abord par la philosophe féministe Judith Butler – s'insère davantage dans l'écriture, comme celle de Monique Proulx dans *Le sexe des étoiles*, paru en 1987.

Comme le constatait Louise Dupré en 1994, « la dimension politique n'est plus la thématique première dans la textualité » comme elle l'a été pour une dite première génération d'auteures comptant, entre autres, Nicole Brossard, Louky Bersianik et France Théoret. Cependant, l'engagement féministe est toujours « là, en toile de fond et donne plus de place à l'expression de l'amour bien qu'en revanche, on remarque un renouveau du collectif et d'une quête sujétaire féminine » (« Poésie » 153) – une recherche inscrite « ailleurs », propose Joubert plus récemment, « que dans les textes de revendication » (78). S'ajoutent bien sûr ces voix migrantes qui mettent en œuvre de nouvelles subjectivités féminines. Des ouvrages de fiction, d'autofiction, de théâtre et de poésie, comme ceux de Kim Thúy, d'Abla Farhoud ou de Nadine Ltaif viennent repenser ce que peut bien vouloir dire « écrire au féminin » dans un contexte linguistique et culturel d'accueil. Par ailleurs, les pratiques du *spoken word* et de la poésie rap, *dub* et slam comptent parmi elles nombre de contributions féminines, notamment diffusées et archivées par Les filles électriques, organisme fondé en 2001 et dirigé par l'artiste interdisciplinaire D. Kimm. Alors que la Montréalaise depuis 25 ans affirme, en entretien avec Josée Blanchette pour *Le Devoir* (2008), que ce récent envol poétique sur la place publique « donne une place toute particulière aux voix des femmes dans la rue », elle fait remarquer dans le même temps :

> Je ne me définis pas comme féministe mais je le suis. Je te dirais qu'être féministe, ce n'est pas assez. Comme l'amour n'est pas assez. Moi, je veux être l'héroïne de mon film. Les filles s'empêchent de faire tant de

choses, ont encore besoin de l'approbation des gars. Je ne milite pas pour les droits des femmes, je milite pour qu'on soit solidaires.

Constat on ne peut plus métaféministe! Les auteures actuelles sembleraient effectivement retenir du féminisme des décennies précédentes l'adage que le personnel primant dans leurs textes est aussi politique, dans des textes de création qui n'évacueraient pas le féminisme, mais l'absorberaient, tout en l'interrogeant et le faisant ainsi « évoluer » (Saint-Martin 169). Il s'agirait ainsi, pour citer le thème de ce recueil collectif, de régénérations, en contact dans le corps même des textes d'aujourd'hui.

Il y aurait à tenir compte d'une histoire littéraire au féminin multiple et retentissante, d'y percevoir les dernières lueurs du féminisme « radical » des années 1970 ou de deuxième vague et ses avatars dans le courant des décennies suivantes. Histoire d'une textualité féminine contemporaine traversée par des épistémologies féministes désormais plus discrètes, prises pour acquis, et des postures effectivement plus intimes, souvent ludiques, ou encore aux confins des esthétiques migrantes et des pensées transculturelles. Serait-il alors plus productif de parler aujourd'hui de métaféminisme en littérature québécoise et franco-canadienne, c'est-à-dire d'un horizon de tangences et de tendances infléchies par les orientations et questionnements féministes d'une vague précédente?

Par rapport aux écritures actuelles des femmes au Québec et au Canada français, je proposerais non seulement la présence de cette « toile de fond » de pensée féministe qu'associe Dupré aux écrivaines surtout d'après 1990, mais j'y ajouterais aussi l'incrustation historique des épistémologies féministes ayant traversé l'écriture des femmes depuis les quarante dernières années – que ces savoirs soient intimistes et tacites comme dans la poésie d'Hélène Dorion, transculturels et contestataires comme dans les récits de Flora Balzano ou parodiques et ironiques comme dans la fiction de Nadine Bismuth. À propos du Canada français, dont je ne traiterai qu'au passage dans ce travail, il convient de signaler que les œuvres féminines d'expression française produites en Acadie, en Ontario et dans l'Ouest canadien, actuellement, mais aussi depuis 1970 et notamment en poésie, font écho davantage aux orientations esthétiques et ontologiques – donc féministes et métaféministes – des écrivaines du Québec qu'aux référents identitaires et collectifs déployés par leurs contemporains masculins. La contribution de Lucie Hotte dans ce volume fait justement état de « la faible présence féminine dans le monde littéraire » en milieu minoritaire, et notamment parmi les auteurs consacrés de l'Ontario français, étant donné certaines attentes idéologiques auxquelles est tenue la production littéraire par la réception critique chargée de sa légitimation. D'emblée, faire la mise au point d'une traversée féministe dans la littérature actuelle des femmes nous impose de remettre en question la supposition que l'intimité supprime l'engagement, que la transculture préconise l'éloge consensuel de l'altérité, ou que le ludisme soit forcément critique.

Je me propose ici de sonder certains textes, en particulier de Dorion, Balzano et Bismuth, en vue d'amorcer plus tard une étude de plus large envergure du métaféminisme dans les littératures québécoise et franco-canadienne. C'est aussi dans le contexte du Collaboratoire scientifique des écrits du Canada (CSÉC), dont traitent Susan Brown et Mary-Jo Romaniuk à la fin de ce volume, que j'envisage l'inscription de cette histoire littéraire au féminin dans ses manifestations contemporaines. L'évolution et la mouvance continues de cette histoire se verraient notamment divulguées grâce à de nouveaux outils numériques et méthodologiques interactifs appartenant à la motilité des bases de données biocritiques et des archives vivantes comme celles du CSÉC. L'environnement électronique du CSÉC me paraît plein de promesses quant au repérage et à la mise en valeur d'une histoire récente de l'écriture des femmes au Québec et au Canada français cherchant à éplucher l'infiltration, la contestation et la réverbération des pensées féministes.

## I

Dans *Les corridors du temps*, Hélène Dorion ne trouve « pas de vie ailleurs / qu'en soi-même » (185) et signale ainsi l'intimité lyrique de son énonciation poétique. Le lyrisme ici n'est pas à comprendre au sens romantique et élevé du terme; il s'agit plutôt d'une « position précaire, voire critique, du sujet qui constitue le lyrisme moderne et contemporain » (Watteyne 15). Ou encore, « d'une façon générale et plus radicalement critique », l'on pourrait voir le « "sujet lyrique" [comme n'étant] pas le centre-source d'une parole qui l'exprime, mais plutôt le point de tangence, l'horizon désiré d'énoncés subjectifs ou non qu'il s'attache à relier » (Rabaté 67). Ainsi, chez la poète franco-ontarienne Andrée Lacelle, le *je* « bégaie des fragments d'inexistence» (65); chez la franco-manitobaine Lise Gaboury-Diallo, la locutrice « [s]'étonne / devant les fentes et fissures / de [sa] mémoire » (45). Le soi chez Dorion est traversé par « ces cavités grises, ces ombres »; le soi cherche l'amour de l'autre « pour que s'arrête l'effacement » (*Un visage* 252).

S'il fallait résumer les particularités d'un sujet lyrique au féminin comme l'a fait encore Louise Dupré (« Sujet » 187), il y aurait d'abord le constat que c'est comme fille d'une mère que la locutrice apprend à vivre avec la perte, à mettre à l'œuvre cette « négativité » dans son rapport au corps maternel cernée par Dupré – un deuil dans lequel la fille puise d'abord sa subjectivité et sa parole. « Le premier geste » – poétique sans doute, car la poésie s'aborde toujours d'abord et avant tout chez Dorion – « fut celui de passer à travers la mère » (*Les corridors* 182), ce « corridor » du ventre maternel. Toujours est-il que « l'état de séparation est à l'origine de l'écriture » (Paquin 10), de ce *je* qui s'inscrit au féminin dans la grammaire du texte et par les accords de ses qualificatifs. Le sujet écrivant signale tranquillement un genre sexuel – « sinueuse dans le couloir / des eaux fragmentées / je m'infiltre / à l'amer le sang tissé / j'étais nue possédée » (*L'intervalle* 15) – et tout aussi doucement son rapport intertextuel avec une autre œuvre *amère*, nettement féministe celle-là[1].

Comme chez ses contemporaines susmentionnées (Ltaif, Lacelle, Gaboury-Diallo) ou encore comme chez Denise Desautels, Louise Warren ou Dyane Léger entre autres, c'est au féminin que s'inscrit le sujet clivé de la poésie dorionienne : dans son interrogation poétique de « la ruine » et d'« un monde à la limite du monde [...] la femme que je suis » (*Les corridors* 224). Le sujet féminin n'étant plus placé face à son image symbolique, « la Femme », comme il l'aurait été à l'apothéose du féminisme où « écrire je suis une femme [était] plein de conséquences » (Brossard 43), il se trouve effectivement « seul devant le vide du monde » (Dupré, « Un visage » 25). Or les séquelles d'un impératif féministe retentissent néanmoins dans les postures du *je* écrivant. Chez Dorion, l'impératif est de nature éthique, celui d'écrire un *soi* capable à la fois de concevoir sa propre brisure tout en restant à l'écoute de l'autre. Car l'autre est celle ou celui, ou simplement ce qui rappelle la locutrice, le soi, à sa propre altérité. Cette ontologie, pensée dans l'altérité plutôt que l'unité, mais beaucoup moins appelée à fouiller ses propres composantes théoriques que ne l'aurait fait Brossard par exemple, s'ouvre sur un rapport éthique au monde et un agir sur lui. Les *Portraits de mers* résument la quête poétique et ontologique de l'ensemble de l'œuvre d'Hélène Dorion :

> Ainsi vas-tu, des années durant
> sans relâche chercher cette grotte
> au cœur de l'être, l'union de ton souffle
> à celui du monde. (685)

Enfin, cette double inscription d'affirmation et d'interruption du « vide » en soi, isotopie aussi fondamentale d'une poésie intimiste qu'en sont la solitude, l'amour et le deuil, passe par la parole poétique ainsi que par l'autre – notamment le visage, les lettres et la parole de l'amant. Une telle inscription du sujet intime vient démentir une neutralité ou une universalité recherchée, qu'il serait faux d'associer au sujet lyrique. L'engagement du sujet-femme de Dorion avec un monde habitable est aussi, et d'abord, celui de sa parole poétique. Celle-ci se réserve une place, aussi lacunaire soit-elle, à la première personne au féminin, inscrivant son intime rapport au monde et à l'écriture.

La fiction d'après 1990 se démarque quant à elle à son tour des tendances expérimentales des « fictions-théoriques » des années 1970, ce mélange de fiction, de théorie, d'essai et de poésie prônant une esthétique et une idéologie ostensiblement féministes. Mais en est-on si éloigné que ça? *Soigne ta chute* de Flora Balzano reçoit beaucoup d'attention médiatique lors de sa parution en 1991, et l'œuvre est finaliste du Prix littéraire du Gouverneur général la même année. Le texte n'aura cependant reçu que très peu de véritable considération critique. La raison de ce manque seraitelle que le texte de Balzano vient contester avec une ferveur possiblement gênante les discours transculturels et migrants du moment, eux-mêmes contestataires des grands récits culturels québécois « de souche »? On pourrait en dire autant à propos du féminisme de *Soigne ta chute*, soumis à la dérision et à l'ironie de l'auteure ou plutôt de la narratrice « *féministement* incorrecte » (Joubert 79) du récit.

Plus ou moins comme sa narratrice autofictive, Flora Balzano est « née d'un père moitié italien moitié espagnol et d'une mère moitié polonaise moitié corse, en Algérie, pendant la guerre » (35). Elle déménage en France avec ses parents et à l'âge de 15 ans ils immigrent au Québec. Selon sa page couverture, *Soigne ta chute* se voudrait un roman, mais les récits à multiples voix narratrices, comme les faits biographiques mêlés à la fiction, échappent aux contraintes du genre. L'on reste parfois perplexe quant à l'identité des multiples narratrices, alors que trois femmes (parmi d'autres) de trois générations semblent occuper la diégèse. D'abord, c'est l'adolescente révoltée du Prologue qui ouvre le texte : « Alors moi, s'il y a une chose qui m'écœure dans la vie, c'est ma mère. Elle est nulle. Elle a toujours été nulle. Elle sera toujours nulle » (13). Ensuite sa mère, toxicomane (nommée Pascale, semble-t-il), soigne sa propre chute, pour ainsi dire, souffrant d'un mal ou d'une « peine » d'appartenance tout au long du texte, dont l'épilogue révèle sa mère abusive à elle, source la plus profonde de l'exil, du silence et du déséquilibre de Pascale. Si l'importance de la relation mère-fille rappelle cette « dot féminine » qu'a pertinemment signalée Lucie Lequin dans les écritures migrantes des femmes pour la situer par rapport à une certaine généalogie d'écriture au féminin du Québec, la dot ici est foncièrement empoisonnée. Porteuse de traumatisme et de perte, elle est loin d'esquisser ces nouvelles réalités fécondes, dynamiques ou consensuelles un peu trop souvent associées aux écrits transculturels et à leur portée prétendument réconciliatrice.

Comme les référents du texte qui nous glissent entre les doigts, à l'image du *je* désordonné et de la personnalité désorganisée de l'énonciation du texte de Balzano, les métarécits de la modernité québécoise subissent un véritable détraquement :

> J'ai de la peine parce que je ne serai jamais québécoise. Voilà. On ne devient pas québécoise. On ne devient rien. Jamais. Que de plus en plus vieux, de plus en plus mou. Ô, mon Dieu, mon Dieu, donnez-nous aujourd'hui notre collagène quotidien. Et puisque Vous en êtes à Vous occuper de nous, pardonnez-nous nos enfances comme Vous pardonnez à ceux qui nous ont enfantés n'importe où. Le masculin étant employé ici sans préjudice mais seulement pour faciliter la compréhension d'un texte déjà assez confus sans en rajouter. Je précise

parce qu'il faut faire gaffe. On est surveillé, épié, décortiqué, c'est l'électronique, c'est le progrès, tout se sait, sauf ce dont on risque d'être accusé un jour. Faut faire gaffe. On est analysé, interprété, jugé. Je ne veux pas de problèmes avec certaines féministes.

J'avais une copine convaincue et militante, je l'ai perdue à cause d'une petite phrase de rien du tout, rien qu'une. J'avais dit, moi, c'est drôle, enfin, c'est pas drôle, c'est naturel, mais j'ai surtout envie de faire l'amour quand j'ovule.

– Mange donc *du* marde, elle avait répondu.

Quand je la revois, par hasard, il y a plein d'animosité entre nous. D'un côté, je m'en fous mais, de l'autre, ça me fait de la peine. Et de la peine, j'en ai déjà assez comme ça, quand je me rends compte que je ne serai jamais québécoise. (33-34)

Soulignée par le motif de la souffrance, la dérision dérègle l'identitaire, l'âgisme, le christianisme, la rectitude politique, la solidarité féminine. Quant à ce « faux hommage » (Joubert 81) à la devise beauvoirienne dans « On ne devient jamais québécoise », il aboutit à la négation totale de toute identité ou appartenance.

En revanche, l'on peut se demander si la négation se veut réellement définitive. Après tout, la narratrice « a de la peine », et cela partout dans l'œuvre. Le récit explicite la conflictualité au cœur de ces zones de contact que traverse la narratrice toujours traumatisée par son enfance algérienne, « jalouse de ne pas être une vieille souche » (40), et méprisante du cliché de l'appellation transnationale de « citoyenne du monde » qu'on lui donne :

C'est moche. Y en a qui disent, chanceuse, t'es citoyenne du monde. Mais le monde, c'est trop grand le monde, c'est angoissant. Mais nous sommes là, qu'ils ont essayé de me rassurer alors, les gentils intervenants, pour l'accueillir, ton angoisse, et t'aider dans ton cheminement. Dans cheminement, il y a le mot « mine ». Ça prouve que ça peut sauter n'importe quand. Boum. (41)

Bref, alors qu'elle se distancie de l'objet de sa raillerie – « les féministes » et la nation québécoise, par exemple – elle l'englobe tout à la fois. Si le texte de

Balzano révèle une hybridité à la fois conflictuelle et complaisante, ce n'est pas sans que s'inscrivent un lot de deuils et le besoin lancinant d'appartenance quelconque (féminine ou nationale) : « parce que la vérité, ma terre, c'est que je me languis de toi » (108).

Enfin, l'univers ludique refait surface, mais avec légèreté, dans *Scrapbook*, roman à succès de la jeune auteure Nadine Bismuth. Le récit met en scène les péripéties d'Annie Brière, jeune écrivaine également, propulsée dans un monde littéraire contemporain qu'elle essaie de percer en s'emparant de certaines « techniques de séduction féminines » (Joubert 85). Le pastiche des clichés sexuels est au rendez-vous. D'abord, la description des cours de création littéraire que suit Annie à l'université sombre dans l'hyperbole parodique. Les mondes et littéraire et universitaire sont loin de reluire et affichent leurs « frontières sexuées » (Joubert 85) : les filles des cours de création littéraire, « quand elles ne rappelaient pas Anne Hébert avec leurs personnages dépossédés du monde » (*Scrapbook* 13), dissertent sur l'efficacité sexuelle des garçons, qui eux s'aventurent dans la science-fiction vampirique ou les cuites de peines d'amour. La société dans *Scrapbook* ne se veut que prétentions et consommation. En rappelant le roman *Maryse* de Francine Noël (1983), Bismuth s'abandonne au plaisir de la citation avec ses renvois au Tylenol Rhume, aux produits Lise Watier, au McDonald, aux meubles Ikea, au magazine *Sports Ilustrated*, au Starbucks, au Cirque du Soleil, au Raisin Bran, au Food Network, au Paxil. Ce plaisir d'abondance citationnelle souvent moqueur comprend aussi la reproduction de fiches d'auteures et doctorales, des invitations aux grands cocktails littéraires de l'année, des descriptions de pratiques Feng Shui, des publicités ainsi que de nombreux intertextes littéraires. Les yachts des amis d'Annie portent les noms de *Jules Vernes* et de *Moby Dick* et, dans ce monde postmoderne qui affiche son manque d'originalité, le titre du roman d'Annie, *The Garden Party*, se justifie par le simple fait que personne depuis Katherine Mansfield ne l'aurait utilisé.

Quant aux aveux féministes reproduits dans *Scrapbook*, ils n'en sont pas moins victimes de dérision. D'emblée, les aînées (justement comme Anne Hébert) n'échappent pas à la moquerie. Par ailleurs, la directrice des études littéraires du département auquel est inscrite Annie Brière n'est qu'une « férue de théories féministes et déconstructionnistes » (20). Postféministe plutôt que métaféministe, peut-être, l'étourderie d'Annie réduit la fameuse devise de Virginia Woolf au sujet de l'écriture des femmes à une banalité quotidienne :

> Malgré le conseil de Virginia Woolf selon lequel il faut, pour écrire, avoir une chambre à soi munie d'une serrure, j'ai confié à Léonie [la sœur d'Annie] un double des clefs de mon trois et demie lorsque j'y ai emménagé. En effet, qu'arrive-t-il si l'on égare la clef de sa précieuse chambre à soi? Comme Virginia Woolf ne s'est pas arrêtée à cette possibilité, j'ai dû y voir moi-même et trancher la question. (27)

L'écriture au féminin, quant à elle, est ridiculisée. Dans un clin d'œil aux incarnations radicales de cette esthétique, les pages du « scrapbook » éponyme d'Annie Brière, qui a été amorcé par sa mère, demeureront blanches. De fait, la portée de la littérature, qu'elle soit sociale ou intime, est dégonflée : le mensonge et l'infidélité imprègnent les relations hommes femmes, et la solidarité féminine, si elle n'est pas méprisée ou inatteignable, demeure au mieux superficielle.

Enfin, si Annie l'écrivaine se réclame une certaine généalogie féministe avec ses renvois récurrents à « Simone » et « Virginia », la gaffeuse se retrouve constamment victime de ses propres stratagèmes féminins, risquant de faire se retourner dans leur tombe ses mères littéraires : « Mais je ne peux pas vivre ici sans payer ma part », dit-elle à sa nouvelle douce moitié, « c'est déjà quelque chose que je n'aie plus ma chambre à moi! Je ne peux pas te laisser être le seul pourvoyeur du toit au-dessus de ma tête. Lorsque c'était mon père, ça allait encore, mais mon amoureux, c'est différent! Simone et Virginia vont se retourner dans leur tombe! Je dois contribuer » (367). Mais, comme de raison, elle continuera de profiter de la générosité de son « papou » et ne contribuera pas financièrement à sa nouvelle vie avec son copain.

La réprobation du comportement de tous les personnages, y compris d'Annie elle-même, est évidente dans l'œuvre. Annie surmonte-t-elle le simple pastiche, le ludisme, les instances dominantes pourtant condamnées? Ou alors se réadapte-t-elle plutôt aux traditions, clichés et stéréotypes qui sont pourtant objets de ridicule, ou du moins de distance critique, dans ce roman? Ces questions s'imposent et – c'est le lot de la parodie et du pastiche – elles restent difficiles à résoudre.

|

Les pistes pour une étude plus large pourraient donc aller dans trois directions, suggérées par l'analyse de ces textes récents de femmes : l'intimité et ses rapports à l'extériorité, la transculture et ses rapports aux savoirs féministes et postcoloniaux et enfin le rire romanesque et son rapport incertain à la subversion sociale. Ce qui rassemble ces trois volets, ce qui les renvoie au féminisme littéraire les ayant précédés, est la question persistante du sujet féminin, que celui-ci soit lyrique, postcolonial ou ludique, et de ses savoir-vivre dans le monde déployé dans les œuvres littéraires. On peut ainsi penser, à la lecture de textes comme ceux de Dorion, de Balzano et de Bismuth, que les féminismes (méta ou non) de la littérature québécoise et canadienne-française nous invitent à en faire toute une histoire.

### *Note*

1 Il s'agit bien sûr de *L'amèr, ou le chapitre effrité* (1977) de Nicole Brossard.

### *Bibliographie*


Balzano, Flora. *Soigne ta chute*. Montréal: XYZ, 1991.

Bismuth, Nadine. *Scrapbook*. Montréal: Boréal, 2004.

Blanchette, Josée. « Une fille allumée et les mots pour le dire ». *Le Devoir*, 7 mars 2008. Web. 4 septembre 2010.

Boisclair, Isabelle. *Ouvrir la voie/x : Le processus constitutif d'un sous-champ littéraire féministe au Québec (1960–1990)*. Québec: Nota Bene, 2004.

Bordeleau, Francine. « L'écriture au féminin existe-t-elle? ». *Lettres québécoises* 92 (hiver 1998): 14–18.

Brossard, Nicole. *L'amèr, ou le chapitre effrité*. Montréal: Quinze, 1977.

Dorion, Hélène. *Les corridors du temps*. 1988. *Mondes fragiles choses frêles. Poèmes 1983–2000*. Montréal: L'Hexagone, 2006.

——. *L'intervalle prolongé*. 1983. *Mondes fragiles choses frêles. Poèmes 1983–2000*. Montréal: L'Hexagone, 2006.

——. *Portraits de mers*. 2000. *Mondes fragiles choses frêles. Poèmes 1983-2000*. Montréal: L'Hexagone, 2006.

——. *Un visage appuyé contre le monde*. 1990. *Mondes fragiles choses frêles. Poèmes 1983-2000*. Montréal: L'Hexagone, 2006.

Dupré, Louise. « Poésie, rébellion, subversion ». *L'autre lecture : La critique au féminin et les textes québécois*. Tome II. Montréal: XYZ, 1994. 149-59.

——. « Sujet féminin, sujet lyrique ». *Lyrisme et énonciation lyrique*. Dir. Nathalie Watteyne. Québec: Nota Bene; Bordeaux: Presses universitaires de Bordeaux, 2006. 185-206.

——. « *Un visage appuyé contre le monde* d'Hélène Dorion : Une esthétique de la perte ». *Trajectoires au féminin dans la littérature québécoise (1960-1990)*. Dir. Lucie Joubert. Québec: Nota Bene, 2000. 19-33.

Eagleton, Terry. *After Theory*. London: Penguin, 2004.

Gaboury-Diallo, Lise. *Subliminales*. Winnipeg, MB: Éditions du Blé, 1999.

Henderson, Jennifer. « Can the third wave speak? » *Atlantis* 32.1 (2007): 68-78.

Joubert, Lucie. « Mélange des discours et "confusion des accents" : De Madeleine Ferron à Nadine Bismuth et Guillaume Vigneault ». *Voix et Images* 95 (hiver 2007): 77-90.

Lacelle, Andrée. *La vie rouge*. Ottawa: Éditions du Vermillon, 1998.

Lequin, Lucie. « Écrivaines migrantes et éthique ». *D'autres rêves : Les écritures migrantes au Québec*. Dir. Anne de Vaucher Gravili. Venise: Supernova, 2000. 113-41.

Moi, Toril. *Sexual/Textual Politics: Feminist Literary Theory*. New York: Routledge, 1988.

Nepveu, Pierre. *Lecture des lieux*. Montréal: Boréal, 2004.

Noël, Francine. *Maryse*. Montréal: VLB, 1983.

Paquin, Jacques. « Hélène Dorion : Pensée du sensible, ouverture du poème ». Entrevue avec Hélène Dorion. *Lettres québécoises* 129 (printemps 2008): 7-10.

Proulx, Monique. *Le sexe des étoiles*. Montréal: Québec Amérique, 1987.

Rabaté, Dominique. « Énonciation poétique, énonciation lyrique ». *Figures du sujet lyrique*. Dir. Dominique Rabaté. Paris: Presses universitaires de France, 1996. 65-79.

Saint-Martin, Lori. « Le métaféminisme et la nouvelle prose féminine au Québec ». *L'autre lecture : La critique au féminin et les textes québécois*. Tome II. Montréal: XYZ, 1994. 161-70.

Watteyne, Nathalie. « Présentation ». *Lyrisme et énonciation lyrique*. Dir. Nathalie Watteyne. Québec: Nota Bene; Bordeaux : Presses universitaires de Bordeaux, 2006. 11-25.

# Gothic Romance in Quebec

7

## *Engaging English and French in Nineteenth-Century English-Canadian Fiction by Women*

LINDSEY MCMASTER

Readers of nineteenth-century English-Canadian fiction have noted that French Canada often figures largely in these works, especially in historical fiction, which looked to the "fall" of New France and its aftermath to depict Canada in its formative moments and to assert narratives that metaphorically presaged its future development. If we look back to the eighteenth century, Frances Brooke may be said to have originated the genre in *The History of Emily Montague* (1769), set contemporaneously for Brooke, in Quebec shortly after the British Conquest. But it is in the nineteenth century that the interest of English-Canadian writers came to be focused intently and insistently upon this point in Canadian history, a time which, in these writers' works, provided the country with its own romantic and Gothic past.

Although the historical Quebec setting seems to have appealed equally to male and female writers, both of whom drew upon Gothic modes, there is an observable difference: the novels by men that rose to prominence—like William Kirby's *The Golden Dog* (1877), Gilbert Parker's *The Seats of the Mighty* (1896), and John Lespérance's *The Bastonnais* (1876)—invested heavily in documented events and historical figures, providing a fictional behind-the-scenes look at the personal intrigue and military engagements in the fall of New France. These authors were praised by reviewers for the pedagogical value of their works, and Parker's became a standard high school text (Rothenburger 91). Women writers also recreated pre- and post-Conquest Quebec, but their narratives tended to place more emphasis on courtship and family drama than on battlefield incident. Although Rosanna Leprohon's novel *The Manor House of de Villerai* (1860), set in final years of

New France, traces both the romantic choices of the heroine and the battlefield efforts of her suitor, the emphasis falls on the former, and Leprohon followed this novel with her better-known work, *Antoinette De Mirecourt* (1864), set immediately post-Conquest, in which the battlefield has moved decidedly into the drawing room. These works of domestic romance nonetheless represent, with equal emphasis to the works by male authors, the politics of English-French conflict that lie at the heart of Canada's national self-formation. Without the glorified textbook incident so prominent in the fiction of their male counterparts, however, the works by women have not garnered equivalent recognition. But a renewed scholarly interest in these works, especially in the light of Gothic analysis, reveals their importance in articulating some of literary Canada's most pressing concerns of the nineteenth century: the country's relationship with its European mother countries, the vexed relationship between English and French Canada, and the importance of the country's shared understanding of (and imaginative involvement in) how its history informs its present. Manifest in these works is a Gothic exploration of the divided self, which unfolds, in uniquely Canadian fashion, amidst the complexities of the country's French and English colonial legacies.

While the fall of New France afforded a setting primed for the dramatic intrigue typical of Gothic romance, the "othering" one would expect from English writers depicting French society is consistently muted or doubled—at least in women's writing—with a strong sense of sympathy and identification that belies any simple project of romantic exoticism. One discovers in this fiction that English-Canadian women writers felt a deep sense of identification with French Canada, despite the apparent contradiction of this English-French positioning. Indeed, by placing their fictions in the context of New France under British attack, these writers could explore subjectivities vulnerable to complex forms of political as well as personal victimization. And in narratives that cast English Canada and its British forbears as the oppressive force, there is a discernible strain of criticism whereby these works implicitly question and critique the historical foundations and perhaps by extension the present-day establishment of the dominant English culture.

This analysis centres on four texts: Frances Brooke's *The History of Emily Montague* (1769), commonly referred to as Canada's first novel;

Julia Catherine Beckwith's *St. Ursula's Convent, Or the Nun of Canada. Containing Scenes From Real Life* (1824), considered to be the first novel by a Canadian-born writer; Rosanna Leprohon's *Antoinette De Mirecourt* (1864), written just prior to Confederation; and May Agnes Fleming's *Kate Danton or Captain Danton's Daughters* (1876), a lesser known popular romance set on the banks of the St. Lawrence. Together, these writers represent some of the early and important efforts in creating a Canadian literature that would explore specifically Canadian themes. They were also writers who were aware of a literary marketplace in which they sought material success, and from the late eighteenth century on, Gothic romance had proven itself in this area, particularly for women writers. Apart from being marketable, though, Gothic modes lend themselves to the expression of otherwise suppressed feelings of alienation, ambivalence, and trauma. These writers adapted the Gothic to the complexities of their literary nationalism, and it is this version of Canadian Gothic that I wish to explore.

Explanations of English Canada's interest in Quebec as a literary setting underscore the nineteenth-century desire to foster an English-language literature that would contribute to Canada's cultural self-definition. Konrad Gross explains that "English-Canadians, searching for an all-Canadian identity, eagerly turned to Old Quebec whose history they now viewed not only with the curiosity of outsiders, but also probed for materials with which they could identify" (73). Carole Gerson also highlights English Canada's desire to manage its own identity in close relation to French Canada: "Over the course of the nineteenth century, fascination with the otherness of French Canada muted into a sense of identification with Quebecois and Acadian culture, folklore, and history which helped enrich English Canada's own relatively barren national image" (110). Grounded in the context of pre-Confederation anxieties about Canada's dubious cultural distinctiveness, these explanations make sense of English Canada's desire to celebrate, even to construct, a rich cultural heritage that could provide the foundation for a unique national literature. Nonetheless, by classifying these romances of Old Quebec as symptoms of national self-doubt, these explanations perhaps overlook some of the creative possibilities in the writing and reading of this body of literature. Misao Dean confirms that critical opinion has not favoured these works, noting that "although romances like *Antoinette* [*De Mirecourt*] and *The Golden Dog* dominated the literary scene in Canada in the nineteenth and early twentieth centuries, they are generally dismissed by contemporary Canadian critics as examples of an inferior literary form not worthy of sustained critical attention" (44). She further explains that this is especially evident in the case of *Antoinette De Mirecourt*. Speaking of Leprohon's series of Quebec novels, John Stockdale in the *Dictionary of Canadian Biography* says of *Antoinette*, "This is a romantic, stilted novel, the worst of the later group," and of Leprohon's body of work, he writes, it is "obviously the outpouring of a romantic fancy fed on the novels of her time" (n. pag.) Stockdale's assessment reflects the dismissive attitude toward romance that has worked to the detriment of Canada's nineteenth-century fiction of national romance in general, and women's offerings within that tradition in particular.

The place of women's writing in the development of Canada's Gothic literature is also a matter of some debate. Studies of nineteenth-century Canadian Gothic have tended to agree with Coral Ann Howells that "the first Canadian Gothic was wilderness Gothic" (106) and that "the English-Canadian Gothic tradition begins in the mid-nineteenth century with Canadian-born John Richardson's nightmarish historical romance, *Wacousta; or, The Prophesy: A Tale of the Canadas* (1832) and Susanna Moodie's non-fictional immigrant memoir *Roughing It in the Bush; or Life in Canada* (1852)" (105). Justin D. Edwards also posits *Wacousta* as "arguably Canada's first Gothic novel" (2), and Margot Northey's treatment of the novel in her book *The Haunted Wilderness* underscores the centrality of wilderness in these explanations of Canadian Gothic. *Wacousta*, then, perhaps more than any other text, has influenced the emergence and articulation of a Canadian Gothic tradition, as well as the direction and definition of this debated body of literature. But has the emphasis on *Wacousta* and wilderness Gothic obscured other dimensions of Canadian Gothic? Works that share the wilderness Gothic theme, such as *Roughing It in the Bush*, are easily incorporated into the tradition presided over by *Wacousta*, but other texts to receive sustained critical attention are relatively few. Northey treats Kirby's *The Golden Dog* at length as "decorative Gothic," and Kirby's work is often paired with Parker's *The Seats of the Mighty*. Gerry Turcotte joins Edwards in devoting in-depth attention to

James De Mille's *A Strange Manuscript Found in a Copper Cylinder*. Apart from Moodie, though, few women writers have received extended critical attention in the context of nineteenth-century Canadian Gothic. And this is perhaps explained in part by the differences between the wilderness Gothic of *Wacousta* that has defined the genre and the conventions of domestic romance that shape the Gothicism of English Canada's women writers. Turning their attention not to the wilderness but instead to a French Canada both civilized and sophisticated in its social arrangements, these novels turn to Gothic modes—evident in narrative moments of ambivalence, anxiety, excess, and the uncanny—to explore and imagine a Canada felt to be both familiar and foreign, intensely sympathetic, yet habitually estranged. I would like to bring the insights of Gothic analysis to bear on some of English Canada's nineteenth-century women writers, and I would like in turn to place their works within the critical development of Canadian Gothic itself, a body of literature perhaps more various than has yet been observed.

The launching of a national literature was clearly on the minds of English Canada's nineteenth-century writers. In her Preface to *Antoinette De Mirecourt*, Leprohon claims for her novel one key merit: "that of being essentially Canadian" (viii). But the production of a national literature, as Jonathan Kertzer argues, though it might seem self-evident in its aim to advance a sense of national cohesion, is paradoxically inclined to express the inner conflict that plagues such attempts: "If literature promotes social cohesion by imagining a nation, it also encourages social discontent. A common language inflected by a national voice is supposed to articulate the national life, but that very articulation can prove divisive, especially when the voice speaks in a colonial accent. Literature knits people together, but it also shows how the knitting was accomplished and at what cost. Language knits but also unravels" (13). English-Canadian writers who sought to imagine a nation through narratives of historical Quebec were undoubtedly prone to speak in such a "colonial accent," and the intricacies of that colonial positioning, with its uneasy elaborations of exotic otherness coupled with eager identification, are revealed in this writing through restless Gothic narratives that at once awaken and seek to subdue the traumatic legacies in Canada's national story.

Cynthia Sugars and Gerry Turcotte suggest that Gothic fictions emerging from colonial contexts often emphasize "the continuing legacy of colonial history in settler-invader cultures" (ix) and that such narratives may express "resentment towards flawed or complicit ancestors" as well as "explorations of hybrid cultural forms, and interrogations of national belonging and citizenship" (ix). Canada's nineteenth-century women writers have seldom been considered together in light of their use of Gothic modes, and yet the themes identified by Sugars and Turcotte are readily identifiable in their works: Quebec-born Adelaide de St. Louis, of *St. Ursula's Convent*, is alerted to her own "hybrid cultural form" when she discovers that she was switched in her infancy with another child, making her as much a member of the British aristocracy as she is a devoted child of French Canada. And "resentment towards flawed or complicit ancestors" may be embodied in both *Antoinette* and *Kate Danton* in dastardly British seducers who jeopardize the integrity and self-development of the Canadian heroines. Indeed, these two works direct a strong critique against representatives of the British in Canada; for these writers, the imaginative adoption of an embattled French-Canadian identity may have allowed them not only to deepen the gender politics of their narratives but also to express their ambivalence about the British legacy in their own culture, articulating a conflict at the very heart of the country they sought to inaugurate as a literary subject.

Frances Brooke's *The History of Emily Montague* takes place on the heels of the British conquest in the period that would become the foundational context for writers of the nineteenth century. But where later writers would seek to weave French and English Canada together in the creation of a shared national story, Brooke spoke in a more decidedly imperial voice, and her depiction of French Canada is shaped by a firm belief in British supremacy. Cecily Devereux points out this fundamental dichotomy in Brooke's novel, which, she explains, "is engaged in the representation and affirmation of British 'supremacy offshore' with regard to the determined construction and repression of a French 'other'" (460). Thus, Emily Montague's perfections are carefully set off by comparison with French-Canadian women who are said to lack the sensibility so essential, and British, a part of Emily's attractions: as Ed Rivers, Emily's admirer, writes, "they are gay, coquet, and sprightly; more gallant than sensible;

more flatter'd by the vanity of inspiring passion, than capable of feeling it themselves;...The very reverse is in general true of the English" (13). But the comfortable imperial self-satisfaction of Brooke's characters, and of the narrative itself, is destabilized by the one French-Canadian character developed in any depth: Madame Des Roches.

Though she authors none of the letters contained in *The History of Emily Montague*, Madame Des Roches has drawn much critical attention, for the energies she releases in the text are perhaps never fully contained. Dermot McCarthy sees Madame Des Roches as a complex figure of alterity, whose "sexual identity as a woman and a widow...empowers her with a subversive energy that Brooke barely manages to control" (n. pag.). Far from introducing a feminist agenda into the novel, Madame Des Roches, argues McCarthy, reveals Brooke's "racist, patriarchal, and patronizing treatment of French-Canadian and Indian women." Rejected and peripheralized by Brooke's protagonists and the narrative itself, Madame Des Roches nonetheless eludes the total control of the author and expresses instead deep-seated colonial ambivalence in the management of boundaries between colonizer and colonized, revealing "the instability of the self/Other binary" (McCarthy).

Unlike the protagonists, who are all visitors to Canada, Madame Des Roches is a landowner whose very name bears out her connection to the natural Canadian environment. When Rivers first visits her estate in the Kamaraskas, he describes it as "the wildest country on earth; for several leagues almost a continual forest, with only a few straggling houses on the river side" (80–81). The distance from more populous society disturbs Rivers, who remarks on "the absolute solitude of [Madame Des Roches's] situation" (81), isolation he regards as "the most cruel punishment human nature could support" (82). Rivers thus admits an acute vulnerability to the anxieties that arise in Madame Des Roches's remote habitation. Amidst the novel's otherwise socially sophisticated milieu, Rivers's expedition to the Kamaraskas estate may be read as a momentary eruption of wilderness Gothic, intriguingly penned well prior to Richardson's invention of the genre. As though building upon this theme, Madame Des Roches takes him to visit a hermit, whose tale of love lost to Canada's hostile elements confirms the sense of threat and betrayal to be found in the Canadian wilds.

This warning of the Gothic doom that waits on forbidden desires is quickly followed by the discovery of Madame Des Roches's deep but unrequited love for Rivers, which becomes a source of intense anxiety to that paragon of British sensibility, Emily Montague.

*The History of Emily Montague* explores the various nature of love through its major pairings: comparing herself with Emily, Arabella explains that they "differ in our ideas of love: it is the business of her life, the amusement of mine; 'tis the food of her hours, the seasoning of mine" (210). Arabella and Emily both choose partners whose styles of love match their own, while Rivers's sister Lucy, who resembles her brother in sensibility, makes an unlikely match with long-time rake, John Temple. These unions, though various, nonetheless establish two major brands of love: the deep and constant love based upon sensibility (itself considered a British attribute), and the lively flirtatious love of the rake/coquet–both variations, in the right circumstances, forming the basis of happy marriages. Amidst these examples of love's various, and ultimately harmonious, guises, the feelings of Madame Des Roches strike a discordant note. For, rather than accommodating itself to the terms set out, her love defies the usual categories: though French, she is not given to playful flirtation; nor does her passion for Rivers resemble the ideal of sensibility embodied in Emily; rather, her unruly desires repeatedly prove unmanageable, inexplicable, and ultimately incompatible with matrimony. There is a degree of excess in her emotional life not matched by the other characters, which lends a Gothic texture to her characterization. "In Gothic productions," argues Fred Botting, "imagination and emotional effects exceed reason. Passion, excitement and sensation transgress social proprieties and moral laws. Ambivalence and uncertainty obscure single meaning" (2). In a confession to Emily, Madame Des Roches reveals how her reason was overcome by the strength of her feelings, impelling her to leave the Kamaraskas for Quebec, despite her knowledge of Rivers's devotion to Emily: "she said, her coming was an imprudence which only love could excuse; and that she had no motive for her journey but the desire of seeing him, which was so lively as to hurry her into an indiscretion of which she was afraid the world took but too much notice" (231). Even though Madame Des Roches vows "to conquer a passion, which could only make her life wretched if it continued"

(231), when she writes to Arabella over two months later, she has given up any such attempt: Arabella indirectly relates a letter in which Madame Des Roches vows, "she will never marry, nor enter into an engagement which would make it criminal in her to remember him with tenderness" (300). In fact, transcribing directly from this letter proves impossible even for outspoken Arabella, who admits that "there is a certain fire in her style,... her expressions are much stronger than those in which I have given you the sense of them" (300). And when she appears, still later, to see Arabella off on her return to England, her passion is still unquenched, so much so that penning a letter—the most important mode of communication in this epistolary work—proves next to impossible: "She has wrote four or five letters to him [Rivers], since she came on board, very tender ones I fancy, and destroyed them; she has at last wrote a mere complimentary kind of card, only thanking him for his offers of service" (325). This card accompanies her wedding gifts for Rivers and Emily: a sword-knot and a diamond cross, which, as Mary Jane Edwards speculates, bear connotations of war and Catholicism, leading one to wonder "whether open friendship or secret hatred was the true 'child' of Madame Des Roches' rejected love" (25). Where the protagonists share a debate about love's variety that culminates in their several harmonious unions, Madame Des Roches's feelings persistently outstrip the available limits and her story ends not in matrimony but in the vow that "she will live and die a batchelor" (431).

With a passion that overcomes her own individual reason, stretches social propriety, defies literal transcription or self-expression, rejects matrimony, and ignores divides between English and French and between Old World and New, Madame Des Roches becomes a focal point of Gothic emotional excess—a figure expressing the unmanageable longings at work in a colonial space from which the novel ultimately retreats. Seen in her colonial-Gothic dimension, Madame Des Roches may be read as a kind of madwoman in the Kamaraskas. Rejected, peripheralized, left behind—but undeniably attractive in her passionate, independent, almost threatening subjectivity—her figure reflects English Canada's troubled and ambivalent engagement with selfhood and with French Canada, demonstrating what William Hughes and Andrew Smith describe as "the potential for disruption and redefinition vested in the relationship between Self and Other, controlling and repressed, subaltern milieu and dominant outsider culture" (1). Though her desires cannot be met or indeed even interpreted by the English speakers who admit their failure to transcribe her accurately, Madame Des Roches nonetheless presents a crucial alternative to the insular, monocultural life of the English protagonists who retreat to their stifling hereditary British estates.

Brooke's work is not a Gothic novel in other ways. The landscape that Arabella describes is for the most part a delightful scene of picturesque beauty and social amusement. Only in the environs of Madame Des Roches's home does the deadly potential of an unforgiving and isolating nature assert itself. And only in her case do loving feelings manifest in unstable and unresolvable attempts to transgress boundaries between cultures and continents. Did the colonized figure of the French-Canadian woman create an unanticipated Gothic eruption in a text otherwise bounded by Brooke's imperial convictions? Perhaps that puts it too fancifully, but as the Canadian scene at the time of the conquest went on to become a site of special imaginative importance to Canadian literature of the nineteenth century, versions of this figure emerged in new guises, increasingly as heroines, and they too seem to ignite the Gothic propensities of writers not otherwise engaged in works of overtly Gothic fiction.

Julia Catherine Beckwith's novel *St. Ursula's Convent, Or the Nun of Canada* does not fit easily into generic categories. Alfred Bailey says it "resembles the picaresque and romantic literature of the time," and Turcotte suggests that it is a "sensationalist romance, which attempts to eschew the Gothic influence but returns to its excesses, in a predictable novel of kidnapping, multiple weddings and flimsy historical account" ("English-Canadian Gothic" 50). Though other genres compete for dominance in the text, the novel's complex, almost labyrinthine plot–including terrifying adventures at sea, a nine-year underground imprisonment in a silver mine, and a heroine who narrowly avoids marrying her own brother–bears all the marks of Gothic excess. A close reading of the novel's Gothic vein suggests that these excesses underscore an acute anxiety about the duality and concomitant fragility of the family in the Canadian New World–torn not only between Old World and New but also between English and French identities. The catastrophes of the novel are the separations that occur between family members caught in the ebb and flow of colonial migration and in the violent conflict at the time of the conquest. Mending these ruptured families, meanwhile, leads ultimately to the healing union of French and English that Beckwith proposes in the culmination of her circuitous and allegorical plot.

Beckwith came from a family that blended English and French, a legacy that undoubtedly informs her fiction (Lochhead xix). Unlike Brooke, whose writing career was well-established before she wrote *Emily Montague*, Beckwith was a young writer—only seventeen when she began the novel—without previous publication; nonetheless, she may be seen to be drawing upon popular literary conventions, like the use of convents, embedded narratives, and surprise family likenesses, and innovating upon them in ways that suited her Canadian setting and perspective.

From the title of *St. Ursula's Convent*, you would expect Gothic uncanniness to reside inside a secretive convent from which the heroine must escape. Apart from one dishonest priest who suppresses a few letters, though, the convent holds no deep secrets, and proves congenial to the formation of important female friendships. Beckwith thus capitalizes on the curiosity that drew readers to convent narratives, but her novel does not reproduce the anti-Catholicism conventional of metropolitan Gothic fiction, and this in itself suggests a burgeoning Canadian sensibility that recognized Catholicism as part of a cultural landscape that included both French and English and that even brought them together, as it does the characters of Adelaide (French) and Charlotte (English) who attend the convent to finish their educations, and who ultimately discover they are not just compatriots but cousins.

Though there is a naïveté in the novel's inexpert use of genre, its excessive use of disaster and coincidence, its blithe doling out of inheritances, and its unproblematic joining of French and English Canada through marriage and the return of swapped babies, the novel's almost rhapsodic optimism may be read not only as a natural product of Beckwith's own multicultural origins, but also as a deliberate, even prescriptive, instrument of healing, a function characteristic of Gothic productions that delve into a wounded history so that a healing process may be set in motion. William Veeder sees Gothic literature as a cultural product stemming from the basic fact "that societies inflict terrible wounds upon themselves *and at the same time* develop mechanisms that can help heal these wounds. Gothic literature from the later eighteenth century to the present is one such mechanism" (54, original emphasis). He explains that through its transgressive qualities, Gothic literature opens up to view that which the society, to its own detriment, has repressed and policed: "A Gothic text positions its reader in a potential space where the psyche's repressed desires and the society's foreclosed issues can be engaged and thus where healing may occur" (65). Beckwith's novel, for the most part, avoids the actual scene of battle between English and French, focusing instead upon events either prior or subsequent to the Battle of the Plains of Abraham, and upon female characters parted from their loved ones. But she does permit herself one battlefield scene, and the Gothic emphasis she invokes in her description, as well as its focalization through the traumatized French-Canadian speaker, Philip de Montreuille, suggest her desire to lay bare the wounds so formative of Canada's vexed English-French relations:

> I was awakened as from a trance, by the falling of a heavy shower of rain, which revived me. All was enveloped in the deepest gloom. Groping around, I felt a number of dead bodies, which recalled to my remembrance the engagement of the preceding day, and I then discovered that I was left for dead on the field of battle. At length the rain ceased, and the moon burst forth resplendent in that mild majesty noticed by your great poet, Milton. Her beams discovered to my terrified sight the horrors of the surrounding scene. The ground was covered with the dead bodies of the French and English, mingled indiscriminately. All were equal in the sleep of death. The intervals between the bodies served as channels to streams of purple gore. From this terrifying sight I turned my eyes on myself–poor relief! My appearance made me recoil with horror! My clothes were covered with purple gore, shaded with red, where the rain had partly washed it away....At length, exhausted with pain and fatigue, I seated myself on a large stone, and fixed my eyes on the sea,...I perceived a boat full of men rowing towards me, and, before I could resolve what to do, they landed, and perceiving me, they rushed forward, and surrounded the stone on

> which I sat. It was then I first discovered they were English, and felt all the horrors of my situation! (107–08)

Much of the novel's plot, and therefore its allegorical burden, hinge upon this moment, for once Philip is presumed dead by his family and taken by these English privateers, he is lost to his country and family for over a decade, and it will take the detective work of the younger generation to set matters right. For the generation of French Canadians who experience the British conquest directly, then, the effects are horrific in the immediate, and devastating in the long term, and it is as if to punctuate this crucial narrative moment—and this formative trauma in Canadian history—that Beckwith employs a Gothic imagery and vocabulary of darkness, horror, and death. Philip's trials take the narrative to its greatest extremes: after these events he is enslaved underground in a Mexican silver mine for nine years. His wife, Julia Catherine, meanwhile, loses her two remaining daughters and, as Carl Murphy puts it, "She seeks refuge in the spirituality of the convent where she is a symbol of New France in defeat" (8). There, she too is presumed dead by her loved ones. Following in the pattern identified by Veeder whereby the culture's repressed and unhealed wounds are opened to view in the interest of a healing process, the novel reveals the traumas of Philip de Montreuille and Julia Catherine through embedded narratives gently solicited by trusted English listeners who then take action in the narrative proper to heal the broken family. Beckwith makes this the task of Adelaide and Charlotte, the French-English cousins who are also Julia Catherine's metaphorical daughters, having received their spiritual guidance at her hands.

Where the older-generation Philip and Julia Catherine seem to experience all the disaster of a Gothic tale, younger-generation Adelaide experiences instead the joys of coincidence. In a cheerful version of the uncanny, where what is strange "leads back to what is known of old and long familiar" (Freud 825), Adelaide frequently experiences the uncanny sensation of confronting her closest relatives each time she is introduced to a perfect stranger. Upon meeting Charlotte's aunt, "our young Canadian was so violently agitated, that she could with difficulty support herself" (71), and for this lady's daughter, whom she meets the same day, we find "she felt a secret sympathy" (71). These, in due course, turn out to be her true mother and sister. The allegory is neatly explained by Murphy, who writes, "When Adelaide de St. Louis learns that she is actually Lady Louisa Dudley, the central conceit of the work becomes clear. The Canadian nobility and the English aristocracy are completely identical. At their root, at the beginning, in infancy, as it were, the two cultures are interchangeable" (8).

Beckwith's plot goes to especially great lengths to restore family members who were presumed dead. A case of twins divided at birth (both christened Julia) allows for the tragic death of one to be followed in due course by the joyful restoration of the other to its long-suffering mother, also Julia. One senses a certain delight, here, in the creative freedom that allows Beckwith to give not one but three characters her own name, one of whom, we learn, "was indeed an extraordinary child; never did she merit a reprimand" (41). In Adelaide's discovery of her dual cultural origins and in the doubled and tripled Julias, the French-Canadian heroine undergoes an intriguing multiplication process. Sugars and Turcotte argue that postcolonial Gothic has the ability "to convey experiences of ambivalence and/or split subjectivity resulting from the inherent incommensurability of conflicted subject positions that have emerged from a colonial context and persisted into the present" (xi). *St. Ursula's Convent* specializes in identities lost, obscured, and imprisoned in the wake of the British conquest, a destruction almost fatal to the family whose dismemberment across Old and New worlds is experienced as a species of living death and permanent mourning; but it specializes equally in identities doubled, discovered, and revived. With the healing powers inherent in a Gothic exposure of old wounds to the influence of an emphatically vital second generation, what was thought to be dead is joyfully restored, and the doubled and disoriented identities are shown to have been the best kind all along.

Beckwith expresses deep family feeling toward French Canada and in this she resembles Rosanna Leprohon, whose own marriage blended her family's Irish roots with her husband's French heritage, and whose novel *Antoinette De Mirecourt* was enthusiastically embraced in translation by French-Canadian readers for its sympathetic portrayal of French Canada's sufferings under British conquerors. In her creation of a vulnerable French-Canadian protagonist, Leprohon encourages readers to identify with a heroine who is suffering the effects of subordination at the hands of a tyrannical, even pathological representative of the British in Canada. Although Heather Murray points out in her Afterword that the book draws upon Gothic convention, extended analysis along these lines has not been carried out, and the novel is seldom mentioned in overviews of Canadian Gothic, even though Antoinette is a characteristically traumatized Gothic heroine. Forbidden by her father from forming any attachment to Montreal's new British occupants, Antoinette allows herself to be pressured into a secret marriage with the dangerously seductive British major, Audley Sternfield, whose motivations prove monetary not romantic and who tyrannizes over his bride with a sinister combination of physical and sexual intimidation. Though the personal narrative of Antoinette's sufferings remains consistently central in the novel, Leprohon periodically reminds her readers of the political ordeals faced by the French in the wake of the conquest: a recent visitor to Quebec reports that it is "all ruins and ashes" (178), and an innkeeper who savagely lashes a local man's horse about the head is identified as "one of the newly arrived colonists who have come to lord it over ourselves and fallen fortunes" (179). The novel is thus a purposeful study of the politics of domination, examined simultaneously on the intimate level of Gothic gender politics between fathers, daughters, and lovers, and on the cultural and national scale between English and French Canada.

Readers of the novel agree that Leprohon's romance narrative, like the many marriages in *St. Ursula's Convent*, serves as an allegory for the union of French and English in a united Canadian nation. But where Beckwith's marriage plot celebrates both sides as equally deserving partners, Leprohon embeds in her portrayal a strong critique of the British, whose unfairness is exemplified not just in their dealings with the French but in the sexism that Leprohon represents as endemic to their character and as perhaps suggestive of the pervasiveness of English Canada's will to dominate. As Hughes and Smith explain, "Empire, in Gothic writings, is frequently conducted at a personal level, where the invasive urge and its frequently negative consequences hold a synecdochal relationship to excesses committed under numerous names in diverse theatres of culture" (2). Though Sternfield and Evelyn are presented as a contrasting pair of suitors to the heroine—one worthy, one deceitful—they both betray habitually misogynistic attitudes that victimize

Antoinette, and that reveal Leprohon's ability to use the historical French-English conflict to comment on politically charged social and gender relationships, as much an issue in her own day as in the previous century.

In fact, the critical turn in Leprohon's portrayal of the English is innovative in itself. Sunnie Rothenburger identifies a pattern in English-Canadian fiction by two male writers of this era; she notes that in both Parker's *The Seats of the Mighty* and Kirby's *The Golden Dog*, a duality is created on the French side by representing an honourable French-Canadian figure in contrast to a corrupt, often Gothic, figure tied to *la vieille France*: "However," she continues, "it is crucial that in *The Seats of the Mighty*, writing from his imperialist perspective, Parker does not create the same severance between Canada and Britain that he does between Canada and France. No corrupt Englishmen appear to distinguish the English-speaking Canadian male from the British male; Robert [the novel's protagonist] can be both British and Canadian" (109). *Antoinette De Mirecourt* reverses this pattern; Evelyn and Sternfield represent two sides to the British identity: one honourable, responsible, and compassionate in its use of power (thus ultimately worthy of joining the Canadian social body), the other, deceitful, monstrous, and tyrannical. Leprohon's reversal of the convention identified by Rothenburger is significant, for it undoes the clear imperialism of the standard pattern. Leprohon's novel reveals the villainous side of English Canada's own predecessors, and it is only through an acculturation from English to French (Evelyn's perfect bilingualism and adherence to Catholicism, as well as his symbolic replacement of headstrong British horses with a steadier Canadian team) that a union can be sanctioned. For tyrannical Sternfield, of course, death is the only option. The novel as a whole may be read as a kind of Gothic nightmare that—in cathartic mode—forces Antoinette to live out the dark side of Canada's English-French relationship as a torturous union of coercion, oppression, and abuse; only by confronting this monstrous version of the Canadian social body, can the narrative allow Antoinette and the reader the relief of the more carefully and responsibly chosen path.

May Agnes Fleming's *Kate Danton*, like *Antoinette De Mirecourt*, establishes a contrasting pair, this time distinguishing the deceptive British suitor from the worthy English Canadian, with French Canada appearing in the setting and secondary characters. The novel follows the romantic lives of three sisters in Danton Hall, the Quebec family home on the banks of the St. Lawrence. Eldest sister Kate, "beautiful, and stately, and proud as a queen" (17), has been educated in England, and is engaged to the youngest son of a British lord, against whom the Canadian would-be suitor feels outranked: "What chance has an aspiring young doctor against the son of a lord?" (17). The doctor nonetheless proves his heroic credentials early on, when he rescues the sisters from an assault by two drunken British "redcoats," an incident that warns against too trusting a reliance upon Canada's British family allegiance. Kate's development hinges upon the renunciation of her queenly ways and her discovery of the Canadian doctor's true worth. Though the French-Canadian element is more muted here, Fleming employs it quite deliberately not only as a romantic backdrop beset by violent winter storms, but also as a site from which to articulate a suspicion of Old World British alliances: the reverence for aristocratic titles is proved repeatedly in the novel to be a dangerous delusion, and now, far from sending couples to Europe for a happy ending, the only one whose marriage takes her there is punished with bitter lifelong regret. The happy marriages teach English Canada to unite—regardless of English or French—with homegrown Canadian matches.

Though English-Canadian fiction about Quebec has typically been treated as a single category, the novels I have discussed are diverse in how they negotiate degrees of cultural difference and/or resemblance, and in how they imaginatively resolve the conflicts that they represent as fundamental to the nation's origins and identity. In *Emily Montague*, marital bliss unites with carefully calculated inheritances to require a return to British ancestral estates; the representative inhabitant of Canada, meanwhile, is left behind, alone forever in a state of Gothic irresolution. In *St. Ursula's Convent*, though we see French-English unions celebrated enthusiastically and emblematically to heal the wounds revealed in embedded Gothic recitals of Canada's personal histories, Beckwith hesitates at finding a home for her couples in Canada; European inheritances once again call characters home to Old World ancestral estates. *Antoinette De Mirecourt* does allow for a resolution on Canadian soil, once the poisonous Gothic version of the French-English union has been rejected and replaced by its reformed and benevolent mirror image. And in *Kate Danton*, with Fleming's suspicion of British titles and imperious ways, and her validation of homegrown Canadian ties, we see how, by the late nineteenth century, the cultural values at work in this self-consciously Canadian literary subgenre, though consistently influenced by colonial preoccupations, have shifted from strong imperial sentiment to decided national commitment. These changing attitudes toward Canada's imperial ties in turn influence the representation of Canada's own internal duality.

Writers of the nineteenth century were energetically engaged in the creation of a homegrown literature that would articulate the potential for a Canadian literary tradition, as well as explore an imaginatively rendered Canadian history. Looking to the British conquest of New France as the wellspring for this critical project created a fiction immersed in deeply felt cultural conflict and committed to the working through of traumatic colonial legacies. English-Canadian women writers embraced this conflict and let it emerge in Gothic constructions, especially in the creation of carefully doubled and internally divided heroines, who expressed Canada's inner conflicts through their trials as the protagonists of domestic romance. Though sustained literary recognition has, for the most part, eluded this body of fiction, when placed into conversation, these novels reveal an important side of Canada's literary development, particularly in the tradition of women's writing and Canadian Gothic.

### *Works Cited*


Bailey, Alfred Goldsworthy. "Beckwith, Julia Catherine (Hart)." *Dictionary of Canadian Biography Online*. Vol. 9. Web. 16 December 2010.

Beckwith, Julia Catherine. *St. Ursula's Convent, Or the Nun of Canada. Containing Scenes from Real Life*. 1824. Ed. Douglas G. Lochhead. Ottawa: Carleton UP, 1991. Print.

Botting, Fred. *Gothic*. London: Routledge, 1996. Print.

Brooke, Frances. *The History of Emily Montague*. 1769. New Canadian Library ed. Toronto: McClelland and Stewart, 2008. Print.

Dean, Misao. *Practising Femininity: Domestic Realism and the Performance of Gender in Early Canadian Fiction*. Toronto: U of Toronto P, 1998. Print.

Devereux, Cecily. "'One Firm Body': Britishness and Otherness in *The History of Emily Montague*." *The History of Emily Montague*. Ed. Laura Moss. Canadian Critical Edition ed. Ottawa: Tecumseh Press, 2001. 459–76. Print.

Edwards, Justin D. *Gothic Canada: Reading the Spectre of a National Literature*. Edmonton: U of Alberta P, 2005. Print.

Edwards, Mary Jane. "Frances Brooke's Politics and *The History of Emily Montague*." *The Canadian Novel: Beginnings, A Critical Anthology*. Ed. John Moss. Toronto: NC Press, 1980. 19–27. Print.

Fleming, May Agnes. *Kate Danton, Or Captain Danton's Daughters. A Novel*. 1876. Charleston, SC: Bibliobazaar, 2007. Print.

Freud, Sigmund. "The Uncanny." 1919. *The Norton Anthology of Theory and Criticism*. 2nd ed. Ed. Vincent B. Leitch. New York: W.W. Norton and Company, 2010. 824–41. Print.

Gerson, Carole. *A Purer Taste: The Writing and Reading of Fiction in English in Nineteenth-Century Canada*. Toronto: U of Toronto P, 1989. Print.

Gross, Konrad. "The Image of French-Canada in Early English-Canadian Fiction." *English Literature of the Dominions: Writings on Australia, Canada and New Zealand*. Ed. Konrad Gross and Wolfgang Klooss. Würzburg: Königshausen + Newmann, 1981. 69–79. Print.

Howells, Coral Ann. "Canadian Gothic." *The Routledge Companion to Gothic*. Ed. Catherine Spooner and Emma McEvoy. London: Routledge, 2007. 105–14. Print.

Hughes, William, and Andrew Smith. "Introduction: Defining the Relationships between Gothic and the Postcolonial." *Gothic Studies* 5.2 (2003): 1–6. Print.

Kertzer, Jonathan. *Worrying the Nation: Imagining a National Literature in English Canada*. Toronto: U of Toronto P, 1998. Print.

Kirby, William. *The Golden Dog (Le Chien d'Or): A Romance of Old Quebec*. 1877. Toronto: Musson, n.d. Print.

Leprohon, Rosanna. *Antoinette De Mirecourt; Or, Secret Marrying and Secret Sorrowing. A Canadian Tale*. 1864. New Canadian Library ed. Toronto: McClelland and Stewart, 2010. Print.

——. *The Manor House of De Villerai: A Tale of Canada Under the French Dominion*. Ed. John Robert Sorfleet. *Journal of Canadian Fiction* ed. Vol. 34, 1860. Print.

Lespérance, John. *The Bastonnais: Tale of the American Invasion of Canada in 1775–76*. Toronto: Belford Brothers, 1877. Print.

Lochhead, Douglas G. "Editor's Introduction." *St. Ursula's Convent, Or the Nun of Canada. Containing Scenes from Real Life*. Ed. Douglas G. Lochhead. Ottawa: Carleton UP, 1991. xvii–xli. Print.

McCarthy, Dermot. "Sisters Under the Mink: The Correspondent Fear in *The History of Emily Montague*." *Essays on Canadian Writing* 51/52 (1993): 340. *Academic Search Premier*. EBSCO. Web. 15 June 2011.

Moodie, Susanna. *Roughing It in the Bush; Or, Life in Canada*. 1852. New Canadian Library ed. Toronto: McClelland and Stewart, 2007. Print.

Murphy, Carl. "The Marriage Metaphor in Nineteenth-Century English Canadian Fiction." *Studies in Canadian Literature/*Études en littérature *canadienne* 13.1 (1988): 1–19. Print.

Murray, Heather. Afterword. (2000). *Antoinette De Mirecourt; Or, Secret Marrying and Secret Sorrowing. A Canadian Tale*. New Canadian Library ed. Toronto: McClelland and Stewart, 2010. 264–71. Print.

Northey, Margot. *The Haunted Wilderness: The Gothic and Grotesque in Canadian Fiction*. Toronto: U of Toronto P, 1976. Print.

Parker, Gilbert. *The Seats of the Mighty: Being the Memoirs of Captain Robert Moray, Sometime an Officer in the Virginia Regiment, and Afterwards of Amherst's Regiment*. Toronto: Copp Clark, 1896. Print.

Richardson, John. *Wacousta*. 1832. New Canadian Library ed. Toronto: McClelland and Stewart, 1991. Print.

Rothenburger, Sunnie. "Terror, Love, and the National Voyeur: Gilbert Parker's *The Seats of the Mighty*." *English Studies in Canada* 34.2–3 (2008): 91–112. Print.

Stockdale, John. "Mullins, Rosanna Eleanora (Leprohon)." *Dictionary of Canadian Biography Online*. Vol. 10. Web. 15 December 2010.

Sugars, Cynthia, and Gerry Turcotte. "Introduction: Canadian Literature and the Postcolonial Gothic." *Unsettled Remains: Canadian Literature and the Postcolonial Gothic*. Ed. Cynthia Sugars and Gerry Turcotte. Waterloo, ON: Wilfrid Laurier UP, 2009. vii–xxvi. Print.

Turcotte, Gerry. "English-Canadian Gothic." *The Handbook to Gothic Literature*. Ed. Marie Mulvey Roberts. New York: New York UP, 1998. 49–53. Print.

——. *Peripheral Fear: Transformations of the Gothic in Canadian and Australian Fiction*. Vol. 21. Bruxelles: P.I.E. Peter Lang, 2009. Print.

Veeder, William. "The Nurture of the Gothic; Or, How Can a Text be Both Popular and Subversive?" *Spectral Readings: Towards a Gothic Geography*. Ed. Glennis Byron and David Punter. New York: St. Martin's Press, 1999. 54–70. Print.

# *Readers Reading Margaret Laurence, 1965–1980* 8

CINDA GAULT

Margaret Laurence rose as a shining star in the Canadian literary world of the 1960s and 1970s, especially appreciated for her portrayals of national and female identity. This claim would prompt few objections among critics then or now, but disagreements do exist about how these portraits should be interpreted. Imre Szeman offers a point of departure with his claim that in this era the concept of nation emerged "pre-eminently as a strategy of reading" to the point that "in Canada the concept of nation [was] articulated differently within literary criticism than within literature" (164). A splinter between criticism and literature in the articulation of nation raises the possibility that judgements of works considered central to the category of Canadian fiction might be in part a function of overly enthusiastic criticism that stretched the fiction to represent nationalism.

Another contemporaneous split between reading and writing at this time emerged around gender. Many critics propagated a transnational and self-avowed mission to read for gender in fiction written by women about women. As Rita Felski elaborates,

> the emergence of a second wave of feminism in the late 1960s justifies the analysis of women's literature as a separate category, not because of automatic and unambiguous differences between the writings of women and men, but because of the recent cultural phenomenon of women's explicit self-identification as an oppressed group, which is in turn articulated in literary texts in the exploration of gender-specific concerns centred around the problem of female identity. (1)

As critics considered the meaning of Laurence's work, they attended to issues raised by English-Canadian nationalism and second-wave feminism using literary tools of their trade, including genre. Laurence's stories, like most contemporary fiction, evinced characteristics of both realism and romance, yet most of her critics favoured interpretation as romance: any discovery of viable identities was good news for those wishing for autonomous versions of women and Canadians. Even commitments to realism made room for the discovery of unified identity conventionally associated with romance. It is important to consider the effects of a politically infused reception on interpretations of Laurence's work because, as conventional wisdom has changed over time from optimism about unified identity to scepticism, understandings of Laurence's identity portrayals have been markedly affected, perhaps even more so than those of her contemporaries, because her portraits were maximally amenable to interpretation as romance.

## *National and Female Identities Together*

At a time when feminists around the world were grappling with what defined and bound them as part of a female community, Canadian literary critics found value in multiple communal entities: "In Canadian fiction the old identity questions ('Who am I? Where did I come from? Where am I going?') are usually translated not so much in terms of personal identity as by expressions of a search for an identity which is collective and cultural" (Jeffrey 87). Nationalists and feminists alike sought self-understanding according to communal constructions of identity.

In retrospect, there were some indications that these identities may indeed prove less than harmoniously linked. Looking back from 1995, some critics claim that the early to mid-1970s saw "nationalistic concerns outweighed by those that were specifically focused on women," thereby pointing to an implicit competition between identities (Verduyn 115). Others hold a contradictory retrospective view, that "in this period the national pole of identification held sway over other social identities" (Angus 23). This impression of competing agendas between nationalist and feminist movements gives credence to more recent claims that women are inevitably positioned differently from men within a nation: the paradox that "everyone can, should, will 'have' a nationality, as he or she 'has' a gender vs. the irremediable particularity of its concrete manifestations" suggests the potential for tensions between national and female interests that may arise despite the veneer of concordant parallel identity (Anderson 5). Anne McClintock further theorizes that such tension is concretized in basic understandings of social organization when she suggests that, "since the subordination of woman to man and child to adult was deemed a natural fact, hierarchies within the nation could be depicted in familial terms to guarantee social difference as a category of nature....But the putatively universalist concept of national citizenship becomes unstable when seen from the position of women" (358). The suggestion is that identity autonomy may be more complicated, even differentially corrosive, than merely ascribing multiplicity to all.

Three decades after this era of 1965 to 1980, critics still disagree about which of these movements was more important in the end, and these disagreements raise new questions. If conflict between national and gendered interests was suppressed in the social world, how might its open recognition at the time have affected the reading of Laurence's work? If women are inevitably positioned differently from men within a nation, were Laurence's female protagonists portrayed as compromised in their equality as citizens within a recognizably Canadian society? What was the nature of national identity in her work, and how did it relate to female identity? Critics who saw Laurence's characters as symbolically amalgamating competing values in both female and national representations tended to downplay what realism could not help but emphasize, that Canadians had not yet resolved the issues that separated them, and the interests of women and Canadians were sometimes in conflict with each other. Ultimately, such speculation about the operation of genre in Laurence's stories has an important impact on what we understand her stories to mean.

## *Laurence, Realism, and Identity, 1965–1980*

Critics have often pointed out that looking for individual identity or collective subjectivity through fiction is as slippery as it is a tempting business.

Sally Robinson points out that the phenomenon of subjectivity engages both social and discursive practices, thus encouraging assumptions that the same contradictions at work in the lives of women in the historical world are likely to be found in representations of women's lives in fiction (190–92). Depending on the social and historical context, different readers may interpret differently by virtue of a process that Wolfgang Iser describes as including "both the prestructuring of the potential meaning by the text, and the reader's actualization of this potential through the reading process... which will vary historically from one age to another" (xii). Overall, readers are likely to interpret an imaginary world according to their perceptions of their own social world, their experiences in that world, and their responses to narrative strategies that create fictional worlds.

Although realism and romance often coexist in a single work, each instigates a different readerly expectation. At one end of the spectrum, realism promises explanations of historical processes that are associated with the dilemmas of ordinary people in ordinary circumstances. While realism cannot represent the world directly, it does give the impression of some sort of mimetic claim to a world beyond the text, despite the difficulties attached to any belief in language as being able to represent what is ultimately unrepresentable in textual form. As George Levine suggests, "whatever else [realism] means, it always implies an attempt to use language to get beyond language, to discover some nonverbal truth out there" (6). Part of the explanatory power of realism is its capacity to account for the realities of the social and historical world. Curiously, Raymond Williams understands this aspect of realism to be ultimately limiting; the world in all its manifestations is assumed to be the conditioner, even determiner, of human individuality, making realism "a conscious commitment to understanding and describing...the movement of psychological or social or physical forces" (261). Evidently, in the real world, anything can happen, but in a realist world, certain things are presumed more likely to happen, so that, for example, in the real world, a person can win the lottery, but in a realist world, that might be unrealistic.

Realism as a form of narrative, then, suggests a "habit of mind" in that it helps the reader to "recognize the complex intermeshing of the individual consciousness with larger technological, social, and political structures" (Shaw 106, 107). The association of realism with the world "beyond language" makes manifest a heightened pressure to make sense of the social world, in that "writers and critics return to 'realism' from generation to generation, because each culture's perception of reality changes and because literature requires ever new means to intimate the reality" (Levine 7). In so doing, "[realism] presumes that the 'ordinary' (another difficult but persistent word) has a value hitherto ascribed almost exclusively to a select few" (Levine 6). This urge to understand the realities of the masses engages complexities of the social life of ordinary people in ordinary circumstances, with the word "ordinary" taking on a broad-based relevance.

Realism was always recognized as characteristic of Laurence's work, but in the era of original reception it was not seen as inconsistent with unified identities. Much of the enthusiasm that issued from writers, journalists, and academics alike in response to her Manawaka novels in particular was based upon an interpretation of her characters as believably ordinary people who confront real-world problems. The first and perhaps most acclaimed novel of the Manawaka cycle, *The Stone Angel*, attracted early criticism that emphasized its portrayals of characters from the late nineteenth and early to mid-twentieth century. In 1965, editor Robert Weaver praised Laurence for illuminating "this small world through a study of character" whereby she was able "in a few sentences [to capture] the feeling of an era" (28). The view of characters and setting as especially important in a historical context suggests mimesis in an apprehension of this fictional world as familiar and typical—concretely described places and characters with individual but readily recognizable psyches.

Writer Anne Montagnes, in 1964, made no apology for her commitment to reading *The Stone Angel* as realism. She reported having been disappointed about loose ends being perhaps too firmly tied up, but dismissed her own concerns on the basis of the realism the novel offered: "but it was done, like the whole book, with such throat-catching realism that I really can't complain" (17). Focusing on *The Fire-Dwellers* in 1975, academic Clara Thomas extended her appreciation for its realism by suggesting that Stacey shared with the other protagonists of Laurence's first three Manawaka novels the distinction of being an ordinary woman "whom Margaret Laurence has challenged us to recognize as individual and extraordinary" (*Manawaka World* 115).

Although Stacey is seen here as special and valuable, her character never breaks away from her representation as an ordinary Canadian housewife of her times. In a 1969 review of *The Fire-Dwellers*, Douglas O. Spettigue grouped the novel with two others not written by Laurence, opining that they all had "in common the realistic representations of contemporary life" (722). He wonders about the capacity of this novel to find its way out of all the reality: "Margaret Laurence has caught the sense of the domestic rat-race so well that the reader soon wonders how Stacey is going to get out of it, unless she goes romantic" (723). While he notes some romantic "releases," in his view, the more important dynamic in the fiction is generally that of realism. Rather than presuming no psyche to be knowable, these myriad critics imply that the reader can understand how it feels to share Stacey's experience. They believe she confronts her problems in ways that most people in her situation would.

Critics tended to agree on themes, and quibbled over which characteristics bound her writing most convincingly to realism. As J.M. Kertzer noted, "Henry Kreisel, Hilda Kirkwood, and Kent Thompson all praised Laurence's use of narrative voice and the ironic, double perspective that it affords: a child's point of view as registered in an adult's idiom. Edward Weeks, William French, and George Woodcock were all impressed by her attention to precise details, interwoven to give density to a credible fictional world" (18). Whether the emphasis is on the narrative voice or familiar details, what is captured here is appreciation for a vision of ordinary characters, what Georg Lukács described as characters whose "human significance, their specific individuality cannot be separated from the context in which they were created" (*Meaning* 19). Laurence's fiction was often credited with her realization of "full human beings with full contradictory human histories," the assumption being that recognizable historical forces in a fictional world create the realistic character just as overarching historical forces shape ordinary people at their mercy in the historical world (Thompson 110). In sum, the ordinariness of characters in Laurence's fictional worlds tended to be seen as built on layers of identity issues.

It was a widely held view in 1975 that Laurence could be placed in a group of women writers who wrote novels "in which the central character is a woman...who is focussing on details of self-awareness and self-discovery"

(Burton and Morley 57). Laurence's depictions of self-awareness and self-discovery were additionally credited as significant for their national dimension, as Thomas pointed out when she suggested that "the Manawaka cycle...seems to Canadian readers to be quintessentially their own" ("Planted Firmly" 1). Thus, Laurence's Manawaka novels appeared especially relevant to those involved in the national cultural project of establishing Canadian literature as a legitimate and studied national category, as well as those involved in a similar and simultaneous effort to establish the importance of women's fiction.

Claims of realist interpretations helped critics identify with characters on the basis of gender or nationality or both, underscoring that Laurence had devoted herself to "exploring different aspects of womanhood, problems that all women in Western cultures experience in some form or another" (Grosskurth 35). In Morag of *The Diviners*, for example, Laurence demonstrates her "special gift of delineating the conscious and unconscious processes of the feminine psyche; to read her novels is to identify oneself with the mind and imagination of her heroines" (Bruce 15). These characters were often admired for their relevance beyond imaginary worlds: "The people in this book are all alive and real....Margaret Laurence certainly knows and can put down what women feel in our times and our places" (Gotlieb 81).

Realist expectations extended issues of female identity to those of national self-understandings. *The Diviners*, for example, was seen as the culmination of such a double exploration because "cultural nationalism and women's liberation dovetail nicely" (Hehner 41). Parallels between female and national identities were posited and reinforced by an increasingly accepted conviction among critics that difficulties faced by women in achieving autonomy were similar to those faced by Canadians in achieving nationhood. The issues might differ, but critics held fast to arguments that women in particular and Canadians in general needed empowerment in their respective spheres. Thomas posited this relationship succinctly when she noted that "every woman's struggle of the psyche to know, be and act as and for herself is a paradigm of the situation Canadians feel themselves to be in" ("Planted Firmly" 3). Morag was regarded as achieving such widespread psychological believability that writer Marian Engel described her as "a variant of an emotional history common to all writers, common to all women, common to all Canadians" (25).

Of course, Laurence's work raises additional identity claims beyond those of gender and nationality. Issues of class, race, ethnicity, orientation, and colonialism are evident in her work, but destined to become preoccupations of a subsequent historical period. Had Engel written about Morag a few years later, she likely would have expanded her list of projected commonalities.

Engel's enthusiasm suggests that, just as female characters encourage readers to understand the dilemmas of women in the real world, so too does the "Canadianness" of Laurence's characters draw readers into dilemmas that involve all Canadians. Evidence of realism assisted in the project of making connections between characters in these fictional worlds and readers in the real world, who themselves had made commitments to female and national identities, but rumblings of romance are audible even in these commitments to realism.

### *Laurence, Romance, and Identity, 1965–1980*

Romance, at the other end of the continuum, is less time-and-history bound than realism because it is expected to offer a more idealized sense of community. Romance constitutes the illusion that realism supposedly corrects. Northrop Frye explains this continuum: "One direction is called 'romantic,' the other 'realistic.' The realistic tendency moves in the direction of the representational and the displaced, the romantic tendency in the opposite direction, concentrating on the formulaic units of myth and metaphor" (*Secular Scripture* 37). Frye figures romance as a way of envisioning a transformation in the world, helping it along the trajectory of integration, in that "the mode of romance presents an idealized world: in romance heroes are brave, heroines beautiful, villains villainous, and the frustrations, ambiguities, and embarrassments of ordinary life are made little of" (*Anatomy of Criticism* 151). Ian Duncan challenges the idea that romance is quite so simple or innocent as Frye suggests, in part because he sees romance as inevitably sentimental and purposeful. To Duncan, romance is the effect of history because history provides useful myths. Once "discovered," these ancestral stories give a writer the wherewithal to recreate myths and make use of them toward new cultural ends. Romance is what Duncan calls "a specific historical process: the appropriation, and reinvention, of a 'common cultural heritage' as individual literary property" (58). While realism depicts the complicated world and its constraining effects on ordinary people, romance reinvents a past to justify powerful individual action toward fulfilling current wishes.

Laurence's fiction has certainly been appreciated for telling such stories of common heritage to envision new cultural identities. Her work has been used by real-world women and Canadians to reinvent their understandings of themselves as national and gendered beings. Seen as romance, her stories move us toward the conviction that female or Canadian identity is something pre-existent, and therefore discoverable and possible, while realism modulates toward obstacles presented by social and historical forces that get in the way of such unity.

Critical reaction to Laurence's work became polarized along the axis between realism and romance during the years 1965 to 1980, when social movements politicized issues of female and Canadian identity. While readers recognized conflicting elements of both realism and romance in Laurence's work, some tended to emphasize romance because it led to the then desired conclusion that female and national identities existed in some recognizable form. Even when realism was identified, disappointment was more likely to be articulated when the realist portrayal did not lead to the conclusion that female or national identity was possible. As a result, the more sceptical nuances of Laurence's depiction of identity were more often muted.

Considering the investment of many critics during this era in supporting second-wave feminist and Canadian nationalist efforts to promote unified identity on the basis of gender and nationality, it is not surprising that claims of authenticity in Laurence's fiction might actually slide away from reading practices associated with realism and toward romance on Frye's continuum. In particular, there was special admiration for characters who discovered themselves as female or national beings by transcending whatever once stood in the way as obstacles to unified identity. Sherrill Grace's confidence, in 1978, that Morag is "a successful quester in an age that disbelieves in quests" demonstrates a critic's willingness to interpret fictional representations of such successes as both possible and believable (70).

In 1964, Montagnes offered specific appreciation to Hagar Shipley's characterization for its contribution to national identity: "one of the great characters of Canadian fiction...who stands as a symbol of Canada" (17). Not only is Hagar seen as indicative of "the central conflict of Canadian psychology, our bondage to a puritan heritage," but she was born "about the time of Confederation" and still manages to engage "one's sympathy, perhaps even one's love" (17). This character is seen to rise above the confused tensions of real people dealing with ordinary problems to inspire love as the symbol of a nation.

Other novels of the Manawaka cycle that were more difficult to read as romance were met with comparatively less enthusiasm. In 1972, Thomas differentiated *The Stone Angel* from *A Jest of God* and *The Fire-Dwellers* by suggesting that Hagar, who "comes to peace with herself," contrasts with the other two protagonists: "Neither Rachel's nor Stacey's stories come full circle as Hagar's does...Their lives are in mid-passage and each story stops at a point of qualified truce and acceptance—but neither story is finished and neither voice is still" (*Our Nature, Our Voices* 159). Similarly, the latter two protagonists are seen to be less vibrant and heroic: "Both Rachel and Stacey Cameron seem to be less vigorous, their lives less hopeful...[Stacey] remains trapped in her situation, redeemed only by her sardonic sense of humour" (Grace 66). While such differentiation does not automatically imply disappointment, these distinctions were often used to express disappointment. For example, *A Jest of God* could be seen as unsatisfying, not only because of characterization, as "Rachel Cameron is no very engaging human being," but also because of plot: she will "probably not [have a] much happier life elsewhere" (Duffy 80).

Critical expressions of disappointment in or frustration with aspects of Laurence's work often appear when identity quests do not seem successful. For example, a complaint about *The Fire-Dwellers* that "the realistic representation of contemporary life" includes "real problems of coping with the family [that are] not solved but temporarily got around" implies that the critic is interested in a realistic depiction of life but perhaps pining for more convincingly permanent resolutions to family problems (Spettigue 722–23). The view that "we celebrate Margaret Laurence for her women," and that such a celebration stems from an "interior voice...[that]

invests Stacey MacAindra with charm and her story with unity," reveals a wish that this same interior voice will also successfully articulate Stacey's story as a woman (Sykes 98). Disappointment is evident when such unity is not achieved, as in the representation of spousal conflict: "The trouble with stating so universal a problem is that you can never hope to resolve it, and *The Fire-Dwellers* never does. It is an inconclusive story" (Sykes 98). Inconclusiveness is arguably not out of place in this story of an individual housewife compromised in her sense of fulfilment. Regardless, critical disappointment with the lack of success, or the spectre of inevitable compromise, belies deeper critical wishes for a more indisputable resolution.

Not surprisingly, the concluding text of the Manawaka cycle differed from *A Jest of God* and *The Fire-Dwellers*. Critics saw full-circle similarities between *The Diviners* and *The Stone Angel*, in that "both of them relate the journey through life of a country girl into a wise and heroic adulthood" (MacSween 108). Just as Hagar was generally seen as a character coming to peace with herself at the end of *The Stone Angel*, so too Pique, Morag's daughter with Métis Jules, "can be seen as a symbolic answer to reconciliation for Canada, which should treasure and preserve what it has. Thus *The Diviners* ends on a decidedly optimistic note with Pique accepting her twin ancestry, having found her place in Canada" (Lever 96). In the same vein, "[Pique] plays a symbolic role as a kind of reconciliation between the native peoples of Canada and the whites who conquered them" (Fulford H5). And,

> Pique's major role seems...to be a symbolic one; she embodies Morag's urge to grow into full maturity, she completes Morag's existence as a woman in a way a man cannot, and in the final scenes of the novel she embodies Morag's understanding and acceptance of the future—she will repeat Morag's quest and Morag must allow her to do so. Parts I and V portray a Morag who has completed her search for meaning. Not only does she know who she is, she knows where she is. (Grace 70)

Laurence is credited here with resolving in the imaginary realm a national political and cultural unity that had not yet been resolvable in the social world. Even if critics truly believed they appreciated the realistic portrayal of all the Manawaka protagonists, the more favoured ones are those who triumphed in their discovery of themselves as women and as Canadians. Referring to *The Diviners*, Margaret Oschacoff reveals a manifesto of sorts when she warns that the integrity of a unified sense of nation must be preserved in its fiction: "pride in one's heritage is not the same as colonial spirit as long as that pride leaves room for each Canadian's pride in his or her ethnic background, and as long as it does not interfere with the emergence of a Canadian culture" (235).

In 1978, Laurence herself also favoured this view of her protagonists in her discussion of the themes of freedom and equality for women and Canadians that recur in her work:

> Hagar, in *The Stone Angel*, who finally even in extreme old age can find something of that inner freedom; to Rachel in *A Jest of God*, who will remain nervous and neurotic to some extent but who does succeed in freeing herself from her mother's tyranny and from her own self-doubt and self-hatred; to Stacey in *The Fire-Dwellers*, who comes to terms with her life and recognizes herself as a survivor; to Vanessa in *A Bird in the House*, who escapes from the authoritarian regime of her grandfather and who is ultimately able to be released from her hatred and fear of the old man; and finally, to Morag in *The Diviners*, who, more than any of the others, is able to assimilate her past and to accept herself as a strong and independent woman, able to love and to create. ("Ivory" 24)

Since romance "avoids the ambiguities of ordinary life," as Frye notes, it can deliver a more definitive message regarding the likelihood of successful female and national identification (*Secular Scripture* 50). Romance contains the anxieties of the real world, but offers solutions or manners of transcending them, suggesting that if women and Canadians can achieve symbolic peace and success in a particular story, perhaps they can hope to find such resolution in their lives. Displacement away from romance and toward realism commits interpretation to a decreased focus on enduring codes of honour implied by romance, and an increased focus on the ambiguities of life understood according to historical and social processes. It should go without saying that both realism and romance are evident in Laurence's fiction, and that their interaction creates contradictions and tensions that present challenges still. Evidence abounds of ordinary problems being wrestled with and heroic resolutions being attempted, even achieved. Nevertheless, Laurence's narrative push for characters to solve their identity problems as women and Canadians seems to be most sought and encouraged by critics during these years.

### *Contradictions of National and Female Identities: Two Communities Collide?*

Post-1980s critical debates have increasingly tended to hone in on contradictions within Laurence's characters. *The Stone Angel*'s Hagar, for example, has been re-examined. Was she really is at peace with herself at the end of the novel? (Comeau). Her eleventh-hour redemption is now seen as questionable after a lifetime of dedication to resisting any kind of reconciliation or transformation. Similarly, Morag's Pique of *The Diviners* has elicited doubt about her ability to integrate Native and Scots inheritances into a Canadian context (Kortenaar).

Morag perhaps comes the closest of Laurence's protagonists to successfully integrating the tensions associated with being female. She seems to have it all. Seen as "a woman who succeeds without a man," she can support herself, experience sexual liberation, and have a child (Grace 70). Morag was more likely to be seen as achieving what the Manawaka protagonists that came before her could not:

> [Stacey] remains trapped in her situation, redeemed only by her sardonic sense of humour. That she "may mutate into a matriarch" like Hagar in another forty years is not encouraging. Of all Laurence's women Rachel and Stacey are closest to Atwood victims, unable to break out of self-defeating postures. Vanessa, however, has broken free and is, in many ways, a prototype of the more complex Morag. Vanessa...defines her freedom by returning to her roots in order to celebrate her past. This is precisely what occurs in *The Diviners* on a larger scale, implying that the status and nature of the hero is inextricable from the necessary *process* of growth through return. (Grace 66, emphasis in original)

Yet Morag remains mired in dilemmas arising from her resentment and anger as a woman. While Stacey seems committed to keeping her own thoughts from Mac, Morag is otherwise committed to finding a voice she can use to resist her husband, Brooke. He pronounces that "we will cease worrying about things that don't matter," and his authoritative "we" marks the fault line between his waning ability to contain her and her incipient resistance and independence: "She is, she realizes, very very angry, and at the same time doubtful about her right to be angry, at him or at the composition of her own composite self" (277). A character consumed by her identity predicament is qualitatively different from one who liberates herself, integrated and free.

Dilemmas of female identity infuse Morag, like Hagar and Stacey, with experiences of a suffering marriage that offer an unhappy trade-off between leaving her husband for the sake of her independence or staying with him for the sake of her own need for family and community. It seems these protagonists cannot have both. At the point when Morag needs moral support to leave Brooke, her controlling husband, an unconventional lover comes back into her life in the form of Jules. He is a qualitatively different spousal figure for Morag because he shares her past, understands her as a friend, and gives her the child that Brooke refused. Jules offers a meaningful emotional connection while respecting her need for independence. He appears to be the kind of man who could accommodate an independent woman because he never expresses sexual jealousy or possessiveness. Important, too, is the fact that his acceptance of her independence does not diminish his expression of concern for her, as is clear in his reaction to her request to forego birth control: "Look, I didn't say before, but you don't want to get pregnant, do you?" to which Morag replies, "Would you mind very much if I didn't do anything to try not to?" (301). His response is genial, but underscores that she is embarking on a responsibility that he chooses not to share:

> "Jesus. You're a crazy woman. Do you have to ask permission? I don't mind, no, Only—"
>
> "It's all right. I wouldn't claim support or anything." (301)

Such negotiation allows Morag the freedom to decide for herself what she wants to do as a woman, and enables her to take a step beyond Rachel (*A Jest of God*) by actually bearing and raising a child on her own. Still, Morag's new self-image as an independent woman carving out new territory for herself does not lead to a workable life with Jules in it. Power dynamics associated with unequal social relations continue to produce resentment between women and men across the generations, whether it be Morag to Brooke or Jules to Morag or Hagar to her father and husband. Laurence thus keeps in play barriers between independent women and their families.

The most crushing challenge for Morag, and one that undermines any claim to reconciled womanhood, is her anxiety over what she is doing to her daughter. Her initial bravado about having a child on her own degenerates later into anguish over having denied her daughter a father: "never having had an ever-present father myself, I managed to deny her one, too. Although not wittingly. I wasn't very witting in those days, I guess" (69). This anguish recalls Hagar's regret that her independence cost her the comfort of a family. Morag, too, is torn between what is important to her and what would be harmonious for her loved ones. For example, Pique's need for an integrated family is exactly what Morag does not know how to address. Pique's resentment about being denied a sense of belonging impedes her relationship with everyone in her life: "There is no way [Jules] is ever going to apologize to Pique for his absence, and to defend himself would be to knock Morag, as it was her wish originally to have Pique. Still, Pique is his, and he will never in his life deny her" (Laurence, *Diviners* 450). Despite Jules's apparent narrative function to encourage Morag's independence, he offers stereotypical explanations about women being in charge of domestic connections: "Women like to stay put. But I can't. I just can't. Lazarus, he was like that" (294).

It was tempting in 1978 to see Morag as a triumphant woman: "Significantly, she does not wed herself to life in the form of any one of these men; as an artist she must fully experience life without enmeshing herself in it to the extent that she cannot withdraw sufficiently to write" (Grace 69–70). Alternatively, Morag as a character of realism reveals compromises often made in the social world, including the unhappiness she has visited upon her daughter in the name of her own female independence.

Upon reflection, Morag's torment due to her role in depriving Pique of a community makes her less convincing as a resolved or unified female identity. In fact, as a single mother at the head of her household, she suffers from potentially irresolvable tensions.

This view of Morag's independence as haunted by dilemma is suggested by the plot's organization according to Morag's anxieties concerning Pique's well-being. Each retrospective story about Morag's life is prompted by her present-day anxiety about Pique, and the effect is to make Pique's future the central dilemma of the novel. Morag's retrospective view of her own life becomes less focused on her achievements in the public world and more concerned with her uneasiness about the happiness of her female child who despairs over not having a father in her life:

> "Why did you *have* me?"
> "I wanted you," Morag said, stunned.
> "For your own satisfaction, yes. You never thought of him, or of me." And to that accusation there was no answer. None. Because it was partly true. To have someone of her own blood. But only partly. She had not conned a kid out of him, after all. Or not quite, anyway. How did he look at it? She didn't know. (255)

Morag's exhilaration about her own independence is routinely deflated by self-doubt, an emotional rollercoaster that dramatizes her daughter's ambivalence about her single mother. Morag is not a model for Pique as a woman, and so the job of resolving contradictions has been put off to a new generation. Hagar rejects her father, and Morag loses hers. Both characters in such different times and historical circumstances choose to be single mothers who dwell on their anxieties about what they have done to their children.

Significantly, and despite their anguish, neither character seems likely to change any of her choices, regardless of the suffering caused. Like Hagar's, Morag's independence from conventional female roles frequently functions to subvert the patriarchal order, from women living without husbands to women enjoying financial independence. In both novels, gender-based contradictions between independence and family betray an emphasis on unworkability. Although the 1978 view that Pique "completes Morag's existence as a woman in a way a man cannot" was often seen as an embodiment of "Morag's understanding and acceptance of the future," Laurence presents obstacles again and again that cast doubt on the possibility of reconciliation (Grace 70). How are we to understand Morag in the context of her daughter? Are we to understand these realistic characters as crushed by the weight of gender roles that cannot be resolved in a way that liberates Morag from guilt and yet provides Pique with a sense of familial stability? What is lost if Morag is considered a hero—is the solution for women to jettison the happiness and emotional security of their children for the sake of their own autonomy?

When Morag is deemed a symbol of independent womanhood, her independence is depicted as both desirable and possible in ways that had not worked outside of fiction. Her success in the imaginative world gives hope to women of the real world (like Laurence herself) who struggle with the same obstacles and still stare down their own guilt in the attempt to combine their own careers with raising children. Independence often signaled success to a generation of second-wave feminists, but if Morag is mired in dilemmas and unsure whether her insistence on freedom has been worth the cost, then the interpretive emphasis modulates toward realism.

After 1980, when identity itself became a more suspicious and multiple concept to critics of Canadian fiction, elements of realism in Laurence's novels became pertinent to readers in new ways. This paradigm shift from integration to complication makes sense of readerly interests in her work during the era of reception for the Manawaka novels, as well as for the revisionary work being done now. Postmodern, feminist, and postcolonial critiques of "authentic" identity that have subsequently come to dominate discourses of female and national identity open new doors for the interpretation of Laurence's work. Feminist identity debates about how to handle questions of biology and social equality, and nationalist identity debates over whether disparate populations can be successfully incorporated into a bicultural or multicultural Canada, are still relevant today, with the twist that these debates are now decades old. It is arguable that realism now speaks more pointedly to the difficulties inherent in questions of identity in Laurence's fiction, contrary to the resolutions that romance once promised.

## *Works Cited*


Angus, Ian. *A Border Within: National Identity, Cultural Plurality, and Wilderness*. Montreal and Kingston: McGill-Queen's UP, 1997. Print.

Anderson, M. Jean. "'We'll all end up leavin': Regionalism, Nationalism and Individual Identity in Some Recent Canadian Novels by Women." *Regionalism and National Identity: Multi-Disciplinary Essays on Canada, Australia, and New Zealand*. Ed. Reginald Berry and James Acheson. Christchurch, NZ: U of Canterbury P, 1985. 71–77. Print.

Bruce, Phyllis. Rev. of *The Diviners*. *Canadian Forum* (May–June 1974): 15–16. Print.

Burton, Lydia, and David Morley. "A Sense of Grievance: Attitudes Toward Men in Contemporary Fiction." *Canadian Forum* (September 1975): 57–60. Print.

Comeau, Paul. "Hagar in Hell: Margaret Laurence's Fallen Angel." *Canadian Literature* 128 (1991): 11–22. Print.

Duffy, Dennis. "Critical Sympathies." Rev. of *A Jest of God*. *Tamarack Review* 42 (Winter 1967): 80–82. Print.

Duncan, Ian. *Modern Romance and Transformations of the Novel: The Gothic, Scott, Dickens*. Cambridge: Cambridge UP, 1992. Print.

Engel, Marian. "Encounter Margaret Laurence: Her New Book Divines Women's Truths." *Chatelaine* (May 1974): 25. Print.

Felski, Rita. *Beyond Feminist Aesthetics: Feminist Literature and Social Change*. Cambridge, MA: Harvard UP, 1989. Print.

Frye, Northrop. *Anatomy of Criticism: Four Essays*. Princeton, NJ: Princeton UP, 1957. Print.

——. *The Secular Scripture: A Study of the Structure of Romance*. Cambridge, MA: Harvard UP, 1976. Print.

Fulford, Robert. "It's Fascinating Despite the Flaws." Rev. of *The Diviners*. *Toronto Star* 18 May 1974: H5. Print.

Gotlieb, Phyllis. Rev. of *The Diviners*. *Tamarack Review* 63 (October 1974): 80–81. Print.

Grace, Sherrill E. "A Portrait of the Artist as Laurence Hero." *Journal of Canadian Studies* 13.3 (Fall 1978): 64–71. Print.

Grosskurth, Phyllis. "A Looser, More Complex, More Sexually Uninhibited Laurence: And Never an Atwood Victim." Rev. of *The Diviners*. *Globe and Mail* 4 May 1974: 35. Print.

Hehner, Barbara. "River of Now and Then: Margaret Laurence's Narratives." *Canadian Literature* 74 (Autumn 1977): 40–57. Print.

Iser, Wolfgang. *The Implied Reader: Patterns of Communication in Prose Fiction from Bunyan to Beckett*. Baltimore, MD: Johns Hopkins UP, 1974. Print.

Jeffrey, David L. "Biblical Hermeneutic and Family History in Contemporary Canadian Fiction: Wiebe and Laurence." *Mosaic* 11.3 (Spring 1978): 87–106. Print.

Kertzer, J.M. *"That House in Manawaka": Margaret Laurence's A Bird in the House*. Toronto: ECW, 1992. Print.

Kortenaar, Neil ten. "The Trick of Divining a Postcolonial Canadian Identity: Margaret Laurence Between Race and Nation." *Canadian Literature* 149 (Summer 1996): 11–33. Print.

Laurence, Margaret. *The Diviners*. Toronto: McClelland and Stewart, 1974. Print.

——. "Gadgetry or Growing: Form and Voice in the Novel." *A Place to Stand On: Esssays By and About Margaret Laurence*. Ed. George Woodcock. Edmonton, AB: NeWest Press, 1983. 80–89. Print.

——. "Ivory Tower or Grassroots?: The Novelist as Socio-Political Being." *A Political Art: Essays and Images in Honour of George Woodcock*. Ed. W.H. New. Vancouver: U of British Columbia P, 1978. 15–25. Print.

——. *The Stone Angel*. Toronto: McClelland and Stewart, 1965. Print.

Lever, Bernice. "Manawaka Magic." *Journal of Canadian Fiction* 3.3 (Summer 1974): 93–96. Print.

Levine, George. *The Realistic Imagination: English Fiction from Frankenstein to Lady Chatterley*. Chicago: U of Chicago P, 1981. Print.

Lukács, Georg. "Marxist Aesthetics and Literary Realism." *Essentials of the Theory of Fiction*. Ed. Michael J. Hoffman and Patrick D. Murray. Durham, NC: Duke UP, 1996. 134–46. Print.

——. *The Meaning of Contemporary Realism*. London: Merlin Press, 1963. Print.

MacSween, R.J. Rev. of *The Diviners*. *Antigonish Review* 18 (Summer 1974): 107–08. Print.

McClintock, Anne. *Imperial Leather: Race, Gender and Sexuality in the Colonial Context*. New York: Routledge, 1995. Print.

Montagnes, Anne. "Piercing Canadian Symbol." Rev. of *The Stone Angel*. *Globe and Mail* 13 June 1964: 17. Print.

Oschacoff, Margaret. "Colonialism in the Fiction of Margaret Laurence." *Southern Review* 13 (1980): 222–38. Print.

Robinson, Sally. *Engendering the Subject: Gender and Self-Representation in Contemporary Women's Fiction*. Albany: State U of New York P, 1991. Print.

Shaw, Harry E. *Narrating Reality: Austen, Scott, Eliot*. Ithaca, NY: Cornell UP, 1996. Print.

Spettigue, D. Rev. of *The Fire-Dwellers*. *Queen's Quarterly* 76 (Winter 1969): 722–24. Print.

Sykes, Philip. "Margaret Laurence's New Woman." Rev. of *The Fire-Dwellers*. *Maclean's* June 1969: 98. Print.

Szeman, Imre. *Zones of Instability: Literature, Postcolonialism, and the Nation*. Baltimore, MD: Johns Hopkins UP, 2003. Print.

Thomas, Clara. *The Manawaka World of Margaret Laurence*. Toronto: McClelland and Stewart, 1975. Print.

——. *Our Nature, Our Voices: A Guidebook to English-Canadian Literature*. Toronto: New Press, 1972. Print.

——. "'Planted Firmly in Some Soil': Margaret Laurence and the Canadian Tradition in Fiction." *Critical Approaches to the Fiction of Margaret Laurence*. Ed. Colin Nicholson. London: Macmillan, 1990. 1–15. Print.

Thompson, Kent. Rev. of *A Bird in the House*. *Fiddlehead* 84 (March–April 1970): 108–10. Print.

Verduyn, Christl. *Lifelines: Marian Engel's Writings*. Montreal and Kingston: McGill-Queen's UP, 1995. Print.

Weaver, Robert. "Crowning 'Angel.'" Rev. of *The Stone Angel*. *Toronto Star* 23 May 1964: 28. Print.

Williams, Raymond. *Keywords: A Vocabulary of Culture and Society*. London: Fontana Press, 1983. Print.

# III

# *DES CONTEXTES MINORITAIRES...*

# Être écrivaine en contexte minoritaire franco-canadien (1970-1985)

9

LUCIE HOTTE

Commençons par une évidence : il y a toujours eu des femmes auteures. Faisons-la suivre d'une seconde : leur situation sur la scène littéraire n'a jamais été, jusqu'à récemment (et encore il faudrait sans doute nuancer cette affirmation), la même que celle des hommes. Ces affirmations, pour évidentes qu'elles puissent paraître, ont fait l'objet d'un bon nombre d'études savantes depuis l'avènement du féminisme. En effet, en dépit de ce qui nous semble indiscutable, il est parfois bien difficile de savoir combien de femmes ont écrit, voire combien de femmes écrivent. L'histoire littéraire en retient de fait bien peu. Dans son étude *Des femmes en littérature*, Martine Reid montre que les femmes n'accèdent que bien difficilement à la consécration puisque l'histoire littéraire « telle qu'elle s'est constituée au cours du XIX[e] siècle a isolé quelques grandes figures au nom du *génie* et d'une conception de la littérature résolument masculine » (Reid 6) et a exclu toutes les autres. Selon Reid, « [b]ien qu'elle ait été inlassablement dénoncée par la critique féministe dès le début des années 1970, cette situation d'ignorance et d'évitement perdure. Elle atteste, dit-elle, une surprenante résistance du champ académique [...] et de ses acteurs, des enseignants, éditeurs et médias » (6). La littérature française n'est certes pas la seule à passer sous silence la production littéraire des femmes : il en est de même en littérature anglaise.

Dans un article paru en 1986, qui a fait date, Dale Spender illustre cet état de fait à partir du roman anglais du XVIIIe siècle. Elle rappelle que l'ouvrage de référence utilisé dans tous les cours universitaires a longtemps été *The Rise of the Novel: Studies in Defoe, Richardson and Fielding* du critique renommé

Ian Watt. Spender dénonce le fait que dans cet ouvrage, qui prétendait faire l'histoire de la genèse du genre romanesque en Angleterre, Watt louange exclusivement des hommes qui, selon lui, ont donné naissance au genre. Pourtant, Watt mentionne bien que « *the majority of eighteenth-century novels were written by women* » (Spender 19). Il n'en demeure toutefois pas moins qu'il n'aborde pas du tout la question de la production féminine et ne mentionne qu'en passant quelques noms de romancières. Pourquoi Watt ne juge-t-il pas important d'analyser ces textes? Selon Spender, qui a recensé plus de 600 romans écrits par une centaine de « grandes » romancières du Siècle des Lumières ayant connu leur heure de gloire à l'époque, ces écrivaines ont simplement été les victimes de l'androcentrisme de la critique littéraire.

Au Québec, Isabelle Boisclair dresse un portrait tout aussi peu reluisant de la place des femmes dans le monde littéraire entre 1900 et 1959. Là, les femmes ne sont pas seulement absentes du discours critique, elles sont quasi absentes de la scène littéraire. Elle explique le difficile accès des femmes à l'écriture par des facteurs d'ordre sociologique. D'abord, le déficit éducatif à combler expliquerait que peu de femmes aient pu écrire à l'époque. En effet, seules les femmes les mieux nanties avaient accès à l'éducation supérieure, et encore, celle qui leur était donnée n'était pas la même que celle offerte aux hommes : les couvents mettaient l'accent sur l'économie domestique et la tenue de la maison. Le deuxième facteur qu'elle évoque est celui de l'héritage familial. Naître dans une famille lettrée a longtemps été, au Québec, un facteur déterminant dans la venue à l'écriture. Les femmes qui proviennent de milieux aisés, voire lettrés, sont souvent les seules à pouvoir se permettre d'écrire. Lucie Robert, qui se penche aussi sur cette question, signale que si « le lien entre l'origine sociale, les études classiques et le métier d'écrire » est déterminant pour les hommes, il « devient encore plus évident quand on considère le statut des écrivaines » (*L'Institution du littéraire au Québec* 70). Ainsi, alors que 14 % des hommes de son corpus ont un parent proche qui est écrivain, cette proportion augmente à 27 % dans le cas des femmes (*Les écrivains et leurs études* 533). Enfin, Isabelle Boisclair signale que le statut conjugal ou maternel des femmes est tout aussi déterminant. Sauf de rares exceptions, les femmes qui écrivent sont soit célibataires, soit sans enfant. Quand elles sont mariées et mères, elles se mettent le plus souvent à l'écriture une fois leur famille élevée.

On pourrait croire qu'aujourd'hui la situation est fort différente. Est-ce vraiment le cas? Cette situation d'ignorance et d'évitement perdure-t-elle comme le soutient Martine Reid? Faute de pouvoir me lancer dans une exploration de la place des femmes sur la scène littéraire mondiale, j'aimerais plutôt examiner de plus près celles des écrivaines du Canada français, et plus particulièrement des écrivaines franco-ontariennes. En effet, il importe d'examiner la situation particulière de ces corpus littéraires marginalisés afin de déterminer si elle offre aux femmes un plus grand accès au monde des lettres ou au contraire si elle concourt à les exclure davantage. Deux questions orienteront mes propos. La première porte sur le nombre de femmes qui réussissent à publier ne serait-ce qu'un livre. Cette section de mon analyse se fonde sur un recensement statistique des auteurs et de leurs œuvres entre 1970 et 1985 en Ontario. La deuxième question porte sur l'accès à la consécration. Quelle place occupent les écrivaines dans le canon littéraire au Canada français et plus particulièrement en Ontario français? Deux raisons expliquent le fait que mon étude porte plus étroitement sur l'Ontario français. D'abord, il s'agit, à mon avis, d'une aire féconde pour une première recherche exploratoire, à cause de l'importance quantitative de la production littéraire franco-ontarienne. Deuxièmement, ce corpus se prête mieux à l'analyse à cause de l'existence d'outils de recherche que j'ai pu mettre sur pied au cours des ans, dont la base de données BIBLIFO, qui me permettent de recenser non seulement tous les titres publiés, mais aussi toute la critique portant sur l'œuvre d'une vingtaine d'écrivains et d'écrivaines. Par ailleurs, mon analyse s'intéresse à la production littéraire entre 1970 et 1985 car il s'agit là d'une époque charnière dans le développement des littératures francophones du Canada, qui fondent alors des institutions autonomes provinciales en réaction à la « nationalisation » ou à la « provincialisation » de la littérature québécoise. Le but ultime de mon étude est de déterminer quels outils de recherche pourraient être mis sur pied afin de mieux mettre en valeur la production littéraire des femmes.

Il convient donc d'abord de dresser un portrait de l'époque afin de souligner comment les positions idéologiques endossées tant par les élites et la communauté que par les artistes ont influé durant ces années sur l'horizon d'attente de la critique. Dans un deuxième temps, je présenterai rapidement les statistiques portant sur les femmes auteures en Ontario, avant de faire l'analyse de la réception critique de l'œuvre de quelques écrivaines. En fin de parcours, je reviendrai sur la question de la canonisation et de la consécration des œuvres de femmes et des outils nécessaires à l'analyse de ces œuvres.

## *Tour d'horizon : le contexte sociopolitique des années 1970 à 1985 et son influence sur l'horizon d'attente*

Les années 1970 marquent l'avènement d'institutions littéraires francophones autonomes dans les diverses provinces canadiennes, et tout particulièrement au Nouveau-Brunswick, en Ontario et au Manitoba. Ces institutions naissent à la suite de ce qu'il est convenu d'appeler l'éclatement du Canada français. Jusqu'à la fin des années 1960, les francophones du pays s'identifiaient tous comme Canadiens français et partageaient un passé, une culture et un projet de société. Or, au cours des années 1960, divers facteurs ont contribué à scinder la communauté canadienne-française. Ceux-ci découlent de transformations sociétales profondes, principalement au sein de la société québécoise, que l'on désigne sous le nom de « Révolution tranquille ». En effet, si jusqu'alors l'Église jouait un rôle central dans tous les aspects de la vie des Canadiens français du Québec et d'ailleurs au Canada, dont l'éducation, les soins de santé et les organisations caritatives, l'État prend la relève au cours de la deuxième moitié du XXe siècle, avec l'avènement de l'État-providence. Cette laïcisation de la société canadienne-française s'inscrit dans un mouvement plus large, propre au monde occidental, entraîné par l'arrivée à l'âge adulte de la génération des enfants de l'après-guerre, les *baby boomers*. Ceux-ci sont nombreux et adhèrent à des valeurs différentes de celles de leurs parents, valeurs qui ont notamment donné naissance à la contre-culture. Dans sa version politique, la contre-culture adopte des couleurs nationalistes de gauche qui ont marqué les jeunes Québécois œuvrant à l'élaboration d'une vision proprement *québécoise* de leur identité et à l'établissement d'un pays francophone. Ce mouvement nationaliste indépendantiste au Québec a amené les Québécois à s'identifier comme Québécois et non plus comme Canadiens français. Dès lors, les Canadiens français habitant à l'extérieur de la province ont été *de facto* exclus de cette nouvelle appellation identitaire. En outre, ils ne pouvaient plus se réclamer de l'identité canadienne-française, devenue caduque. Les jeunes Franco-Ontariens, Acadiens et les autres francophones de l'Ouest se sont vus confrontés à l'obligation de se doter d'une identité qui leur soit propre. N'ayant aucun pouvoir politique, n'ayant aucune tribune publique, ils ont opté pour les arts, notamment le théâtre, la littérature et la chanson, comme moyen d'exprimer leur réalité, leur identité et leur appartenance à *leur* territoire, c'est-à-dire à leur province. C'est ainsi que la littérature a été mobilisée à des fins idéologiques, tant dans le discours de certains artistes que dans celui des élites, comme en témoignent, par exemple, le rapport du Comité franco-ontarien d'enquête culturelle (communément appelé le Rapport Saint-Denis, de 1969) et celui du Groupe d'étude sur les arts dans la vie franco-ontarienne (le Rapport Savard, de 1977). C'est ce qui a amené par exemple Herménégilde Chiasson, artiste et écrivain acadien, à s'écrier : « Nous sommes devenus des Acadiens avant d'être des artistes. L'adjectif a supplanté le nom ». Il ironise lorsqu'il soutient que

> L'art en milieu minoritaire [...] se manifeste surtout sous la forme de chronique, d'illustration ou d'archives. Il faut documenter le vécu de la collectivité, s'assurer qu'elle survivra dans les artefacts. [...] On veut voir et entendre la vérité. [...] Le réalisme donc et, si possible, l'hyperréalisme. [...] On veut du théâtre franco-ontarien, de la poésie acadienne ou de la musique franco-manitobaine. En deuxième lieu, on veut que cette forme d'art nous identifie, donc nous illustre, nous archivise. (86-87)

La critique littéraire s'est aussi portée garante d'une telle vision de la littérature en contexte minoritaire. En effet, toute littérature minoritaire est d'emblée lue comme l'expression de la communauté dont elle émane. Mes recherches et celles que j'ai menées avec Johanne Melançon (Hotte, « Fortune » et Hotte et Melançon) sur cette question montrent clairement que la grille de lecture privilégiée est essentiellement identitaire ou, comme je l'ai appelée ailleurs, référentielle, c'est-à-dire que l'on perçoit ces corpus comme étant descriptifs, mimétiques et surtout politiques. Comme le souligne Abbes Maazaoui, cette grille de lecture « ignore la dimension esthétique (textuelle et fictionnelle) de l'œuvre et réduit celle-ci à la réalité de l'auteur et du groupe auquel il appartient » (84). Maazaoui ajoute d'ailleurs que cette lecture « considère le texte comme un document et l'écrivain comme un expert du groupe (ethnique, sexuel, racial, etc.) » (84).

Quelle est la place des femmes dans une institution littéraire qui privilégie une telle conception politique, nationaliste de la littérature? Ne pourrait-on pas voir dans cette vision du rôle de l'écrivain comme porte-parole de sa communauté une conception « masculine » du fait littéraire, semblable à celle dénoncée par Martine Reid, puisque les femmes sont d'emblée perçues comme moins enclines à se lancer dans la littérature politique et plus intéressées par la littérature personnelle? Mais ces préjugés sont-ils fondés?

## *Archéologie de l'écriture des femmes en Ontario français (1970-1985)*

Le premier argument avancé pour expliquer le peu de place dévolue aux écrivaines dans le panthéon littéraire est celui du nombre. Si les œuvres des femmes ne sont pas aussi recensées dans les journaux et les périodiques, si elles sont moins enseignées et moins connues, ce serait, soutient « la critique », parce qu'elles sont moins nombreuses. Afin de vérifier si cela est effectivement le cas, j'ai dressé un tableau des livres de fiction pour adultes publiés en Ontario français.

Précisons d'abord que mon corpus porte exclusivement sur la nouvelle génération d'écrivaines et d'écrivains qui arrivent sur la scène littéraire au début des années 1970. Je n'ai donc pas comptabilisé les ouvrages d'auteurs comme Jean Éthier-Blais, Gérard Bessette, Cécile Cloutier ou Claire Martin, dont les œuvres appartiennent plutôt à la période de la littérature canadienne-française, puisqu'ils ont commis leur premier texte dans les décennies précédentes, de même que ceux de Jean-François Somain dont l'appartenance au corpus est parfois contestée. J'ai toutefois conservé les ouvrages d'Hédi Bouraoui, qui publie un premier livre en 1966 mais dont la production littéraire s'étend davantage sur la période d'après 1970. Le corpus[1] comprend donc 31 œuvres d'écrivaines et 61 livres écrits par des hommes. Parmi ces ouvrages, trois ont été coécrits par des femmes et des hommes et sont donc comptés dans les deux catégories. Cinq ouvrages collectifs ne sont pas comptabilisés dans ces nombres. Il s'agit des deux pièces en création collective, *Les murs de nos villages* et *La parole et la loi*, auxquelles ont contribué des hommes et des femmes, et des recueils de poésie collectifs, *Au nord du silence* (1975), *Le cœur en saisons* (1979) et *Poèmes et chansons du Nouvel-Ontario* (1983). Ainsi, la production féminine, si l'on soustrait les ouvrages coécrits, compte pour 31,1 % de la production littéraire de l'époque. Cette situation est légèrement plus enviable que celle faite aux femmes au Québec à la même époque, dont la production ne compte que pour 25 % des publications totales, selon les chiffres présentés par Isabelle Boisclair dans son étude *Ouvrir la voie/x*, chiffres qui comprennent cependant aussi les essais (Boisclair 177).

Outre la disproportion dans les effectifs, le tableau révèle également que le premier livre publié par un homme paraît en 1972 (Hédi Bouraoui, *Éclate-module*, chez Cosmos) alors qu'il faut attendre 1977 pour que paraisse *Des gestes seront posés* de Jocelyne Villeneuve, chez Prise de parole. Le corpus féminin s'étend donc sur cinq années de moins que celui des hommes, période durant laquelle les hommes publieront huit livres. Il y a là une révélation qui laisse perplexe : comment se fait-il qu'aucune femme n'ait publié dans *Lignes/Signes*, le recueil de poésie collectif qui lance la maison d'édition Prise de parole en 1973 ? Leur absence est-elle due au fait que le recueil regroupe des poèmes d'amis qui se connaissent depuis le collège? Gaston Tremblay raconte dans *Prendre la parole. Le journal de bord du grand Cano* que deux femmes avaient été conviées à participer à ce premier ouvrage, Lise Hémond et Suzanne Girard[2]. Lise Hémond n'a assisté à aucune des rencontres du groupe et Suzanne Girard n'a participé qu'à l'une d'entre elles. Pourquoi ont-elles choisi de ne pas collaborer à ce recueil? Cette question demeure sans réponse. D'autres questions trouvent également difficilement réponse : des femmes ont-elles participé à l'écriture de la pièce *Moé j'viens du Nord, 'stie* attribuée à André Paiement? Comment se fait-il qu'aucune femme ne publie, ni chez Prise de parole ni ailleurs, avant 1977 ? Y a-t-il une corrélation à établir entre le fait que les maisons d'édition franco-ontariennes, comme les maisons d'édition québécoises, sont dirigées à l'époque essentiellement par des hommes et le fait que les femmes ne sont pas publiées ?

Un deuxième argument avancé par les chercheurs pour expliquer la faible présence féminine dans le monde littéraire est que les femmes pratiquent des genres mineurs, dont la littérature jeunesse–dont il ne sera pas question ici–ou des genres moins valorisés, tel le roman. La répartition de la production franco-ontarienne par genre littéraire témoigne cependant du fait que la production féminine est distribuée de façon plus proportionnée entre les trois principaux genres : la poésie, 45,2 %, le roman, 29 %, et, étonnamment si l'on tient compte du fait qu'il est notoire qu'il y a peu de femmes dramaturges en Ontario français, 16,1 % pour le théâtre. Chez les hommes, la poésie domine largement : 62,9 %, suivi du roman, 14,5 %, puis du théâtre, 17,7 %. Il convient également de noter qu'alors que les hommes publient deux recueils de nouvelles et un récit (genres consacrés), les femmes publient plutôt deux recueils de contes et un recueil de monologues (genres mineurs). On peut dès lors se demander s'il y a une autre corrélation à établir entre le fait que les femmes s'écartent quelque peu des genres de prédilection des hommes et la façon dont leurs œuvres sont reçues.

### *Les œuvres des écrivaines face à la critique*

La publication et la diffusion des œuvres par des maisons d'édition ne sont cependant que la première étape du processus de production littéraire. La seconde est celle de la réception par la critique, qui détermine en grande partie la fortune qui attend l'œuvre en termes de légitimation et de consécration. Les comptes rendus critiques, en particulier, ont un rôle important à jouer, puisque les critiques journalistiques ou de revues sont souvent les premiers à poser un jugement sur une œuvre. Ils agissent donc en tant qu'« éclaireurs », guidant les lecteurs, orientant leur perception de l'œuvre et annonçant souvent le sort qui lui sera réservé. Afin d'avoir une idée de l'ampleur de la réception critique des jeunes auteures franco-ontariennes, j'ai calculé le nombre de recensions obtenues par quelques auteurs qui publient un premier livre.

De ce point de vue, les femmes ne sont pas défavorisées, puisqu'elles obtiennent autant sinon plus de comptes rendus que les hommes. Pourtant, mon expérience personnelle me laissait croire qu'elles le seraient, puisqu'elles font rarement l'objet d'études savantes ou d'articles critiques. J'ai donc retenu trois auteurs masculins et trois auteurs féminins afin de déterminer le nombre d'études critiques, d'essais et de thèses qui leur ont été consacrés depuis la parution de leur premier ouvrage à aujourd'hui. Ici, les femmes sont nettement défavorisées : il n'y a pas de corrélation entre le nombre d'ouvrages qu'elles ont publiés, le nombre d'études qui leur sont consacrées ou les prix obtenus. On se retrouve donc dans une situation qui ressemble à celle des écrivaines du XVIII^e siècle dont parle Spender : après un premier accueil critique soulignant la parution de l'œuvre, les chercheurs se tournent plutôt vers la production masculine pour en faire l'analyse. Est-ce dû à une réception critique initiale négative?

Examinons brièvement la réception critique de deux premiers recueils de poésie et de deux premiers romans de femmes, laissant volontairement de côté le théâtre, genre plus complexe à analyser au niveau de la réception critique puisqu'il faut aussi tenir compte de la réception des pièces montées. Les œuvres retenues sont, en poésie, celles d'Andrée Lacelle, *Au soleil du souffle* (1979), et de Danielle Martin, *À perce-poche* (1979). Les deux romans étudiés sont *Cogne la caboche* de Gabrielle Poulin (1979) et *La quête d'Alexandre* d'Hélène Brodeur (1981).

Andrée Lacelle et Danielle Martin sont les deux premières poètes à publier chez Prise de parole. Toutes deux sont Franco-Ontariennes de naissance et originaires de Hawkesbury dans l'est ontarien. Andrée Lacelle a publié depuis nombre de recueils de poésie qui ont remporté divers prix, dont le prestigieux Prix Trillium. Danielle Martin n'a publié qu'un second ouvrage contenant des monologues en 1982. Leurs premiers recueils paraissent la même année, en 1979, et inaugurent la collection « Les perce-neige » vouée à la promotion de jeunes auteurs qui n'ont pas encore publié. Leur style d'écriture et les thématiques qu'elles abordent sont toutefois fort différents : Andrée Lacelle opte pour une esthétique formaliste et aborde des questions existentielles alors que Danielle Martin adopte un style plus prosaïque et se penche sur des thèmes sociaux.

Les critiques profitent de cette double parution pour faire une recension des deux ouvrages dans un seul texte critique. Outre un bref article dans le journal *Le Voyageur* de Sudbury qui annonce la publication des deux recueils, deux comptes rendus sont ainsi consacrés à *Au soleil du souffle* et à

*À perce-poche*. Ce dernier livre fait aussi l'objet de comptes rendus dans des journaux locaux, *Le Voyageur* de Sudbury, deux hebdomadaires de l'est ontarien, *Bonjour chez-nous* de Rockland et *Le Carillon* de Hawkesbury, ville où habite l'auteure, ainsi que du journal étudiant de l'Université d'Ottawa, *La Rotonde*. Examinons de plus près ceux qui paraissent dans le journal *Le Droit*, le 25 août 1979 et, sous la plume de Roger Chamberland, dans *Livres et auteurs québécois*—revue qui, en dépit de son titre, consacre des comptes rendus aux ouvrages franco-ontariens. Les deux critiques notent les différences de style entre les deux auteures. Alors que la poésie de Danielle Martin est proche de la prose, celle d'Andrée Lacelle est plus éthérée. Les jugements sont toutefois à l'opposé. Ainsi, Paul Gay, critique du *Droit*, croit que la poésie de Danielle Martin « promet beaucoup » puisque « le traitement [de thèmes d'ordinaire abordés dans la prose] par l'image, la musique de la strophe, du vers, assez souvent musique de la rime [...] les introduit au royaume de la poésie. Par le lyrisme surtout » (« Les Perce-Neige » 21). Celle d'Andrée Lacelle lui semble plutôt hermétique. Étrangement, alors qu'aucun rapprochement avec des poètes connus n'est fait pour expliciter l'œuvre de Danielle Martin, Paul Gay fait allusion à Alain Grandbois, Anne Hébert, Rina Lasnier et Claude Gauvreau pour parler de celle d'Andrée Lacelle. Cependant, le rapprochement avec ce dernier poète n'est pas là pour louanger la jeune écrivaine, au contraire. Gay affirme: « On pense au texte célèbre de Claude Gauvreau dans *Lettre à un fantôme* : L'automatisme surréaliste—qui est un automatisme psychique—n'a jamais donné que des images transfigurantes assez élémentaires ». Faut-il croire que c'est le cas dans la poésie de Lacelle? Il semble en effet que Gay aborde ces recueils avec un horizon d'attente bien précis : le texte doit être lisible, mais poétique. Le propre de la poésie est, pour lui, associé au lyrisme, à la musicalité et aux images. Il rejette d'emblée ici toute poésie « moderne ». Est-ce un préjugé propre au critique ou est-ce une posture qu'il adopte uniquement par rapport à la littérature franco-ontarienne? Il faudrait bien entendu analyser l'ensemble de l'œuvre critique de Gay pour répondre à cette question, mais ma longue fréquentation de la critique en Ontario français me porte à croire que

Gay adopte effectivement une conception plus traditionnelle de la littérature. Toutefois, celle-ci contribue, me semble-t-il, à valoriser les œuvres référentielles au détriment des œuvres qui répondent à des projets esthétiques détachés du milieu ambiant, centrés sur des questions d'écriture. Chose étonnante, dans son compte rendu, Paul Gay désigne les deux jeunes poètes en utilisant parfois que leur prénom. Il est possible qu'il les connût personnellement, il n'en demeure pas moins que cette façon familière de parler des auteures donne au compte rendu un petit air paternaliste.

Le critique québécois Roger Chamberland soutient, pour sa part, qu'« *À perce-poche* n'est [...] pas un recueil auquel on revient souvent; sa grande puissance se situe autrement, dans la flagrance de son propos » (Chamberland 144). Le mot « flagrance », qui comporte bien évidemment une connotation négative, renvoie à ce qui pour Gay constituait des thèmes prosaïques liés au milieu d'origine de l'auteure. Alors que l'un louange cet ancrage référentiel, le second, plus jeune, le décrie. L'horizon d'attente de Chamberland est en fait diamétralement opposé à celui de Gay. Le critique québécois adhère en effet à une conception plus moderne, pour ainsi dire, de la poésie qui découle de la pratique de la nouvelle écriture au Québec. En outre, ce qui l'intéresse dans la poésie ce sont les qualités d'écriture, l'originalité des images et le détachement à l'égard de la « réalité ». Il est dès lors peu étonnant que la poésie universaliste d'Andrée Lacelle gagne la faveur du critique par son utilisation du « langage poétique qu'elle module à différents niveaux d'expression afin d'atteindre un maximum de densité ». Les deux critiques, un du Québec et un de l'Ontario, un plus âgé, un plus jeune, mais tous deux œuvrant dans le milieu universitaire, abordent donc les recueils avec des horizons d'attente différents. Roger Chamberland juge les œuvres en fonction de leur qualité purement littéraire et à l'aune des valeurs communément admises pour considérer une œuvre poétique de qualité : originalité des propos, qualité du langage poétique. Paul Gay privilégie plutôt l'œuvre la plus proche du réel et adopte, de ce fait, une grille référentielle et identitaire.

Les deux romans à l'étude connaîtront sensiblement le même sort que les deux recueils de poésie. *Cogne la caboche* de Gabrielle Poulin raconte la libération d'une jeune femme qui se découvre et décide de quitter la congrégation religieuse où elle s'était réfugiée, en quelque sorte, grâce à un retour onirique à son enfance et à la découverte de l'amour. Le livre fait l'objet de neuf comptes rendus et d'une première étude dès l'hiver 1981 dans la revue *Voix et Images*, soit deux ans à peine après sa publication. Les comptes rendus tant québécois qu'ontariens paraissent dans divers journaux et revues : *Le Devoir*, *Lettres québécoises*, *Livres et auteurs québécois*, *Relations*, *Québec français*, *Nos livres*, *University of Toronto Quarterly*, *Ottawa Revue* et deux comptes rendus, le même jour, dans *Le Droit*. Les comptes rendus sont élogieux et le roman remportera le Prix Champlain 1979. Il me semble que deux éléments peuvent expliquer le nombre plus important de comptes rendus consacrés à ce roman. D'une part, Gabrielle Poulin est bien connue de la critique québécoise puisqu'elle est elle-même critique à cette époque et a participé à l'écriture du quatrième tome de l'*Anthologie de la littérature québécoise* avec son conjoint René Dionne, lui-même critique littéraire et professeur de littérature à l'Université d'Ottawa, où il met sur pied des cours de littérature franco-ontarienne. André Vanasse, qui signe deux des comptes rendus, signale d'ailleurs que Gabrielle Poulin est une amie et une collaboratrice de la revue *Lettres québécoises*. Elle est aussi collaboratrice à la revue *Relations*, qui ne manque pas de le souligner dans un encadré en tête du compte rendu qu'elle publie. Aurélien Boivin, dans *Québec français* et dans *Livres et auteurs québécois*, indique également la place occupée par Gabrielle Poulin sur la scène critique, qu'il désigne comme « celle que les amants de la littérature connaissent par ses critiques éclairées dans *Relations* et par ses nombreux commentaires à la station FM de Radio-Canada » (Boivin, « Gabrielle Poulin. Un cri trop grand » 60) ou encore Gabrielle Poulin, que « les amateurs de littérature connaissent...pour sa précieuse collaboration à *Relations*, à *Lettres québécoises*, au *Droit* et à plusieurs émissions radiophoniques » (Boivin, « Nouveautés » 8). Denise Ostiguy fait de même dans la *Ottawa Revue* lorsqu'elle signale que l'auteure est une « critique littéraire bien connue » (20).

Contrairement aux deux jeunes poètes, Gabrielle Poulin possède donc, lors de la parution de son premier roman, un capital symbolique qu'elles n'ont pas. En outre, Poulin est bien connue du milieu littéraire québécois étant elle-même québécoise d'origine. Le statut de l'écrivaine joue donc un rôle primordial dans le contenu et sans doute le nombre de recensions qui seront publiées : plus l'écrivain est connu, plus on parlera de lui. Les jeunes auteures sont donc d'emblée défavorisées. Pourtant, tel ne sera pas le cas d'Hélène Brodeur, enseignante du Nord de l'Ontario, dont le premier roman fera l'objet de huit comptes rendus. *La quête d'Alexandre* raconte, d'abord en parallèle, l'histoire d'un jeune homme québécois qui vient en Ontario à la recherche de son frère disparu lors d'un voyage de prospection et celle de Rose, une jeune femme britannique qui immigre dans le nord de la province. La troisième partie du roman est consacrée à leur histoire d'amour. Le tout se déroule sur un fond historique et géographique tiré de la réalité. Dans tous les comptes rendus consacrés au roman, ce qu'on louange d'abord et avant tout c'est le travail documentaire de l'écrivaine. Ainsi, Paul Gay souligne que le roman « abonde à chaque page, à chaque ligne pourrait-on dire, en détails particuliers à l'Ontario-Nord, en traits de mœurs bien caractérisés » (Gay, « Chroniques du Nouvel-Ontario » 11). Yolande Grisé, pour sa part, ne se contente pas de signaler qu'il s'agit d'« un roman fort bien documenté qui s'enracine dans l'histoire relativement récente d'un pays neuf » (18) : elle louange aussi « les passages où les mœurs du temps et du lieu étalent toute leur saveur, leur piquant ou leur poésie » (18). Lorsqu'elle s'intéresse au style et à la construction du roman, ses propos laissent pourtant croire que le roman n'est pas aussi réussi qu'elle le laisse entendre et surtout qu'il ne se conforme en rien au style valorisé au début des années 1980 :

> Malgré deux longs « flash back » nécessaires à l'illustration de la chronique et à la situation du contexte (mais l'un peut-être trop prolongé dans le cas de l'évocation du passé de Rose), la construction du récit est simple et solide. Pas de structures complexes, pas d'embrouillamini, mais un cheminement progressif poursuivi en crescendo entre les feux de deux bornes tragiques : l'incendie de 1911 et celui de 1916. (Grisé 18)

Si Réginald Martel et Gabrielle Poulin félicitent également l'auteure pour le portrait historique qu'elle dresse, ils n'en soulignent pas moins d'importantes lacunes au niveau de la forme : Gabrielle Poulin critique la structure du livre notamment la rupture « violente » entre la première et la deuxième partie alors que Réginald Martel regrette les « nombreuses naïvetés d'écriture » surtout en ce qui a trait aux descriptions de paysages et de sentiments. Ainsi, si le roman trouve grâce aux yeux de la critique et s'il remporte le Prix Champlain, c'est essentiellement à cause de son propos identitaire et historique ainsi que de sa simplicité et non pas à cause de ses grandes qualités littéraires.

Pourtant, l'œuvre d'Hélène Brodeur est celle, parmi notre corpus, qui a été le plus étudiée par la critique universitaire. Sans doute est-ce dû justement aux propos qu'elle tient, aux thématiques qu'elle aborde. Cette réception est donc conforme à ce que l'on sait des attentes de la critique quant aux littératures minoritaires : celles-ci sont lues dans la mesure où elles témoignent du vécu de la collectivité dont elles émanent. Or, si dans les premières années de l'institution littéraire franco-ontarienne l'absence de corpus établi permettait de se réjouir de toutes les parutions, donc de celles des femmes aussi, avec le temps, les œuvres à thématiques identitaires deviennent rapidement privilégiées au détriment des autres. Ces ouvrages deviennent dès lors « hypercanonisés », selon le néologisme créé par Jonathan Arac, et fondent l'horizon d'attente subséquent de la critique. Or les femmes sont très peu nombreuses, en Ontario français, à aborder des thématiques liées à l'identité de la collectivité. Leurs œuvres portent plutôt sur le développement d'une identité individuelle dans le cadre d'une quête mémorielle, qui conduit fort souvent à l'écriture et à l'amour comme l'ont montré mes recherches et celles de François Ouellet sur l'écriture au féminin en Ontario français[3]. Ainsi, Hélène Brodeur, en s'intéressant à la mémoire collective, est l'exception qui confirme la règle. Dès lors, il n'est pas étonnant que les femmes ne connaissent pas une réception critique proportionnelle à la place qu'elles occupent dans la production littéraire. Aussi, bien que la réception critique de première instance soit comparable pour les hommes et les femmes, celle-ci reste cependant déterminée par l'horizon d'attente propre aux littératures minoritaires voulant que les textes produits dans ce contexte aient une visée collective, mettent en scène la réalité locale et abordent des thèmes propres à la minorisation. Or peu de textes de femmes se situent dans cette voie. En outre, contrairement à la réception d'œuvres masculines comme celle de Robert Dickson, les œuvres individualistes des femmes sont rarement récupérées par une lecture référentielle. C'est donc au moment de la consécration que les œuvres des femmes tombent dans l'oubli, victime des attentes stéréotypées de la critique quant aux littératures minoritaires. Ceci a des conséquences néfastes pour les écrivaines, puisque les critiques sont aussi souvent des professeurs qui choisiront d'enseigner les œuvres qui leur semblent le plus représentatives de ce qu'est, à leurs yeux, la littérature franco-ontarienne. Il y a fort à parier que ce sont essentiellement des œuvres masculines répondant à cette conception identitaire qui seront mises au programme, ce qui biaise l'idée de ce qui est représentatif de la littérature franco-ontarienne. Les jeunes étudiantes et étudiants qui suivent ces cours apprendront donc à connaître certaines œuvres et pas d'autres, dont celles des femmes.

## *Conclusion*

Ainsi, deux préjugés influent sur la place que les femmes occupent sur la scène littéraire franco-ontarienne. D'abord, la définition prédominante des littératures minoritaires, sans doute héritée de Gilles Deleuze et Félix Guattari, joue au détriment des femmes. Rappelons que cette conception des corpus exigus les définit comme des littératures d'abord préoccupées par le politique, qui se fondent sur une énonciation collective et qui valorisent une utilisation mineure de la langue. Cette définition figée fonde la grille de lecture référentielle communément utilisée pour lire les textes minoritaires.

Le deuxième préjugé est lié à la production littéraire des femmes. On tient pour acquis que les femmes privilégieront une écriture plus intimiste, plus universaliste et moins politique. Cette conception stéréotypée de l'écriture au féminin, fondée sur l'image non moins stéréotypée que l'on se fait de la féminitude, conduit les critiques à penser que les œuvres des écrivaines en contexte minoritaire ne seront nécessairement pas « représentatives » de l'écriture minoritaire. Comme si ce n'était pas les œuvres qui fondent un corpus, mais que celles-ci doivent se conformer à un certain modèle pour être admises dans le corpus.

Or ces préjugés sont difficiles à déconstruire à cause de l'absence de données sur l'écriture des femmes. Il est nécessaire de procéder à une archéologie de l'écriture au féminin en contexte minoritaire pour pouvoir conduire les analyses qui s'imposent afin de rétablir une image plus juste et du corpus littéraire, et de la place des femmes sur la scène littéraire. Les résultats de ces fouilles – bibliographies d'œuvres de femmes, tableaux et statistiques concernant la place des femmes, mais aussi analyses de textes – pourront servir de fondation à une toute nouvelle définition des corpus littéraires minoritaires. Toutefois, pour arriver à ces fins, ils doivent être accessibles à un plus grand nombre de chercheurs, d'où la nécessité de mettre en place des outils de recherche comme ceux que veut développer le Collaboratoire scientifique des écrits du Canada. Enfin, ces travaux devront se fonder sur une (re)valorisation de certains axes de recherche qui s'écartent des voies balisées jusqu'à présent. En fait, il est nécessaire de développer une nouvelle façon de faire l'historiographie littéraire. Le travail ne manque donc pas.

*Écrivaines franco-ontariennes de 1970 à 1985*

| Nom | Nombre de titres | Année de la première publication | Genres pratiqués |
|---|---|---|---|
| Andersen, Marguerite | 2 | 1982 | roman |
| Brodeur, Hélène | 2 | 1981 | roman |
| Caron, Catherine (avec Brigitte Haentjens et Sylvie Trudel) | 1 | 1983 | théâtre |
| Dimitriu van Saanen, Christine | 4 | 1979 | poésie; 1 pièce de théâtre |
| Fillion Pope, Linda | 1 | 1985 | poésie |
| Haentjens, Brigitte (avec Jean Marc Dalpé) | 2 | 1982 | théâtre |
| Lacelle, Andrée | 2 | 1979 | poésie |
| Lapalme, Marguerite | 1 | 1980 | poésie |
| Martin, Danielle | 2 | 1979 | poésie; monologues |
| Poulin, Gabrielle | 2 | 1979 | roman |
| Rochon, Claire (avec Alain Bernard Marchand) | 1 | 1982 | poésie |
| Roy, Lucille | 1 | 1985 | roman |
| Thibault, Louise | 1 | 1984 | poésie |
| Trudel, Sylvie | 1 | 1980 | théâtre |
| Villeneuve, Jocelyne | 5 | 1977 | roman, conte, poésie |
| Voldeng, Évelyne | 3 | 1980 | poésie, roman |
| **Total (16 femmes)** | 31 | | |

*Genres pratiqués par les femmes (nombre de titres publiés)*

| Année | Poésie | Roman | Théâtre | Nouvelles; Contes | Récit | Total |
|---|---|---|---|---|---|---|
| 1977 | | 1 | | | | 1 |
| 1978 | | | | 1 | | 1 |
| 1979 | 3 | 1 | | 1 | | 5 |
| 1980 | 3 | | 1 | | | 4 |
| 1981 | 1 | 1 | | | | 2 |
| 1982 | 1 | 1 | 1 | 1 | | 4 |
| 1983 | 2 | 2 | 1 | | | 5 |
| 1984 | 1 | 1 | 1 | | | 3 |
| 1985 | 3 | 2 | 1 | | | 6 |
| **Total** | **14** | **9** | **5** | **3** | 0 | **31** |
| Pourcentage | 45,2 | 29,0 | 16,1 | 9,7 | 0 | 100,0 |

***Écrivains franco-ontariens ayant publié entre 1970 et 1985***

| Nom | Nombre de titres | Année de la première publication | Genres pratiqués |
|---|---|---|---|
| Amprimoz, Alexandre | 5 | 1978 | poésie |
| Belcourt, Claude | 1 | 1974 | théâtre |
| Bellefeuille, Robert, Jean Marc Dalpé et Robert Marinier | 1 | 1985 | théâtre |
| Bouraoui, Hédi | 3 | 1972 | poésie |
| Casavant, Richard | 1 | 1978 | poésie |
| Dallaire, Michel | 3 | 1981 | poésie, roman |
| Dalpé, Jean Marc (avec Brigitte Haentjens) | 2 | 1982 | théâtre |
| Dalpé, Jean Marc | 3 | 1980 | théâtre |
| Desbiens, Patrice | 5 | 1977 | poésie, récit |
| Dickson, Robert | 2 | 1978 | poésie |
| Flammand, Jacques | 3 | 1979 | poésie |
| Germain, Doric | 3 | 1980 | roman |
| Karch, Pierre | 2 | 1981 | nouvelles, roman |
| Lafleur, Tristan (pseud.) | 1 | 1975 | roman |
| Leduc, André | 2 | 1983 | poésie |
| Léon, Pierre | 1 | 1983 | poésie |
| Levac, Roger | 1 | 1983 | roman |
| Lizotte, Guy | 2 | 1977 | poésie |
| Marchand, Alain Bernard (avec Claire Rochon) | 1 | 1982 | poésie |
| Marinier, Robert | 3 | 1983 | théâtre, roman-photo |
| Paiement, André (3 pièces en création collective; 3 pièces dans 1 livre) | 5 | 1975 | théâtre |
| Pelletier, Pierre Raphaël | 2 | 1979 | poésie, théâtre |
| Poliquin, Daniel | 1 | 1982 | roman |
| Savoie, Paul | 4 | 1974 | poésie |
| Sylvestre, Paul-François | 1 | 1980 | nouvelles |
| Tremblay, Gaston | 2 | 1976 | poésie |
| Vallières, Michel | 1 | 1984 | poésie |
| *Lignes/Signes* | 1 | | |
| **Total** (**27 hommes**) | **61** | | |

### *Genres pratiqués par les hommes (nombre de titres publiés)*

| Année | Poésie | Roman | Théâtre | Nouvelles | Récit | Total |
|---|---|---|---|---|---|---|
| 1972 | 1 | | | | | 1 |
| 1973 | 1 | | | | | 1 |
| 1974 | 1 | | 1 | | | 2 |
| 1975 | | 1 | 1 | | | 2 |
| 1976 | 2 | | | | | 2 |
| 1977 | 2 | | | | | 2 |
| 1978 | 4 | | 4 | | | 8 |
| 1979 | 6 | | | | | 6 |
| 1980 | 3 | 1 | | 1 | | 5 |
| 1981 | 5 | 1 | 1 | 1 | 1 | 9 |
| 1982 | 2 | 2 | 1 | | | 5 |
| 1983 | 6 | 2 | | | | 8 |
| 1984 | 5 | | 2 | | | 7 |
| 1985 | 1 | 2 | 1 | | | 4 |
| **Total** | **39** | **9** | **11** | **2** | **1** | **62** |
| Pourcentage | 62,0 | 14,8 | 18,0 | 3,3 | 1,6 | 100,0 |

### *Comparaison des genres pratiqués par les hommes et les femmes*

| Genre | Femmes | Hommes | F et H | Total | Pourcentage |
|---|---|---|---|---|---|
| Poésie | 13 | 37 | 1 | 51 | 57,3 |
| Roman | 9 | 9 | | 18 | 20,2 |
| Théâtre | 3 | 9 | 2 | 14 | 15,7 |
| Nouvelles; Contes | 3 | 2 | | 5 | 5,6 |
| Récit | 0 | 1 | | 1 | 1,1 |
| **Total** | **28** | **58** | 3 | **89** | 100,0 |

### *Nombre de comptes rendus par ouvrage*

| Auteurs | Titre | Comptes rendus |
|---|---|---|
| Dallaire, Michel | *Regards dans l'eau* | 6 |
| Dalpé, Jean Marc | *Les murs de nos villages* | 8 |
| Desbiens, Patrice | *Les conséquences de la vie* | 0 |
| Poliquin, Daniel | *Temps pascal* | 6 |
| Pelletier, Pierre Raphaël | *Temps de vie* | 4 |
| | | |
| Brodeur, Hélène | *La quête d'Alexandre* | 8 |
| Lacelle, Andrée | *Au soleil du souffle* | 2 |
| Lapalme, Marguerite | *Eperdument* | 6 |
| Martin, Danielle | *À perce-poche* | 6 |
| Poulin, Gabrielle | *Cogne la caboche* | 9 |

### *Nombre de livres, études et thèses par auteur*

| Auteurs | Nombre d'ouvrages | Nombre d'études et de thèses |
|---|---|---|
| Dalpé, Jean Marc | 11 | 53 |
| Desbiens, Patrice | 18 | 36 |
| Poliquin, Daniel | 8 | 25 |
| | | |
| Brodeur, Hélène | 5 | 15 |
| Lacelle, Andrée | 7 | 5 |
| Poulin, Gabrielle | 10 | 10 |

## Notes

1 Je rappelle ici que, pour appartenir au corpus franco-ontarien, une œuvre doit répondre à deux critères : être rédigée en français (les traductions sont donc exclues) et être de la main d'un auteur né en Ontario ou ayant, au moment de la parution du livre, sa résidence permanente en Ontario.

2 Ni l'une, ni l'autre n'ont publié par la suite.

3 Voir aussi Hotte, « Le roman franco-ontarien »; Hotte et Mainville; Ouellet, « Gabrielle Poulin, Marguerite Andersen, Rachelle Renaud : le rapport amoureux qui s'écrit »; Ouellet, « Le roman de l'écriture au féminin ».

## Bibliographie


Arac, Jonathan. *Huckleberry Finn as Idol and Target: The Functions of Criticism in Our Time.* Madison: U of Wisconsin P, 1997.

Boisclair, Isabelle. *Ouvrir la voie/x : Le processus constitutif d'un sous-champ littéraire féministe au Québec (1960–1990).* Québec: Nota Bene, 2004.

Boivin, Aurélien. « Gabrielle Poulin. *Cogne la Caboche* ». *Livres et auteurs québécois 1979* (1980): 71–73.

——. « Gabrielle Poulin. Un cri trop grand. » *Livres et auteurs québécois 1980* (1981): 60–62.

——. « Nouveautés ». *Québec français* 36 (1979): 6–13.

Bonenfant, Joseph. « La courbe d'une route fascinante ». *Relations* 39.44 (juin 1979): 186–88.

Brodeur, Hélène. *Chroniques du Nouvel-Ontario. La quête d'Alexandre*, Montréal: Quinze, 1981.

Chamberland, Roger. « Danielle Martin, *À perce-poche*; Andrée Lacelle-Bourdon, *Au soleil du souffle* ». *Livres et auteurs québécois 1979* (1980): 144–45.

Chiasson, Herménégilde. « Toutes les photos... ». *Toutes les photos finissent-elles par se ressembler? Actes du forum sur la situation des arts au Canada français.* Sudbury, ON.: Prise de parole, 1999.

Deleuze, Gilles, et Félix Guattari. *Kafka. Pour une littérature mineure.* 1975. Paris: Minuit, 1989.

Duquette, Jean-Pierre. « Sous bénéfice d'inventaire ». *Livres et auteurs québécois 1979* (1980): 17–20.

Gauvin, Lise. « Romans, récits et contes ». *U of Toronto Quarterly* 49.4 (1980): 336–47.

Gay, Paul. « "Chroniques du Nouvel-Ontario" ». *Liaison* 16 (1981): 10–11.

——. « L'éclaboussant bonheur de l'enfance. Un cri trop grand de Gabrielle Poulin ». *Le Droit* (17 janvier 1981): 14.

——. « Les Perce-Neige ». *Le Droit* (25 août 1979): 21.

Grisé, Yolande. « Au pays de l'extrême ». *Le Droit* (20 juin 1981): 18.

Hotte, Lucie. « Fortune et légitimité du concept d'espace en critique littéraire franco-ontarienne ». *La création littéraire dans le contexte de l'exiguïté*. Dir. Robert Viau. Québec: Publications MNH (2000): 335–51.

——. « Le roman franco-ontarien ». *Introduction à la littérature franco-ontarienne*. Dir. Lucie Hotte et Johanne Melançon. Sudbury, ON.: Prise de parole, 2010.

Hotte, Lucie, et Johanne Melançon. « De *French Town* au *Testament du couturier* : La critique face à elle-même ». *Theatre Research in Canada/Recherches théâtrales du Canada* 28.1 (2007): 32–53.

Hotte, Lucie, et Lara Mainville. « L'écriture de la mémoire ». *Resources for Feminist Research / Documentation sur la recherche féministe* 25.1–2 (1996): 5–8.

Jones, Grahame C. « Cogne la caboche et s'ouvre la vie ». *Voix et Images* 6.2 (1981): 279–91.

Lacelle, Andrée. *Au soleil du souffle*. Sudbury, ON.: Prise de parole, 1979.

Laprés, Raymond. « Poulin Gabrielle. *Cogne la caboche* ». *Nos livres* 10 (juin–juillet 1979): Notice 225.

Maazaoui, Abbes. « Poétique des marges et marges de la poétique ». *L'Esprit créateur* 38.1 (1998): 79–89.

Martel, Réginald. « Jadis en Nouvel-Ontario. Chercher le frère pour trouver l'amour ». *La Presse* (29 août 1981): C2.

Martin, Danielle. *À perce-poche*. Sudbury, ON.: Prise de parole, 1979.

Ostiguy, Denise. « Cogne la caboche ». *Ottawa Revue* (24–30 mai 1979): 20.

Ouellet, François. « Gabrielle Poulin, Marguerite Andersen, Rachelle Renaud : le rapport amoureux qui s'écrit ». *Liaison* 103 (21 septembre 1999): 11–15.

——. « Le roman de l'écriture au féminin ». *Perspectives sur la littérature franco-ontarienne*. Dir. Ali Reguigui et Hédi Bouraoui. Éd. revue et augmentée. Sudbury, ON.: Prise de parole, 2007. 107–25.

Poulin, Gabrielle. *Cogne la caboche*. Montréal: Stanké, 1979.

Reid, Martine. *Des femmes en littérature*. Paris: Belin, 2010.

Robert, Lucie. « Les écrivains et leurs études. Comment on fabrique les génies ». *Études littéraires* 14.3 (1981): 527–39.

——. *L'Institution du littéraire au Québec*. Québec: Presses de l'Université Laval, 1989.

Royer, Jean. « D'un plaisir l'autre. D'amour et d'exil ». *Le Devoir* (12 mai 1979): 23.

Spender, Dale. « Women and Literary History ». *The Feminist Reader. Essays in Gender and the Politics of Literary Criticism*. 1989. Dir. Catherine Belsey et Jane Moore. Malden, MA: Blackwell, 1997. 16–25.

Vanasse, André. « *Cogne la caboche* de Gabrielle Poulin. La Belle au bois dormant reposait-elle dans un couvent? ». *Le Droit* (28 avril 1979): 21.

——. « Gabrielle Poulin publie son premier roman : *Cogne la caboche* ». *Lettres québécoises* 15 (août–septembre 1979): 70.

# *Crooked Ribs, Modern Martyrs, and Dull Days* 10

## *Recovering Hidden Prince Edward Island Women through Their Life Writing*

MARY MCDONALD-RISSANEN

Over the last century, folk songs and stories, obituaries, paintings, newspaper advertisements, and local histories have depicted Prince Edward Island (PEI) women as mystical mermaids, biblically incited victims of their body, and sometimes gracious and gentle women. But in their own words, women write themselves through their daily rituals of managing households, planting their gardens, or stretching the parameters of home; they contextualize themselves within what Kathryn Carter refers to as "the small details" of their everyday and through deflated expressions like "dull day."

In this chapter, I examine the popularly available images of women and juxtapose those images with the representations that women generate in their life writing. Journals, diaries, and letters by women from the nineteenth and early twentieth century are not widely available; my research on twenty Island women is based on their unpublished manuscripts, obtained from the Public Archives and Records Office of Prince Edward Island (PAROPEI). Redeeming women from their place of obscurity in their diaries and locating their inscribed sites of representation have indeed opened up a new chapter in women's writing. Inspired by Sheila Rowbotham's work on women "hidden from history," I began to expand my collection of Island women's unpublished life writing and develop strategies for reading and understanding these "messy" (Weiland 204) documents. Multiple readings of these diaries, ledgers, account books, and scraps of paper convinced me that the women's choice of the autobiographical genre was instrumental in their textual articulation of voice. The diary could accept entries at any time, on any subject, and allow for textual resolutions unheard of elsewhere.

Initially, the task of understanding the sporadic and varied handwriting and idiosyncratic textual resolutions of each diarist—the gaps, vagueness, or silence about the "unsayable"—seemed insurmountable. But as Rebecca Hogan has indicated, such practices are typical of *l'écriture feminine* where the parataxical fragments of ungrammatical passages reflect the "non-hierarchical flow of events" (102) that make up a woman's life. The sought-after cohesion in life writing texts comes through multiple readings of the diaries and lining up these documents with other cultural artifacts such as histories, paintings, or even anecdotal evidence.

Typically, in their diaries, these ordinary women refrained from confronting and confessing immediate threats. Instead, the diarist creates a lacuna or silence on the subject, which the diary reader often fills in. In her diary (1910–1914), my grandmother Amy Andrew wrote of a "fright" in 1912, but the scar on her arm spoke of a more serious accident. Anecdotal evidence about the incident—an incident that Gramma talked about—also suggested that she downplayed the accident in her diary. On other occasions, she created gaps in her diary, unable to find the language for the "unsayable" situation of being newly married. Emma Chadwick Stretch very discreetly disclosed her own illness in her 1859 diary, focusing primarily on her child's near-death experience. Once she recovered, we learn from Emma's "account book" that she lost her hearing as a result of her own near-death experience.

Numerous women diarists diverted their entries away from personal dilemmas and instead concentrated on the birth and death of farm animals rather than the same fates of their nearest and dearest. Lucy Palmer Haslam and Amy Andrew reported on headaches at times when their words did not suffice for the anguish of the moment. Reading Lucy Palmer's 1887 entries on her early teaching experiences alongside Island artist Robert Harris's painting *The Meeting of the School Trustees* (1885) provides both a textual and visual representation of women's early entry to the public sphere. Harris portrays a young school teacher standing in the midst of four male school trustees in a nineteenth-century Prince Edward Island classroom. Harris was influenced by his visit to an Island classroom where he witnessed women's entry into the public sphere as teachers. Lucy's textual trepidation matches that of the young teacher in Harris's famous painting. Amy

Andrew's obvious anxiety of losing her sister Marion to the stream of outward migration was folded into the account of her withdrawal from attending church; similarly, when the mare died, she wrote again, "did not go to church." She could not admit to her sorrow, but her actions could acknowledge an inability to fall into the social expectation of going to church, which then indicated her sadness.

My excursion into the study of diaries and their retrieval from the archives resembles the numerous rambles I've made on Island beaches and my stumbling over unexpected finds. These texts, the Island women's diaries, have emerged like sandstones surfacing with the outgoing tide. The research process of searching, finding, reading, and rereading illegible texts had a rhythm like that of the tides. Each receding wave exposes more sandstones, and the repetitive readings simultaneously give shape to the fragile surfaces of the sandstone artifacts while reassembling them. The similarity of the women's diaries to sandstones—both worn through time by the elements, scattered here and there—led me to think of the shore as a site for studying women and their representation.

Women and the sea are linked by the artifacts they deposit at the sea's feet, their sandstone diaries. But women themselves have been the objects of other cultural forms such as folk songs, folk stories, and they have generally been portrayed alongside their fathers, brothers, and husbands. Seldom did women participate in the inscription of public records; instead, women were the object of songs, stories, and advertisements. Ironically, many of the women of folksongs met their fate on the same shores that their sisters' sandstone diaries were honed and harvested.

The musical lyrics of nine songs in *Folksongs from Prince Edward Island* that feature women as the main thematic element and originate from the nineteenth and twentieth centuries are a revealing point of departure for taking up women's imaging in popular culture, past and present. Encounters of love near the sea proved to be fatal. Four of the nine women in these folksongs die in circumstances of love near the sea. Alice, Sally, and Liza meet cruel fates in beautiful settings while believing in the love of their eventual slayer.

Consider Alice, from the popular Island folksong "The Gay Spanish Maid," who dies on the shore like a rose nipped by the frost while waiting for her "gay gallant youth." Their love blossomed on the shore, where she dies of hypothermia while he returns from his wrecked ship on a plank. A familiar pattern emerges as the woman succumbs to a beautiful death and the man survives a heroic encounter with the elements. Pretty Mary in "The Murder of Mary Tuplin" was taken in by the tide and found by her parents after being murdered by her jealous lover. The bonnie lassie "Sally Munroe" was stolen away from her Belfast home by Jimmy Dixon. The sweet and pleasant gale takes Sally and Jimmy from the sandy shore in the hope of a new beginning across the sea, but the dark clouds consume their ship and the young lovers. Liza defied the raging wind and left her dear home to meet James by "The Old Oak Tree." Weeks later, the innocent murdered maid was dug up from under the same tree with her lover's knife in her breast.

The five surviving women take leave of their familiar domestic sphere, their fates linked with the dangers of moving alone in the world. The nameless woman at the Boston Harbor depicted in "Coatman's Saloon" deceives her male companion by pretending to be a rich widow. The deceitful woman "Eve" in "The Crooked Rib" is wild and stubborn like an unruly horse. The flirtatious "Rose of Cumberland," with her cunning eyes, fails to seduce the sportsman who insists coastal girls are more handsome. Mary Ann of "The Jim Ross Song" dares to say "no" while other "maidens cried and mourned for the groom." The snotty nosed wife in "What Do You Think of My Darling?" inspires the husband's hope that the devil would sweep her away soon.

All give a gloomy picture of the Island woman, in love and despair, particularly when she takes leave of her home for the city or the wilds of nature and exercises her independence. Still Eve, Rose, Mary Ann, and their two nameless sisters survive by their cunning, deceitful, flirtatious, snotty, wild, and stubborn dispositions, at least in these folksong depictions.

The natural landscapes of the shore, the outer limits of society, figure strongly as a place of resolution for women once they have left the security of home, whether in Ireland or Prince Edward Island itself. In retrospect, songs like "Coatman's Saloon" serve as a warning to the many young Maritime women who joined the exodus to seek employment outside the region and, more specifically, to those who, in the early 1900s, headed for the eastern United States or Western Canada. Whether woman's fate be death or moral stagnation, as is the case of the "wealthy widow" of "Coatman's Saloon," departure from home was a fatal move for many of the women of folksongs. In "The Old Oak Tree," Liza fails to return home from her stormy night sojourn with Squire James Mac Callum only to be found with her heart pierced by Mac Callum's knife, buried under the same tree where he had once professed his love to her. Those women who challenged the proposals of men, as Mary Ann did, or initiated romance, as Rose did, were regarded as a threat to the status quo and were destined to be the subject of folksongs. Images of women derived from folksongs, diaries, works of art, and other artifacts give both contradicting and complementary vignettes of the circumstances Island women faced in the nineteenth century. The pull of domesticity to maintain a home and raise a family versus the attraction to a less traditional life on the mainland was on the minds of modern women. The independent woman had few niches in Island communities as women's presence was vital for maintaining traditional lifestyles and for the very survival of the farming and fishing families. Songs and stories reiterated that women stay in those designated places regardless of the price.

In his book *Them Times*, Island historian David Weale writes historical vignettes, stories about the good old days, which include women but do not give women direct voice. Written in a third-person narrative in an ethnographic form, such folk stories are meant to depict what life was like on Prince Edward Island when the twentieth century "seemed to hit the Island." Judging by his selection of stories, women from these times are to be celebrated for their roles as mother and wife in the bosom of domesticity: "a woman's house was her person you see, and her pride and joy" (21). Weale was obviously engaging in what Shirley Neuman refers to as "contemporary narratives of disappearing ways of life" (349) as he turns his narrative into a romancing of past hardships. Women, Island historian Edward MacDonald reminds us, were at this time "silent partners in the life of the Island...far away from the levers of social, political or economic power" (62).

Similarly, advertisements in the Island media from the early twentieth century gave one-sided representations of women and reinforced the myths of women as the weaker sex or even unfit for the public sphere because of their female biological and social functions related to fertility, childbearing, and childrearing. The "Modern Martyrs" advertisement features a voluptuously dressed woman whose demeanor the audience is meant to read as an indication that the age of martyrs has not passed. She stands at the stake fueled by the flames of disease, a victim of her own biology and a vehicle through which medical remedies were promoted. As Rosalind Coward writes, "women were put to work by the images" (82) and offered man-made cures like Orange Lily to get relief from their "female function" and paradoxically resume being healthy, happy, fertile mothers.

Like advertisements, obituaries most often obscured traces of women's daily lives. Furthermore, the obituary tends to overwrite any representation a woman may have carved out for herself during her lifetime in her journal. According to G. Thomas Couser, the obituary is the most widely disseminated life writing genre and thus the one most widely consumed by the public. When Lucy Palmer Haslam (1884–1943) died, leaving twenty extensive handwritten diaries that document her life from the age of eighteen to her time as a teacher, her marriage, and life as an entrepreneurial farm wife, her obituary spoke of her family relations and the funeral details. It summed her up thus: "The late Mrs. Haslam was widely known and highly esteemed in the community in which she had lived for many years." Her volumes of texts, where she discreetly reveals her apprehensions as a young teacher, her budding professionalism in the public domain, and the transactions of her poultry business, are all forgotten. Lucy's obituary memorializes her within the typical frames of death writing—chronicling and commemorating—thus ignoring the journal inscriptions of this gregarious writing subject, the one buried within the pages of her diary in the archives.

### *Turning to Life Writing and Seeing Women in Their Own Words*

Images such as those projected in the folk songs, folk stories, advertisements, and obituaries I have discussed are popular, familiar, and easily transmitted and received. By contrast, the opaque handwritten texts of the Island women diarists could never reach extensive audiences, not only because they are tucked away in obscure locations like archives but because of their discursive nature. Illegible handwriting, lack of cohesiveness, references to unknown people, gaps in the text, as well as information disguised through vague metaphors, all characterize the personal diaries in their handwritten, unedited form.

The *journal intime*, ledger, or diary, by its form and formlessness and absence of the necessity to adhere to any literary conventions, had a particular appeal to women. Here a woman could write when time permitted for whatever length and exercise her literacy on any topic she deemed worthy of recounting. The woman's diary was a safe zone for playing with writing and recording conventions, even self-imposed conventions like writing poetry in the margins, inserting sketches, occasionally hiding information, or partially revealing something. In her diary, she was creating a place of her own.

MacDonald's claim about women as "silent partners" can be contested: in fact, women diarists emerged as agents within their own spheres and wrote out their rapport with nature in minimalist discourse, recorded engagement with current social movements, or gave unique descriptions of social intercourse in their local communities. Women's own portrayals of their roles as mother, wife, and homemaker in the context of their life writing defy a strict demarcation of the private sphere of the home and the public sphere. Women's life writing gave depth as well as new perspectives on self-images and social milieu.

Emma Chadwick Stretch migrated to PEI in the late 1850s from England with her husband and children and set up house on a farm in Long River. Her 1859–1860 diary/account book illustrates the complexity of domesticity. Recording her numerous daily transactions as an entrepreneur, she weaves a rare social documentary of her experiences as a New World subject. Her diary is an account book of tea transactions carried out with the neighbours that evolves into a story of immigration comparable to that of the more famous immigrant narratives of Susanna Moodie and Catharine Parr Trail. What is remarkable is how Emma's *journal intime* became her vehicle for finding a new voice in her new found land through the telling of the system of bartering she established. While Emma will likely never be written up in the history of business entrepreneurs, she is undoubtedly an example of how women opened female avenues for establishing economic enterprises like those referred to by Charlotte Perkins Gilman in her 1898 manifesto *Women and Economics*. But what is more important is how Emma sabotaged the autobiographical genre and increasingly used her ledger as a discursive location for inscribing a new world identity.

An excerpt from Emma Chadwick Stretch's 1859 ledger diary illustrates how she succinctly captures her everyday activities of neighbours' visits and her trade of tea and other goods: "Friday December 15, A Oldfield came for ½ lb of tea and also Betsy Shaw. Joe went up to Mr Knights. W Hodson borrowed riding saddle." But then, on Sundays, her diary discourse takes on other features. Emma talks of visitors, time alone, and children's and her own health. On Sunday, September 18, 1859 Emma wrote: "Took baby down to the beach for a walk children had a sail in the boat H and A Blue came up to tea and Mr. and Mrs. Hodgson spent the evening with us." Tea in this entry is a commodity to be enjoyed in the company of neighbours and not a currency of transactions. As an immigrant, Emma's new motherland discourse is refined in her Island circumstances. Between the lines of her tea transactions and her Sunday sojourns in the pastures surrounding her farm, Emma negotiates her New World subject position. Irene Gammel has suggested ways of understanding the discursive strategies taken up by women in their life writing. Emma's linguistic downplay of certain issues, such as her health, her shifts away from commercial tea transactions, and her representations of peaceful Sundays, all signal her power as author to manoeuver her position in her own diary discourse. In effect, Emma controls what Gammel calls "confessional modalities."

Theatricality and playing with language and theme obviously drew women to the genre. In the shelter of her 1864 travel diary, Mercy Ann Coles (daughter of one of PEI's delegates to the historic Quebec Conference, which determined Canada's emergence as a sovereign nation) carries on a performance of flirting with Canada's nation builders much in the same way that the nation-builder Fathers of Confederation were attempting to seduce the eastern provinces into a political union. Mercy Ann Coles writes:

> Wednesday morning: We went to the drawing room last night, quite a crowd when we all got together and the ladies looked very well and were quite a credit to the lower Provinces. Pa, Ma and I went together and half the gentlemen wanted to take me but I preferred to go in with

> Papa. The Governor General stood in the middle of the room with his private secretary on his right, we did not require cards as the aides announced all the time...Mr Tilley took charge of me and walked about with me the whole evening.

The juxtaposition of Mercy Ann's linguistic flamboyance in her travel diary and Emma's flat discourse in her shop ledger illustrates how women were able, in their idiosyncratic ways, to disrupt the confessional frames and unsettle the confessional reader by their choices of confessional interventions. Emma's absence of intervention, despite being the invisible scribe of transactions of tea and nurse of sick children as she herself fought for her life, became her trademark confessional interventional strategy, while Mercy Ann positioned herself in the limelight of Canada's political elite.

Pioneer Emma, socialite/dilettante Mercy Ann, grandmother Amy, teacher Lucy, like so many diarists, "encode boundaries and warnings, signaling their desire to create their own safe space in which to articulate their personal and sexual lives, while defying confessional entrapments" (Gammel 2). Through the writers' idiosyncratic textual and thematic resolutions, the confessional reader is beckoned to pause and consider, why this detail now. Such is the case with my newlywed grandmother and novice schoolteacher Lucy Palmer and their confessional modalities or writing strategies and the gaps they interjected when they encountered new situations.

### *Religion and Life Writing*

While these twenty or so diarists fulfilled their autobiographical pact over and over again, day in day out, constructing a self through their oftentimes complex meaning systems, there is no evidence that Island women, other than those of Protestant faith, engaged in life writing. This raises several questions concerning diary writing and the role of religion, and how representative these diaries of Island women actually are. Foremost is the question, did Catholic women keep diaries or participate in the practice of life writing? Religion has been an important part of the cultural baggage that immigrants bring to their new destination. PEI is a case in point, considering how early settlers established their new communities around churches, schools, and shops. Travel down any Island road and every few miles white wooden spires break the pastoral landscapes to indicate that the settlers were primarily either Protestant or Catholic. Today, the decommissioning of many of these churches signals religion is not the definitive aspect of Islanders' everyday life it once was.

Women's diaries from the nineteenth and early twentieth centuries give testimony to the interrelatedness of home and community. The shared values of home, school, and church gushed from diarists' pages. Violet Goldsmith, a teacher in Alberton, PEI wrote in her diary in 1900,

> Thursday, July 19 Sunday we went to the Presbyterian church morning and evening and to school in the afternoon. Rev Mr. Cairns preached. Mr. McKay addressed school. Mr. Chas Sterns taught the class I was in. Monday was the day of the Catholic tea. Some people came here from Souris....We had a very nice time at the tea.

But this diarist was Protestant; all of the women diarists in my research were Protestant and wrote from homes, schools, and churches that subscribed to Protestant doctrine. Catholic women did not leave any testimony from the same period. My discussions with the Sisters of the Congregation of Notre Dame and the Sisters of Saint Martha assured me that those Island women who aspired to be nuns were required to write a letter in order to be considered as an entrant to the convent. Such letters from Island women are housed in the archives of the Notre Dame in Montreal but permission to see those letters from the Island entrants has not been granted to me. The Sisters of Saint Martha have similar archives in PEI but permission to view their documents has not been granted either. Marta Danylewycz acknowledges that "there was some reluctance on the part of the religious communities to allow historians into the convent. It was and still is the convent's right to deny researchers access to their archival holdings and to discourage their members from talking about themselves and their community to the public" (14). Until these restrictions can be circumvented, no evidence of other life writing can emerge from the past pens of Catholic women on Prince Edward Island. The importance of retrieving letters, diaries, or other autobiographical documents from Catholic women of this same era would expand the collection of Island women voices and broaden our understanding of their subjective realities. The cultural memory passed to us by such documents is instrumental for reformulating our history. As Jan Assmann observes, "cultural memory is...handed down, learned, taught, researched, interpreted, and practiced because it is needed, because it belongs to us and for that reason has to be sustained and perpetuated by us" (24). For someone like myself, having been born and brought up Catholic on Prince Edward Island, where I also attended convents and was taught by and even lived with nuns, and spent my first year of university at St. Dunstan's, a Catholic university before it became non-denominational, there is a sadness in the absence of life writing from Catholic women about the experience and history of these institutions, all of which have now been laid to rest. It seems ironic that Catholic women do have a history of social engagement that can only be accessed on a factual level. Between 1881 and 1920, approximately 150 Catholic PEI women joined the religious order of the Congregation of the Notre Dame (CND). In 1857, four sisters arrived on the Island from the Motherhouse in Montreal to extend their tradition of education and social service among Island Catholics. In 1916, sisters from the Congregation of Saint Martha (CSM) took up positions in hospitals and numerous other sites, setting in motion a kind of "feminist spirituality." The CSM (the Marthas) saw three hundred Island women join their order from 1916 to 1982.

Statistics have indicated a long and almost constant equal distribution of Islanders along religious lines. At the time Emma Chadwick Stretch migrated to Prince Edward Island, the distribution of the population according to religion lists 44,416 Protestants (Church of England, Presbyterians, Kirk of Scotland, Methodists, Baptists, Bible Christians, and Universalists) and 35,852 Catholics (*Journal of the House of Assembly, PEI*, 1862, Appendix A). Diarists like Lucy Palmer Haslam or Violet Goldsmith, both Island schoolteachers from the 1890s and early 1900s, give some indication of how their religious upbringing and faith inspired their diary writing. Both provide innumerable references to their reading and familiarity with the Bible by quoting biblical texts, listing hymns, and accounting the social activities affiliated with their respective churches. On April 6, 1890, Lucy Palmer wrote,

> All drove up to Church. Roads pretty bad. Mr. Millan preached a good sermon for it being Easter Sunday from Luke xxiv.34....Drove up to Prayer Meeting in evening, Minister read the 27th Chap of Acts.... Charlie Black was there & took Edith home from Church.

Violet Goldsmith, the daughter of a church minister, cultivates and asserts her moral superiority in her 1900 journal:

> Mr. & Mrs. Holmes went to Fredericton Wed. & Mr. H. came home drunk. The trainman dumped him on the siding & he was there some time before we knew it. Miss Gills, [?] the girl Mrs. H. left in charge & I went down and brought him home. When we got there we found the house full of company. We got a fire on in the parlour & I went down got the company in there. Mr. H. had a bottle of whiskey with him and I ran down the hill with it, broke it against the fence. He was very cross when they first told [him], but he is glad now. He feels very much ashamed of himself this morning.

Violet rather picturesquely writes how she walked the moral higher ground by taking control of the situation, confiscating the liquor, and accommodating the visitors. Her diary serves as a repository of her good deeds, as an expression of accountability to her God.

The literacy that Bible reading facilitates appears to go hand in hand with diary keeping. Women diarists such as Lucy Palmer's sister Amelia often filled pages of her diary with psalms and verse. By contrast, their Catholic sisters were not encouraged to read the Bible but instead to follow the reading and interpretation of scripture by their clergy. There is little evidence that Island women rigorously examined themselves and the lives they were leading or how they had fallen away from God, as Catherine A. Brekus indicates the Puritans did in their devotional diaries. Nor were Lucy and her kind writing for redemption and salvation; instead, most women diarists were being faithful to their autobiographical pact to inscribe the self with all its flaws and imperfections that emerged in their everydayness.

For Lucy, Emma, and many others, writing a diary was a kind of liberation, and their textuality is more serendipitous in its religious referencing and self-examination. On March 4, 1890, Lucy Palmer, spending her third year as a teacher in Malpeque, wrote, "Went down to the sewing circle at John Montgomery's had a splendid time a great many there & a beautiful moon light night." The gaps, metaphors, and vagueness in the Island women's diaries suggest that they were not weaning themselves from their carnal desires as their Puritan sisters did in their diaries but were withholding or masking information about those pleasures they engaged in. Novice teacher Lucy Palmer's repetitive moonlit nights excerpts take on the semblance of a siren yearning for romance as she cautiously admits through references to the moon, the wind, and the sleigh ride her innermost desires. On January 28, 1888, Lucy wrote: "It is the loveliest moon light night that I was ever out not a breath of wind. How I would love a sleigh drive." This confession to the self, about the self, and for the self appears to have been supported by the urge of these literate Protestant women to preserve their special abilities to read and write and celebrate their affluence of having a pen, pencil, paper, or even a diary to record their lives and circumstances.

The Island diarists discussed here undoubtedly took part in the innermost expression of self through their *journal intime*, an articulation facilitated by the literary models of the Bible and the conduct manuals of their homes. By contrast, their Catholic sisters were forced to confess to their priest who would then mediate on their behalf to their God and participate in what Liz Stanley refers to as "an external system of surveillance" (45) associated with organization, power, and audit. This could partially account for the absence of Catholic women's life writing among nineteenth-century PEI women. For a Catholic woman to confess in her diary would be contrary to her religion and frowned upon. Therefore, the existence of, or the survival and preservation of, any documents such as diaries or journals could be evidence that a Catholic woman had sinned by the act of self-examination. Under the watchful eye of church and community, Catholic women indulging in self(-ish) scrutiny would not be performing their anticipated role with humility and obedience. What good Catholic family would acknowledge a daughter, sister, or mother who had been keeping a diary and preserve the document with pride and seek to have it immortalized, making the artifact publicly available in the archives? My supposition is that Catholic women did not participate in the tradition of diary writing as they had neither the impetus to confess in this way, nor the literary impulse that reading and transcribing the Bible instilled in their Protestant sisters. Island women's diaries presented here are part of the extensive body of texts through which one can interrogate women's exclusionary practices in historical discourse and literary formations. But, for Catholic women, it appears to have been a self-exclusionary practice from the recording process.

For Island women, the late 1800s and the early 1900s was a period of "attempting to articulate a subjectivity that has remained unscribed" (Prentice et al. 164). It is a fact that few if any Island women are written into the chronicles of Canada's 1867 Confederation, despite the fact that PEI is designated the birthplace of Canada and labeled the cradle of Confederation, which alludes to the important feminine preoccupations of maternity. Women such as Margaret Gray Lord did witness the event, but, instead of recording the notorious sociopolitical events of her time in her diary, she focuses on her more immediate spheres of influence and her philanthropy through the church, the women's movement, and temperance campaigns, giving us a more nuanced account of her Charlottetown. On January 4, 1897 she wrote, "I went into the WCTU (Women's Christian Temperance Union) to the prayer meeting praying for the success of the prohibition bill." Protestant women such as Margaret Gray Lord were more individualistic in their response to social issues and recorded engagement with prohibition, the war effort, missionaries, and enfranchisement.

Until more life writing texts from Island women are found and examined, PEI women's visions will remain buried beneath the facts of organizations and institutions. Without these subjective accounts, what now appears is a history without women's voice. But the Island diarists that have been recovered so far have much to say in their idiosyncratic voices. We can only linger on the shore and long for the low tide in anticipation of more such artifacts.

Rose, Sally, Alice, and the many other women embedded in folksongs and stories from PEI serve as reminders to women of the risks of defying their place in society and following their hearts. The songs issue cautionary tales of the dire consequences awaiting women who move from the hearth to the wilds of the shore and beyond. By contrast, Emma, Lucy, Amy, and other Island women diarists, by the very task of writing and keeping a diary, challenge such representations and exhibit the power of the writing woman agent. In May 1887, Lucy Palmer wrote in her diary: "Very warm day. Fields lovely & dry. Bessie and I went over to Mr James McNutts to a party had a very nice time, lovely moonlight night got home at 10:30." As a novice teacher empowered by the experience of writing, Lucy jettisoned herself and her kind into new frontiers without trepidation. Numerous other Island women wrote their lives on and off the Island in their diaries while Lucy wrote hers, assuring women that they were experiencing life as "new women" on their own terms, in their own words.

## *Works Cited*

Andrew, Amy Darby (née Tanton). "A Line a Day." Unpublished diary, 1910–1914. Estate of Katherine (née Andrew) McDonald.

Assmann, Jan. *Religion and Cultural Memory*. Stanford, CA: Stanford UP, 2006. Print.

Brekus, Catherine A. "A Place to Go to Connect with Yourself: A Historical Perspective on Journaling." *The Religion and Culture Web Forum*. Marty Martin Center for the Advanced Study of Religion, University of Chicago Divinity School. February 2004. Web. 3 September 2013.

Carter, Kathryn. *The Small Details of Life: Twenty Diaries by Women in Canada, 1830–1996*. Toronto: U of Toronto P, 2002. Print.

Coles, Mercy Ann. "She Saw Canada Born—Diary of Mercy Ann Coles." *Atlantic Advocate* November 1865: 40–44. Accession no. 2541/40. Public Archives and Records Office of Prince Edward Island, Charlottetown, PEI.

Couser, G. Thomas. "The Obituary of a Face: Lucy Grealy, Death Writing and Posthumous Harm." *Auto/Biography* 12.1 (2004): 1–15. Print.

Coward, Rosalind. *Female Desire: Woman's Sexuality Today*. Aylesbury, UK: Paladin, 1987. Print.

Danylewycz, Marta. *Taking the Veil: An Alternative to Marriage, Motherhood, and Spinsterhood in Quebec, 1840–1920*. Toronto: McClelland and Stewart, 1991. Print.

Dibblee, Randall, and Dorothy Dibblee. *Folksongs from Prince Edward Island*. Summerside, PEI: Williams and Crue, 1973. Print.

"Dr. Hugo's Health Tablets For Women." *The Pioneer* 7 January 1905, 8. Print.

Gammel, Irene. *Confessional Politics: Women's Sexual Self-Representation in Life Writing and Popular Media*. Ed. Irene Gammel. Carbondale: Southern Illinois UP, 1999. 1–10. Print.

Gilman, Charlotte Perkins. *Women and Economics: A Study of the Economic Relations between Men and Women as a Factor in Social Evolution*. 1898. Berkeley: U of California P, 1998. Print.

Goldsmith, Violet E. "Diary of Violet E. Goldsmith." Accession no. 3381/1. Public Archives and Records Office of Prince Edward Island, Charlottetown, PEI.

Haslam, Lucy Palmer. Journals and correspondence. Accession no. 4311. Palmer Haslam Family fonds. Public Archives and Records Office of Prince Edward Island, Charlottetown, PEI.

Hogan, Rebecca. "Engendered Autobiographies: The Diary as a Feminine Form." *Autobiography and Questions of Gender*. London: Frank Cass, 1991. 95–107. Print.

*Journal of the House of Assembly, PEI*, 1862, Appendix A.

Lord, Margaret Gray. Journals of Margaret Pennefather Stukely Gray, daughter of Col. John Hamilton Gray, later Mrs. Artemas Lord. 39 vols. Prince Edward Island Museum and Heritage Foundation Collection, Margaret Gray Lord fonds. Accession no. 3466/hf78.63. Public Archives and Records Office of Prince Edward Island, Charlottetown, PEI.

MacDonald, Edward. *If You're Stronghearted: Prince Edward Island in the Twentieth Century*. Charlottetown: PEI Museum and Heritage Foundation, 2000. Print.

"Modern Martyrs." Advertisement. *The Island Farmer* 25 March 1914, 7. Print.

Neuman, Shirley. "Life Writing," *Literary History of Canada: Canadian Literature in English*. 2nd ed. Vol. 4. Ed. W.H. New et al. Toronto: U of Toronto P, 1990. 333–70. Print.

Prentice, Alison, Paula Bourne, Gail Cuthbert Brandt, Beth Light, Wendy Mitchinson, and Naomi Black. *Canadian Women: A History*. Toronto: Harcourt Brace, 1996. Print.

Rowbotham, Sheila. *Hidden from History: 300 Years of Women's Oppression and the Fight against It*. Bristol: Pluto Press, 1989. Print.

Stanley, Liz. "Self-made Woman." *Feminism and Autobiography: Texts, Theories, Methods*. Ed. Tess Cosslett, Celia Lury, and Penny Summerfield. London: Routledge, 2000. 40–60. Print.

Stretch, Mrs. Joseph (née Emma Ann Chadwick). "Diary and Account Book of Mrs. Joseph Stretch, Long River, c1850–60." Accession no. 2540/1. Public Archives and Records Office of Prince Edward Island, Charlottetown, PEI.

Weale, David. *Them Times*. Charlottetown, PEI: Institute of Island Studies, 1992. Print.

Weiland, Steven. "Writers as Readers in Narrative Inquiry: Learning from Biography." *Up Close and Personal: The Teaching and Learning of Narrative Research*. Washington, DC: American Psychological Association, 2003. 199–214. Print.

# Common Measure 11

*"Folk Poetry" and the Scandal of Canadian Literature*

GARY KELLY

What Canadian literature publishes and studies, most Canadians seldom read, unless for school or college. What most Canadians read and write, Canadian literature seldom studies, and most such studies come from outside Canadian literature. An example is study of "folk poetry" (Renwick, Greenhill), or poetry written by people of all kinds about their lives and concerns, for themselves, family, and friends, perhaps published with a church magazine, local newspaper, or "vanity press," reflecting on and part of their creation of everyday life, of what we call Canada.

One such poet was LJ (identity withheld in deference to family). The following account comes from her children, who hold her writings, which comprise several plastic covered notebooks of fair copies of poems, some prose journals, and a few single-sheet poems. The texts are transcribed here as found. LJ's life and writings illustrate what Canadian literature, as their reading and writing, likely is for most Canadians. Born in Trout Creek, Ontario in 1921, LJ lived most of her life in Toronto and the last decade in Vancouver, where she died in 1978. Her life had the vicissitudes often experienced by "ordinary" people of her class and generation, including early withdrawal from formal education for financial reasons, a later turn to evening-school and correspondence courses, and engagement in self-education and self-expression. Lived partly in what culture critics condescendingly call "tabloidia," LJ's experience included serious illness, family breakup, failed relationships, a child out of wedlock, frequent changes of residence, sexual harassment, domestic violence (including murder of a relative), low-quality dangerous housing, and poorly paid jobs. Like most,

LJ followed the news and related her life to its representations of the world. Like most, LJ enjoyed popular arts, such as social dance, movies, radio, television, the occasional theatre play or musical, clothes-making, paint-by-numbers, and her writing. She drank little, never smoked, seldom swore, had few love relationships, attended various churches intermittently, and had several close women friends. To understand her experience and world, she resorted to tea leaf reading, astrology, the Ouija board, and playing card prophecies; to apt traditional proverbs or self-made maxims; and to writing. Exemplifying what Giddens describes as one of the "consequences of modernity," her reading and writing participated in, reflected on, and expressed an ongoing remaking of herself and her life in relation to everyday local, national, and global issues of the day.

She drew her formal repertory and diction from several sources that resonated with her interests. Those she recalled most fondly were from childhood and school (see Robson). She often recited Wordsworth's "The Solitary Reaper." This poem's idea of the lowly and transient rendered permanent and inspiring, or heart-borne, likely shaped LJ's idea of what poetry should be, and she often used this verse form. Another favourite was Stevenson's *A Child's Garden of Verses*; seriously ill when young, she often recited "The Land of Counterpane," where a child creates an imaginary world. Memorized from the same volume was "My Shadow." This poem's theme of companionship with oneself, involuntary but empowering, was a recurring theme in LJ's poetry.

Formal and thematic models also came from her favourite popular songs, which, like most people, she used to understand both feelingly and critically her own experience, especially emotions and relationships (see Crafts, Cavicchi, and Keil). For example, "Mr. Wonderful," title song of the 1956 Broadway musical starring Sammy Davis Jr. (one of LJ's favourite artists along with Bing Crosby and Nat King Cole), addresses the mystery of attraction:

> Why this feeling? Why this glow?
> Why the thrill when you say Hello?
> It's a strange and tender magic you do
> Mister Wonderful, that's you. (Bock, Holofcener, and Weiss)

Another favourite, "Smoke Gets in Your Eyes," was best known from the 1935 film *Roberta*, featuring Fred Astaire and Ginger Rogers. It addresses betrayal and loss. Her attachment for this song seems related to her husband's infidelity and abandonment of her soon after the birth of their child. A later favourite, the 1956 Jerry Vale hit, "You Don't Know Me," seems to reflect on her love for her husband. It begins:

> You give your hand to me
> And then you say hello
> I can hardly speak
> My heart is beating so
> And anyone can tell
> You think you know me well
> But you don't know me. (Walker and Arnold)

For many people, a personal memory archive of popular song, like a scrapbook of cuttings and ephemera, was literature in and for everyday life.

LJ was a reader but, unable to afford books, owned few apart from the highly popular Reader's Digest condensed books, hand-me-downs from her father's second wife, also a reader. Though LJ's poetry and life resemble those of bestselling Canadian Edna Jaques from an earlier generation, there is no evidence LJ encountered Jaques's poetry or distinguished it from other newspaper and magazine "folk poetry." In the 1950s, LJ bought a battered second-hand family Bible, had it cheaply rebound, recorded her family tree there, and at times read daily in it, a symbol of social continuity and stability she aspired to rather than experienced. She owned a cookbook, seldom opened, also symbolic: work fatigue left energy for cooking little beyond fried basics. In the 1970s, suffering chronic heart disease but leery of the public health care introduced a decade earlier, she acquired popular health books along with various nostrums. She followed the news, subscribing at times to the populist Canadian *Liberty* magazine and Toronto *Telegram* newspaper. She didn't use public libraries, perhaps like many feeling that, with museums and galleries, they were not for people like her. Like most, she enjoyed the play of everyday language, humorously twisting common words, phrases, and names. She got her first television set, a defective castoff, in the late 1950s; her favourite programs, as with most North Americans then, were *I Love Lucy* and *The Lawrence Welk Show*. In the 1960s, like millions of others she took up paint-by-numbers.

She seldom showed her writing but made no secret of it and referred to it proudly as "My poetry." What survives resembles her favourite poetry of childhood and school and popular songs of youth and adulthood. This poetry was unlike the modernist poetry produced by Canadian and similar literatures in LJ's lifetime, which proclaimed "difficulty" and "experiment" and later developed a corresponding specialist academic critical discourse, both in flight from the vulgar and mass culture and designed to form literary vanguards, coteries, and professional elites (Longabucco) and restrict access to them. The poetry LJ drew on purposefully reworked the historic popular poetic idiom comprising common measure and its variants and a "purified" or selected vernacular, the same appropriated by Wordsworth (taking his lead from contemporary women poets) for a poetic revolution that he meant to effect a national cultural uplifting. In content, LJ's poems, like the majority of personal lyric poetry of the past two centuries, was from her own life and usually "occasional," or prompted by specific and specified events.

Most of LJ's surviving poems are dated from the 1970s but include a few earlier ones apparently copied from memory: earlier work was likely lost in her many moves across city and country. The earliest, dated "Approx 1938," is a jingle, "Ivory Soap," likely inspired by magazine and radio contests of the time. It opens:

I like gentle Ivory soap
For every cleaning purpose
It gets right in and digs out dirt
Then leaves a shining surface.

Another, "My Dream," dated "Dec. 1940" (she was nineteen) follows popular love songs in sentiment and phrasing. It may have expressed early love for her future husband:

What makes me think of you all through the day?
In loneliness it's you I can't forget.
...
To feel your tender hand in mine
        is one desire
That no one knows.

All this means much to me, far more
Than human tongue can tell.
In life I am quite satisfied to have but you
To love so well.

In popular song and grand opera, such lyrics are animated by music, and LJ may have had a tune in mind. Further, personal appropriation of phrases from popular song validates private feelings. This poem may also have been part of a verse exchange: with it LJ kept a signed poem from her future husband, entitled "My Girl."

The act of writing structures experience critically: after her failed marriage and the birth of a child by another man, came this, dated 1950:

I have a little stream,
I made it through the years,
For every little drop of water
Used to be my tears.

Some were tears of joy
And some were tears of sorrow
And some were tears I cried inside
For what might come to-morrow.

As often in "folk poetry," light rhythm and tone counterbalance strong feeling.

Perhaps because of her circumstances, motherhood as resistance and struggle formed a major element in LJ's poetized self-identity. "Mother Love," dated 1950, expresses feelings for her "love-child":

I have a lovely little girl,
Her hair is blonde with not much curl
But every little lock of hair
Has a heart string tied up there...

She has the biggest soft-brown eyes.
Her kisses fill me full of sighs
Then little feet take her away
And leave me empty all the day.

The poem, especially the close, echoes Stevenson's "Land of Counterpane," but filled with loss rather than the child "giant's" power in Stevenson's poem. Again, frames used by popular poets and song writers were adapted to personal experience and expression, asserting the personal in a public and popular discourse and culture, here validating what would have been widely condemned at the time as an illicit love and its consequence.

Some years after both children had left home, she wrote this, dated December 7, 1974, about her first child, whom well-educated friends of her husband had wanted to adopt after he had left her, to give the child an "appropriate" education and upbringing:

God gave to me a son,
He chose me as a mother,
If I was good enough for God
Why can't I please my brother?

I loved him from the start
This child so full of beauty,
No matter where the future led
To raise him was my duty...

And now I'm far away.
I've left those years behind me.
My son (now a full grown man)
Could what may have been, have changed thee?

The struggles of lone parenthood merged with struggles and frustrations of everyday working-poor life, as in "Waiting," dated 1951:

Here I am a waiting
In another line.
Seems as though I'm doing this
Nearly all the time.
For every time I pay a bill
It always seems to be
That half a dozen other folk
Are just ahead of me.

This recalls the sound and shape of Stevenson's "My Shadow," but its use of vernacular also shoulders such "literary" poetry as that of American modernist Lorine Niedecker. A continuation about waiting for buses is dated November 9, 1975, twenty-four years later. LJ often re-opened a poem to update it with the daily living that it engaged with.

Her poems about ecology and the environment converge a public political concern emerging in the 1970s with a lifelong personal concern for what she saw as the crowds, dirt, and confusion of the city—or the parts of cities she could afford to live in. "Waste" is dated October 31, 1975, and begins:

We like to turn the tap on
And wash the waste away;
The particles of food
And dirt from children's play.
All these things go down the drain
With water clear and fresh.
But where do they land up?
Do they only make a mess?

The poem calls for solutions:

Surely we can think ahead
And figure out a theme

So that waste goes back again
To aid in Nature's scheme....
And maybe we should go again
To houses on the hill
So lakes and rivers will be clean
And with fish again will fill[.]

A countering group of poems concerns small, free, or cheap daily pleasures such as the beach, a cup of tea, a warm bath, a warm bed. "See the Sea," dated "Wed March 5, 1975," probably refers to Kitsilano beach, Vancouver:

Water is the thing to see
For without it there couldn't be
Ships to sail, fish to swim,
A place of peace for you and me...

A day later she added:

A rainbow flashed across the foam
As sunshine on the beaches shone.
It warmed us. We were refreshed
From salty breezes that were blown.

Though LJ's poems often emphasized her solitariness, here, as in many other poems, there is an imagined and inclusive company of "we" and an imaginary companion "you." Simple comforts are celebrated in several pieces, such as "A Cup-a," dated December 7, 1974:

When you're having troubles
And you don't know what to do
Sit down and have a cup-a
And think your problems through.

Resembling an advertising jingle or greeting card rhyme, this poem illustrates the productive dialogue between personal poetry and commercial verse forms.

Like many other poets, she also wrote about the problems and pleasures of writing. When troubled at night she found that writing soothed her for sleep: a number of poems have dates such as "Midnight" or "4 a.m." "The Poetry of My Delight," dated February 1972, associates the struggle of living with the struggle of writing:

At six a.m. I wake and lie
And cannot sleep and wonder why
As many thoughts go flying by
    Much disturbed am I.

At seven o'clock I rise and write
The poetry of my delight
Because I cannot sleep to-night
    For something isn't right.

Many thoughts run through my head
Of things I've done and things I've read
But thoughts of things that should be said
Were heavier than lead.

The words of life come from within
And flow like magic when they begin
But if we dare to capture them
Outside forces intervene...

By the 1970s, both her children had got through university thanks to summer jobs, living at home, and the recently instituted Canada student loan program. LJ's poem "Wealth of Knowledge," dated February 6, 1975, shows that, whatever its benefits, education, as with many working-class families, separated her—and her writing—from her children and their world of knowledge, including "Canadian literature":

There is a book shelf on my wall
That's filled with books both large and small
But I have not yet read them all
For I am known to stall.

The experiences of life that I have led
All go up into my head
But one day they may be read
After, or before I'm dead...

We each must express in our own way
The things that have happened from day to day.
Some folks the piano play
And some pictures paint to relate what they may.

What I enjoy is to write a rhyme
With music there upon the line,
Sometimes at a peculiar time
At night, or when solitude is mine...

Perhaps dissatisfied with her psychologistic closure, four days later (February 10) she added a stanza of spiritually questioning:

Does it not then seem to be
That more than one life is lived by me
And the rest of mankind so that we
Experiences may teach what we cannot see?

Overall, her concern in these 1970s poems, even when dealing with large issues such as pollution, social conflict, or the economy, was with small everyday challenges and pleasures, overcoming or arranging, which, like writing a poem, engaged the creativity that constitutes everyday living, making a life from available materials. Here, for example, is "The Worker," dated January 28, 1975, when she was at Canada Post:

I work part time at a job that I enjoy.
I've seen mistakes when a man becomes a boy
When the pressures of a job makes someone lose his senses
And the damage that creates is really quite tremendous.

We study and we try hard to make their program function,
A machine can only do so much and then it starts a munching.
It munches on the letters and it spits out all the stamps
Or pens that sometimes come inside are chewed up, then it jams.

We mostly pull together as a group of willing workers.
Still no matter where you work there will always be the shirkers.
The job pays well. I really can't complain.
Yet industry does make mistakes and who or what's to blame.

A fourth stanza is dated February 9, 1975:

We climb up the mechanical stairs 'cause they're not operating,
And pick up parcels from the floor when the round table can't
  contain them.
For ten minutes each evening, we have no time to wait
Up in our cafeteria, where we vie for coffee and cake.

A final stanza is dated November 6, 1975:

We picket the post office when our members are on strike
A few come in the evening or in the black of night.
Because I am a worker it seems the thing to do.
If you are a worker won't you come and picket too?

Here is writing used as most people use it, for its most important purpose—as ethnomethodologists (Garfinkel, McHoul) would insist—creating everyday life day by day. Here is Canadian literature in the fullest sense, the literature of most Canadians, creating their own imaginary and reality, for themselves.

Since the Romantic era, "national" literatures have been fabricated to depreciate, marginalize, and displace such people's literatures in the interests of coalitions of professional, business, political, and social elites who strive to impose their imaginary and reality as "national" (Woodmansee). Certain discursive and disciplinary practices have been taught in schools and colleges, professionalized in academia, funded by the state, and deployed in cultural media to promote elites' "national" literature at the expense of the people's. Despite policy-driven cultural pluralization and poststructuralist theorizing of recent decades, prominent among these practices remain literarism, or the notion that "literary value" or "quality" inheres in texts and that it is what "matters" about them; textism, or the notion that meanings inhere in texts; and telepathism, or the notion that meanings are encoded by authors in texts and decoded and internalized by readers. Texto-telepathism has been around for centuries in various forms, but its most influential version today is the Franco-American neo-Hegelianism traceable to Lukács's 1923 argument that mass culture "commodities" "massify" their "consumers." This view was adapted and passed on by many across Europe and the Americas through the twentieth century, including such often cited figures as Kojève (1930s and 1940s France); Adorno and Horkheimer (1930s to 1960s, Germany, United States); Hannah Arendt, C. Wright Mills, Erich Fromm, Herbert Marcuse, and others (1950s and 1960s, United States) (Jamison and Eyerman ch. 2); Debord and the Situationists (1960s, France); Hoggart and Stuart Hall (though modified; 1950s to 1980s, Britain); Daniel Bell, Judith Butler, and others (1970s to 1990s, United States); Blaser and Davey (1960s to 1990s, Canada); and Dorfman (1970s, Chile, Latin America). In their apocalyptic narrative, culture is being overwhelmed and democracy distorted by the "mass culture" produced by agents of the dominant classes or "capital," encoding their ideological, political, and economic interests in "products" to be decoded and passively internalized by "consumers" (Davey 16). Poststructuralists claimed to dispel texto-telepathism but actually occulted it, refashioning literarism in the interests of a cadre of academic "experts." "Reading in the classroom" (McHoul), a highly specialized though diversified and conflicted kind of reading that is by no means paradigmatic, still dominates "literature" in academia and the upmarket media. It relies on the argument that, despite the "emancipation" from "dominant reading" (dominator's reading) supposedly effected by "theory" (usually standing for [neo-Hegelian] "critical theory"), there remains a "preferred," "exemplary," or "resistant reading," in fact usually the professor's or professional critic's reading.

Social changes made elites and their "national" literatures more diverse, inclusive, self-critical, and contested while excluding most people and most reading and writing and while access to the "national" literature and arts remains restricted by factors from unequal education to cultural and social prejudice. Construction of a Canadian literature was undertaken in earnest relatively late, after the Second World War, as (among other things) the response of Canadian elites and the institutions they dominated to greater demand for higher education, to increased immigration and social diversity, to exacerbated regional differences, and to the resulting perceived need for an ostensibly unifying and indigenous "national" culture to distinguish Canadian elites from others and from most Canadians, justifying their power and privileges. This culture, unlike LJ's literary sources, could be neither popular and imported (mainly from the United States) nor elite and imported (from Britain, France, and the United States). Critique of such "national" literatures is under way but, like the organized institution of a Canadian literature, has been late reaching Canada, and operates within a relatively closed world defended by versions of literarism. Canadian literature continues, with much government support, to write, publish, teach, archive, research, promote, and read what most Canadians don't read or write and hardly know about (Davey 101–02). Scholars and critics continue referring to the "influence" of Canadian literature on the "national consciousness" (among many, see Keith 2006 2:67), though, by a frequently cited criterion, a work of Canadian literature is a "bestseller" if it sells five thousand copies (Wigod; Gedymin and Driscoll 42–43). Canadian media's "bestseller" lists are rigged to reflect their targeted advertising demographic's self-image (MacDonald). Accurate sales figures show that most Canadians' reading originates outside Canada, isn't written by Canadians or about Canada, and is similar to what most people read in the United States (174–77).

As a necessary counterpart, Canadian literature largely ignores, disdains, mutilates, or occasionally appropriates what most Canadians read and write. Many Canadian writers with huge global sales are unknown to Canadian literature. Marshall (Margaret) Saunders's international bestseller, *Beautiful Joe* (1893) with sales well over a million, and one of LJ's favourite lifetime books, has received almost no attention from Canadian scholars and critics. The late Arthur Hailey, naturalized Canadian, praised by Robertson Davies and whose papers are deposited in the University of Toronto Library (Shoesmith), enjoyed world sales of 170 million; I found one study of his work by someone in Canadian literature. World sales of Janette Oke's "inspirational romances" approach twenty-five million, but at a recent meeting of forty-odd literature professors, including "Canadianists," in Oke's home province of Alberta, not one had heard of her, nor had the books-page editor of a major urban newspaper in the same province. A few song lyrics by globally popular and respected Canadian artists such as Leonard Cohen and Joni Mitchell are included in literature anthologies, severing words from music, text from performance and audience, in aesthetic violence and social disregard. Until recently, on the rare occasions when Canadian literature considered what most Canadians read and write, alarmed disdain prevailed, as in the special issue on "Popular Culture" in *Canadian Literature* (Spring 1986); though francophone scholars and critics showed both serious interest and more respect, as in the 1982 issue of *Études littéraires* on "La Consommation littéraire de masse au Québec." "Book history," print culture studies, "audience studies" (Bird), daily-life poets and editors, and others have begun to loosen the neo-Hegelian hegemony, as chapters of the *History of the Book in Canada* (2004–2007) and Wayman's anthology *Paperwork* demonstrate. But few in Canadian literature, and more recently cultural studies, take an interest in what most Canadians read, except when it can illustrate "massification" or be construed as "resistant" or "countercultural." The few studies of the kind of poetry most Canadians write distinguished it as "folk poetry" from the "bardic" poetry and folksong of Romantic "national" cultures. This pioneering 1980s work was outside Canadian literature and has since been far outstripped by research on oral, minority, marginal, or non-Western poetry that can be positively valorized within and in the interests of academia as "traditional," "communitarian," "resistant," "countercultural," and so on (Damon and Livingstone; Fuller).

Rejecting literarism enables us to understand literature as democratic art, not the writing and reading of a few, reflecting and promoting their interests and restricted to those able to afford prolonged special training, but the cultural right of all and the practice of many or most, with its own poetics and politics. Rejecting texto-telepathism enables us to understand Canadian literature as anything read or written by someone reading or writing as a Canadian, however defined. Against texto-telepathism, Harris's "integrational linguistics" insists that communication is the active and collaborative creation of meanings in particular instances by and between people. And against literarism, McHoul's "effective semiotics" (74–85) insists that meanings do not inhere in "texts" but are created by readers in instances that are always unique but equal. As LJ put it,

> We each must express in our own way
> The things that have happened from day to day.

### *Works Cited*


Adorno, Theodor, and Max Horkheimer. *Dialectic of Enlightenment*. New York: Herder and Herder, 1972. Print.

Arendt, Hannah. *The Origins of Totalitarianism*. New York: Harcourt Brace, 1951. Print.

Bell, Daniel. *The Cultural Contradictions of Capitalism*. New York: Basic Books, 1976. Print.

Bird, S. Elizabeth. *The Audience in Everyday Life: Living in a Media World*. New York: Routledge, 2003. Print.

Blaser, Robin. "The Recovery of the Public World." *Reflections on Cultural Policy: Past, Present and Future*. Ed. Evan Alderson, Robin Blaser, and Harold Coward. Waterloo, ON: Wilfrid Laurier UP, 1993. 17–38. Print.

Bock, Jerry, Larry Holofcener, and George David Wiess. "Mr. Wonderful." 1956. Song lyrics. *AZLyrics*. Web. 6 October 2013.

Butler, Judith P. *Subjects of Desire: Hegelian Reflections in Twentieth-Century France*. New York: Columbia UP, 1987. Print.

Corse, Sarah M. *Nationalism and Literature: The Politics of Culture in Canada and the United States*. Cambridge: Cambridge UP, 1997. Print.

Crafts, Susan D., Daniel Cavicchi, and Charles Keil. *My Music: Explorations of Music in Daily Life*. Middletown, CT: Wesleyan UP, 1993. Print.

Damon, Maria, and Ira Livingstone, eds. *Poetry and Cultural Studies: A Reader*. Urbana: U of Illinois P, 2009. Print.

Davey, Frank. *Reading Canadian Reading*. Winnipeg, MB: Turnstone Press, 1988. Print.

Debord, Guy. *La Société du spectacle; la théorie situationniste*. Paris: Buchet/Chastel, 1971. Print.

Dorfman, Ariel, and Armand Mattelart. *How to Read Donald Duck: Imperialist Ideology in the Disney Comic*. Trans. David Kunzle. New York: International General, 1971. Print.

Fleming, Patricia, and Yvan Lamonde, eds. *History of the Book in Canada*, 3 vols. Toronto: U of Toronto P, 2004–07. Print.

Fromm, Erich. *Escape from Freedom*. New York: Holt, Rinehart, and Winston, 1941. Print.

Fuller, Danielle. *Writing the Everyday: Women's Textual Communities in Atlantic Canada*. Montreal and Kingston: McGill-Queen's UP, 2004. Print.

Garfinkel, Harold. *Studies in Ethnomethodology*. New York: Prentice-Hall, 1967. Print.

Gedymin, Diane, and Susan Driscoll. *Get Published!: Professionally, Affordably, Fast*. Bloomington: iUniverse, 2010. Print.

Giddens, Anthony. *Modernity and Self-identity: Self and Society in the Late Modern Age*. Cambridge: Polity Press, 1991. Print.

Greenhill, Pauline. *True Poetry: Traditional and Popular Verse in Ontario*. Montreal and Kingston: McGill-Queen's UP, 1989. Print.

Hall, Stuart. *The Popular Arts*. London: Hutchinson, 1964. Print.

Harris, Roy. *Introduction to Integrational Linguistics*. Oxford: Pergamon, 1998. Print.

Hoggart, Richard. *The Uses of Literacy: Aspects of Working-class Life with Special Reference to Publications and Entertainments*. London: Chatto and Windus, 1957. Print.

Jamison, Andrew, and Ron Eyerman. *Seeds of the Sixties*. Berkeley: U of California P, 1994. Print.

Keith, W.J. *Canadian Literature in English*. Rev. ed. Vol. 2. Erin, ON: Porcupine's Quill, 2006.

——. *An Independent Stance: Essays on English Canadian Criticism and Fiction*. Erin, ON: Porcupine's Quill, 1991. Print.

Kojève, Alexandre. *Introduction à la lecture de Hegel: leçons sur* La Phénoménologie de l'esprit. Paris: Gallimard, 1947. Print.

Longabucco, Matthew. "Degrees of Difficulty: Modern American Poetry Explained and Unexplained." Diss. New York University, 2009. Print.

Lukács, Georg. *History and Class Consciousness: Studies in Marxist Dialecticts*. Trans. Rodney Livingstone. Cambridge, MA: MIT Press, 1971. Print.

MacDonald, Scott. "The Dawn of a Bestseller Culture: The Advent of Accurate Sales Data Could Make Canada's Bestseller Lists Much Less Pretty." *Quill and Quire* (September 2004): 4. Print.

Marcuse, Herbert. *One-dimensional Man: Studies in the Ideology of Advanced Industrial Society*. Boston: Beacon Press, 1964. Print.

McHoul, Alec. *Semiotic Investigations: Towards an Effective Semiotics*. U of Nebraska P, 1996. Print.

Mills, Charles Wright. *White Collar: The American Middle Classes*. New York: Oxford UP, 1951. Print.

Renwick, Roger deV. *English Folk Poetry: Structure and Meaning*. Philadelphia: U of Pennsylvania P, 1980. Print.

Robson, Catherine. *Heart Beats: Everyday Life and the Memorized Poem*. Princeton, NJ: Princeton UP, 2012. Print.

Shoesmith, John. "Arthur Hailey." *The Halcyon: The Newsletter of the Friends of the Thomas Fisher Rare Book Library* 45 (June 2010): 3–4. Print.

Stevenson, Robert Louis. *A Child's Garden of Verses*. London: Longmans, Green, 1885. Print.

Walker, Cindy, and Eddy Arnold. "You Don't Know Me." 1955. Song lyrics. *Metrolyrics*. Web. 6 October 2013.

Wigod, Rebecca. "What Does It Take to Be a Bestseller?" *Vancouver Sun*, 17 February 2007. Web.

Wayman, Tom. *Paperwork: Contemporary Poems from the Job*. Vancouver: Harbour Publishing, 1991. Print.

Woodmansee, Martha. *The Author, Art, and the Market: Rereading the History of Aesthetics*. New York: Columbia UP, 1994. Print.

# *Recuperating Oblivion in* The Displaced View *(1988)*

12

*Midi Onodera's Intercultural Feminist Experimental Cinematic Polyphony*

SHEENA WILSON

Midi Onodera is a well-recognized award-winning Toronto-based Canadian filmmaker.[1] The numerous films that she has written and directed in her more than thirty-year career have been screened at venues such as the Andy Warhol Museum, the International Festival of Documentary and Short Films, the Rotterdam International Film Festival, the Berlin International Film Festival, the National Gallery of Canada, and the Toronto International Film Festival.[2]

When Onodera wrote and directed the intercultural feminist experimental film *The Displaced View* (1988), it marked a shift away from the subject matter of her earlier work, which was largely focused on sexual identity. Her experimental documentary style in this film explores auto/biographical subjects and filmmaking practices as a means to disrupt dominant narratives of Japanese-Canadian histories and identities. The subject of the film is the intergenerational story of three Japanese-Canadian women represented visually by Onodera, her mother, and her grandmother. Their stories revolve around various moments of displacement resulting from immigration, wartime relocation (commonly referred to as "internment"[3] or "evacuation"[4]), or from being visibly "other," woman, or queer. While a self-referential relationship between sexuality and ethnic identity remains, *The Displaced View* focuses on identity issues that constitute 1980s experimental and intercultural video-film making as a means to complicate, in productive ways, the representation of Japanese-Canadian history and women's relationships to politics and community. Onodera's use of experimental feminist intercultural film techniques creates not only intergenerational and intracommunity transformations, it also challenges white dominant viewers to question their own relationships with and responsibilities toward historical accounts and to non-white Canadians represented in the film. Furthermore, as an intercultural film, *The Displaced View* exposes what is knowable in addition to revealing what can never be recovered. That which was silenced was also, in some cases, forgotten—lost to the archive. Using the dynamics of the image and narrative fantasy, Onodera re-represents spaces of oblivion: those elements of a fragmentary history that have been permanently erased from the cultural community memory. Thus, Onodera's narrative proposes that the missing her-stories must be imagined into a new vision (revision) of identity: personal, familial, and communal.

### *Intercultural Mediations*

"Interculturalism" provides a useful and productive means of engaging with Onodera's film, since *The Displaced View* creatively addresses the complexities of living in and interacting with a diverse society. Why "inter" as opposed to "multi," given multiculturalism's privileged status in Canada? Multiculturalism is useful to the degree that it recognizes the plurality constitutive of Canadian society, but to term Onodera's work as multicultural implies a certain agenda linked to the Official Languages Act (1969), the Multicultural Policy (1971), and the Multiculturalism Act (1988), which her film exceeds and even defies in certain respects. As Phil Ryan details in *Multicultiphobia* (2010), multiculturalism in the Canadian context is interpreted in a number of different and sometimes conflicting ways: as an ideology, an empirical social condition, a government policy, a social practice, and a character attribute (7). Interculturalism, by contrast, is a theoretical paradigm that foregrounds the potential for positive transformation and reinvention through the interaction of two or more cultures. The interpretation of multicultural policy by some analysts aligns it with an intercultural mandate. Ryan, for example, writes that "'full participation in Canadian society'; 'creative encounters and interchange among all Canadian cultural groups'; language acquisition: all these expose the individual to new ideas and new people. Clearly, the integration envisioned by multicultural policy *must* affect people's way of life" (46, emphasis in original). However, as I and others have argued elsewhere, the lived reality of a multicultural Canadian nation predates any state policy or act, and state multiculturalism as it has been written into the nation has been critiqued for being limited to spectacular performances of ethnocultural heritage that fetishize and essentialize specific cultural practices—song, dance, and culinary multiculturalism.[5] These scripted manifestations of ethnicity function to homogenize each ethnocultural group that is identified as "minor" and to undermine a more engaged understanding of diverse cultural identities and languages as part of, and not marginal to, "Canadian" English-French national identity. Multiculturalism—as it is culturally expressed—has been critiqued by scholars such as Daniel Coleman, Janine Marchessault, Laura U. Marks, and W. Peter Ward for establishing white nativist Anglo-dominant identity constructions as the norm against which more recent ethnocultural identity tropes have been juxtaposed. As Ward argues in his book *White Canada Forever* (1990), Canadians "have clung tenaciously to the myth of the ethnic mosaic: the belief that the nation evolved more or less harmoniously as a multicultural society, and the related assumption that this was and is a desirable condition" (x). He maintains that despite a tenuous commitment to multiculturalism in Canada, there has been a historical focus on building an Anglo-Canadian nation (particularly in British Columbia in the first half of the twentieth century). "It would seem that the limits of tolerable diversity have been much more narrow than today we commonly believe" (x). In Canada, the "hot rhetoric of racism" has changed, but the message "is clear to most observers. Racism still pervades" (xix).

Interculturalism—historically linked to theories of multiculturalism but distinct from Canadian state multiculturalism—provides one avenue to attempt to address state multiculturalism, which has been critiqued for its foundation in a white-centrist racist politic that (despite producing some limited positive outcomes) has institutionalized and normalized discrimination by confirming the centre via an identification of which members of the citizenry define the margins.

Intercultural film, based on intercultural theories, is characterized, according to film scholar Laura U. Marks, "by experimental styles that attempt to represent the experiences of living between two or more cultural regimes of knowledge, or living as a minority in the still majority white, Euro-American West" (3). In Onodera's case, more specifically, this regime is white Euro-Canada. Onodera was researching and creating her film *The Displaced View* within the 1980s sociopolitical context, wherein Japanese-Canadian community leaders were working to negotiate a redress settlement and apology. Also during this time, the federal government was discussing the Multiculturalism Act, which was passed in 1988—the year of the film's release. Marks identifies intercultural film's usefulness in creating exchange and transformation between various minor discourses (and not only as a hierarchical engagement between dominant and minority discourses). In the case of *The Displaced View*, Onodera uses intercultural film techniques to explore non-hierarchical but strained inter- and intra-community relations. Of course, one strategy determined by leaders of the redress movement was to create a cohesive community narrative to resist long-standing representations of Japanese Canadians as either enemy aliens (pre-war and during the Second World War) and/or as model citizens (postwar). However, these master narratives failed to fully acknowledge the diversity within Japanese-Canadian communities that was based on differences in class, politics, religion (Buddhist, Shinto, Christian), *ken*-ties (regional cultural and linguistic affiliations to community members who immigrated from the same *ken*, prefectural *heimat* in Japan), as well as regional affiliations that developed in Canada, and generational differences that develop over time between the *issei*, *nisei*, and *sansei*. In their most simplistic renditions, the terms "issei," "nisei," and "sansei," refer respectively to the first generation (those who immigrated to Canada), the second generation (born in Canada), and the third generation. However, this generational division (first, second, third) becomes more convoluted when one considers that depending on the period of immigration, a nisei and a sansei might be of different immigrant-generations, yet be of the same age. Therefore, a nisei and sansei might share certain commonalities based on their age and their experiences as Canadians, while their viewpoints might differ because of their family histories and their own relationship to Japan, Japanese language, and Japanese culture.[6] The instigation of a redress movement in the late 1970s and early 1980s had heightened awareness of this intracommunity diversity. Contrary to the homogenizing effect of existing narratives,

Onodera uses 1980s intercultural feminist video and film techniques in *The Displaced View* to expose, at least in part, intracommunity and intercommunity diversity and to then move to construct intracultural and intercultural understanding—first, between generations of Japanese Canadians, and also with a non-Japanese-Canadian audience.

### *Experimental Techniques*

To expose the multiplicity of intracommunity Japanese-Canadian perspectives, Onodera uses numerous intercultural experimental cinematic techniques. Strikingly, she employs a female polyphonic voice-over narrative, as opposed to the traditional male voice of documentary film. In addition, she uses English and Japanese language both orally and as a visual semiotic layered onto the film itself. She also creates scripted composite characters played by real women, not actors. And these characters are based on archival research and interviews with Japanese-Canadian women across the country. Furthermore, her invention of fantastic narratives becomes a means to reconcile the erasure of history necessary to manifest a story—a film—about three generations of Japanese-Canadian women. Onodera explores multiple interstices where cultural perspectives—namely, generational, gendered, and racialized—collide. Onodera represents how generational viewpoints are informed by both temporal-specific issues as well as the varying relationships each of them has to Japanese language and culture. She also exposes the contrast between Japanese women's histories versus dominant white Canadian discourses that had already been circulating for several decades about the events and policies of the Second World War—and depicts the long-term ramifications of these histories. The onscreen character of Onodera reflects transformations that result from the memory work Onodera, as director, undertook to create the film, which illustrates the potential for film to create new intercultural dynamics.

Onodera's avant-garde filmmaking practices use the viewfinder to present various perspectives, displaced from one another, but collectively part of a complex community narrative. In her representation of issues specific to Japanese-Canadian women and to the experiences of being an ethnic minority displaced either by immigration, forced relocation, or the experience of being "other" in white Canada, Onodera makes a "new" set of identities, à la Bhabha,[7] that result from the telling of what it means to be a visible body born into displacement simply by existing in a white Canadian context, regardless of whether whiteness is mythic or manifest. Furthermore, she plays with the medium of film in ways that are consistent with documentary forms of autobiographical portraiture and second-wave feminist filmmaking techniques that simultaneously represent female realities new to the screen and disrupt the illusions of truth that documentary, non-fiction, truth-telling film genres still carry—and carried, particularly at the film's historical moment.

### *Which View is Displaced?*

The English title of the film is *The Displaced View* but the accompanying Japanese title reads "Issei, Nisei, Sansei." For bilingual (English- and Japanese-speaking) viewers, the title immediately places narrative emphasis on the complex generational perspectives and the dislocation of the generations from one another, all within the context of multiple other displacements. This reimagining is a complicated process that Onodera illustrates by emphasizing the complexities of both the forced relocation(s) as well as the resulting generational disjunctures.[8] The specific reference to the generations gives added nuance to the English title, which is read as one displaced view—*the* displaced view—shared by the three generations, in relationship to the mainstream. However, *The Displaced View*, within the framework of both the Japanese and English titles, reflects the different loci of the three narrators as embodiments of different generational perspectives, each of whom is displaced from the other. *The Displaced View* explores two kinds of generational divides that lead to a lack of communication: the more straightforward linguistic divide of the issei (first generation) grandmother and the sansei (third generation) granddaughter, and the complex lack of understanding between the nisei (second generation) mother and her sansei (third generation) daughter. And, all of this must be considered within the context of multiple temporal and spatial displacements.

Historically, immigration represents an initial displacement. Then there are the social dislocations that have resulted from government policies: during the Second World War, this included the forced removal of approximately twenty-three thousand Japanese Canadians from the West Coast to detention centres, road camps, tuberculosis sanatoriums, farms in the Interior, and "internment" camps. For the issei, the end of the war signaled a third major displacement because they were, in many cases, then forced to relocate from these original sites of confinement to elsewhere—usually, settlement east of the Rockies or deportation to Japan (euphemistically referred to as "repatriation"). No Japanese Canadian was legally allowed to return to the West Coast until April 1, 1949, and for those that opted to go back home, this was yet another displacement. And a return home to the West Coast implied starting again, given the liquidation of property that had been orchestrated by the government. These dislocations are largely part of the lived experience of the issei and nisei. However, all three generations share the displacement of the visible body from white Canada. In the film, Onodera parallels her own experience of this alienation by the hegemonic culture with the othering that she simultaneously experiences in relationship to her ancestral language, culture, and history, and the othering that she experiences as a lesbian in a straight-dominant world.

### *Historical Context of the Film's Release*

*The Displaced View* was screened in Toronto on July 22, 1988 as part of a two-day festival entitled Hot Night in July: Video & Film by & about Lesbians of Colour (Bociurkiw). The previous day, July 21, 1988, Canada had passed the Multiculturalism Act, whose aim was to make amendments to strengthen the position of non-English, non-French, and non-Aboriginal citizens. Two months later, on September 22, 1988, Japanese Canadians received formal recognition for the injustices enacted against them as a result of Second World War government policies.

The redress campaign leading up to this moment was part of a historical period focused on identity-politics (gender and ethnicity, as well as "race" as a social construct) that had become increasingly part of social and political discourse starting in the 1960s in Canada and around the world. This identity discourse was an outgrowth of ideas proposed by major intellectual thinkers such as Frantz Fanon, Hélène Cixous, Julia Kristeva, Luce Irigaray, Audre Lorde, and Michel Foucault, followed in later years by the work of Judith Butler, Sherry Turkle, Trinh T. Minh-ha, Gayatri Spivak, Constance Backhouse, Charles Taylor, and Will Kimlycka, to name a few. In Canada, the Royal Commission on Bilingualism and Biculturalism was established in 1963, and, in 1969, it would result in the establishment of an Official Languages Act. In 1971, the Multiculturalism Policy was passed. This legislation confirmed the unique status of Aboriginal peoples and the status of English and French languages in Canada. The Canadian Broadcasting Company promoted this policy as a "bold step [that] charted the path to a vibrant and evolving cultural mosaic premised on mutual respect for Canadians of all backgrounds and ancestry." Some Canadians, however, critiqued the contradictory nature of a policy that declared Canada to be both bilingual and also multicultural, given the central role of language to culture. In addition to ongoing discourses around language and cultural rights in Canada, Japanese Americans had begun to organize a redress campaign, and, throughout the 1970s, the idea of a Japanese-Canadian movement gained momentum. By 1976, the National Redress Committee in Toronto had begun to officially discuss redress. By 1977, the Reparations Committee was formed and political positions on redress were being co-constructed and negotiated within Japanese-Canadian communities and in the Japanese-Canadian press—the *New Canadian* and the *Canada Times*.

The project of mediating a Japanese-Canadian history was taken up anew, against a backdrop of historically biased and problematic representations from mainstream radio, television, and print sources that were largely favourable to government rhetoric and void of Japanese-Canadian perspectives. In *Of Japanese Descent: An Interim Report* (1945), an earlier propaganda film by the National Film Board, the relocation centres are redefined by the narrator as "towns"; likewise, he reinscribes into the national historical account the multiple racist wartime policies as part of more general liberal democratic practices of policing. In this film, funded by the British Columbia Security Commission, Japanese-Canadian identity undergoes reinvention as part of a government plan for postwar integration. The film visualizes the inceptions of a future multicultural discourse that privileges white Canadian normativity (Pendakis and Wilson). Even in Pierre Berton's more sympathetic 1970s television production, *Exodus of the Japanese*, the comments and perspectives of the two Japanese Canadians who appear in the film, Mrs. Tanaka and Harry Nobuoka, are framed by a 1970s Trudeau-era multicultural narrative that acknowledges the racially motivated injustices of past governments, while claiming that the Trudeau-era government has resolved racism. Racism is narrated as historical; meanwhile, the episode simultaneously racializes Canadian residents and citizens of Japanese heritage as "the Japanese" (as per the title) and reinforces an ethnic binary whereby visible minorities are positioned in relationship to an imagined white Canadian society, which is blind to its own hegemonic privilege. In the 1975 NFB documentary, *Enemy Alien*, Mrs. Horiouchi, an elderly Japanese-Canadian woman who appears in the film, never speaks for herself but is used, instead, as visual evidence to add credibility to the perspective presented by the male voice-over narrator.

By the late 1970s, there were also an increasing number of non-fiction print publications from a variety of perspectives: Ken Adachi's *The Enemy That Never Was: A History of the Japanese Canadians* (1976), Barry Broadfoot's history entitled *Years of Sorrow, Years of Shame: The Story of Japanese Canadians in World War II 1877–1977* (1978), and the Japanese Canadian Centennial Project's *A Dream of Riches*. Ann Gomer Sunahara's book *The Politics of Racism* (1981), released the same year as *Obasan* (1981), provided a historically researched account of the racist motivations behind wartime and postwar policies aimed at forever resolving the "Japanese problem" in Canada (Sunahara 13). In 1982, CBC television produced the documentary "A Call for Justice" as part of the national news and information program *The Journal* and in response to the call of the redress movement. According to Miki, one of the former leaders in the movement and a historian of Japanese-Canadian redress, what stands out about this documentary is that it includes the perspective of Japanese Canadians in ways that allow for the CBC's "tacit endorsement of some form of redress for what are acknowledged as injustices" (*Redress* 142). By the mid-1980s, the Japanese-Canadian redress movement had gained momentum in the media and had become part of the popular consciousness of Canadians. Maryka Omatsu, former redress activist and lawyer, writes that by "1984 editorials across the country had begun to take up the issue and to advise the Trudeau government that 'Japanese Canadians have waited long enough for compensation; they should have to wait no longer'" (97). The continuous media attention given to the matter of the campaign and ensuing settlement throughout the 1980s—as several multiculturalism ministers, some of whom included Jim Fleming, David Collenette, Jack Murta, Otto Jelinek, and David Crombie, tried to negotiate a settlement with Japanese Canadians—had created an awareness of Japanese-Canadian history. This cultural and political climate established the need and, in some cases, inspired a desire for Japanese Canadians, Onodera included, to discover and voice their individual, familial, and communal histories.

*The Displaced View*, as one of the early texts in the tradition of narrating Japanese-Canadian women's histories that include stories of immigration and internment, has become part of a larger contribution to community auto/biography, both literary and cinematic. Other influential texts in this category include its literary predecessor and the aforementioned *Obasan* by Joy Kogawa, which I have argued elsewhere is "the palimpsest over which all Japanese-Canadian texts—literary, cinematic, and otherwise—are articulated (*Joy Kogawa*, 21). Another writer who has made significant contributions, although from another perspective almost two decades after Kogawa, is Kerri Sakamoto, with her two novels *The Electrical Field* (1998) and *One Hundred Million Hearts* (2003), and her film *Obāchan's Garden* (2001). Onodera's *The Displaced View* was chronologically the next creative text of significance after Kogawa's *Obasan* to provide such significant insight into Japanese-Canadian perspectives and women's views in particular. All these creative texts by Kogawa, Onodera, and Sakamoto share the common narrative practice of uncovering and discovering family histories, for which the events of the Second World War are part of larger more complex stories. This is in contrast to many accounts from the dominant discourse that focus almost exclusively on the historical narration of wartime events—namely, the internment (as this term has been popularly applied to camp life)—thereby containing Japanese-Canadian history in ways that do not allow for continually developing Japanese-Canadian histories and identities.

## *Intercultural Film: Re-Constituting Community and Memory*

As an intercultural project, the film negotiates itself between several layers of meaning: that which is known, that which has been imagined, and that which cannot be added to the re-membering of Japanese-Canadian communities or collective memory either because it has been permanently forgotten or because it was never understood or known. Experimental filmmaking techniques, such as the construction of a narrative using family photographs, home video footage, and formal interviews (in this case as the foundation to the script), all work to create a "less plot driven and more synchronically organized presentation" common to what Jim Lane describes as autobiographical portraiture (94). These techniques, in particular the female voice-over narrative, are also consistent with Onodera's second-wave feminist filmmaking practices that aim to create a space to represent Japanese-Canadian women. As an archival recovery project, the film is intended to preserve knowledge and her-story/ies. The three female characters in *The Displaced View* each have an autonomous voice: they are not, as has been the case in early representations of Japanese-Canadian history by the dominant discourse (CBC, NFB, government rhetoric), merely the objects of anthropological investigations by white Canadian men/filmmakers. Each female character recounts a story unique to her generation and is, therefore, partially representative of a more collective female Japanese-Canadian experience; together these characters reconstitute one possible past onto which other women can graft potential futures.

The experimental technique of constructing a polyphonic voice-over allows for a cohesive narrative while still providing the cinematic flexibility to represent a wide range of female Japanese-Canadian perspectives. The onscreen characters played by Onodera, her mother, and her grandmother, visually represent composite persona that Onodera, as screenwriter and filmmaker, created based on extensive research trips and personal experience. As part of the background work of writing this screenplay, Onodera travelled across Canada to conduct interviews with first generation (issei), second generation (nisei), and third generation (sansei) Japanese Canadians. While Onodera's own mother visually represents the sansei mother, another nisei woman reads the voice-over. Onodera's grandmother reads and acts her role, but is still following a script. Onodera's screen character is perhaps the most auto/biographical in that it represents her personal story of defending her sexuality, in addition to issues that she shares with other women of her generation. None of these characters can be accepted as fully auto/biographical in their own right, but each should instead be considered as more generally representative of her generation and of the ways that personal experiences shared by many Japanese-Canadian women have intersected with social and political events.

Functioning as a polyphonic community auto/biography, *The Displaced View* records the unveiling of wartime events to a younger generation through a dialogue with history and with older community and family members. This cross-temporal and cross-generational communication takes place during multiple intervals: initially, it occurs during the research and interview stage, and it subsequently transpires via the medium of cinema itself, and then as part of the film's reception. As the film's director, Onodera creates a venue to explore the motivations and actions of the older generations, which she concedes are explicable, given the historical context, though not always forgivable from her generational perspective. Namely, Onodera struggles to understand the lack of issei and nisei resistance against systemic oppression: the pervasive attitudes of resignation and acceptance that sustained individual and community silence after the war.[9] Ultimately, however, Onodera's narrative voice-over expresses her growing understanding, as a sansei, of the issei and nisei. This growing comprehension is represented through Onodera's onscreen matrilineal relationships with her mother and grandmother.

### *Issei–Sansei: Grandmother–Granddaughter Relationships*

*The Displaced View* traces the intercultural video project of using film itself as a medium to communicate between generations and beyond language barriers. At the time of this film's production in the mid-1980s, the redress movement was exacerbating existing generational tensions, further complicating the need for Japanese Canadians to find a common voice to represent their collective wishes; generational divides, among other differences, made the unification of a community voice seem nearly impossible at certain moments during the redress era. Japanese Canadians often held drastically different opinions about what redress should aim to accomplish and how those goals should be achieved (Miki *Redress*; Omatsu). One hurdle to be overcome was that, as previously mentioned, the generations had radically variant perspectives, and, in some cases, the difficulty of communicating these views was exacerbated by the linguistic caesura that had taken place in Japanese-Canadian families and communities after the war. Many Japanese Canadians stopped speaking Japanese in the postwar era. This was in part the result of assimilationist government policies that dispersed Japanese Canadians across the country in an attempt to resolve the "Japanese problem," as it had been labeled during the war. This linguistic discontinuity simultaneously disrupted the transmission of heritage culture and largely silenced the issei. The silencing of individual, family, and communal histories allowed for official interpretations of history to dominate, unchecked, during the postwar period and into the 1970s. Then, with the redress movement, personal, familial, and community stories began to emerge.

It was within this sociocultural and political climate that Onodera created *The Displaced View*. One of the avant-garde innovations of this film, given its historical moment of production, is the director's decision to have the issei grandmother speak in Japanese. The sansei narrator's inability to understand and communicate with her grandmother is not narrated but rather experienced by the viewer: the English speech is subtitled in Japanese. However, the reverse is not true: Japanese speech is not subtitled in English, which identifies the Japanese-speaking issei grandmother as the target audience. At the outset of Onodera's film, there exists a chasm between the grandmother and the granddaughter because they do not share a genealogical continuity: a mother tongue. In this sense, the passage of genealogy was lost with the historical denial of the immigrant grandmother's minority language and female voice. Onodera's filmmaking techniques attempt to undo the grandmother's multilayered othering—as elderly-ethnic-female—by the hegemonic white-Anglo culture that alienates her.

Marks argues that experimentation with techniques is integral to intercultural films given that intercultural work offers other, different, and new ways of knowing and representing the silences of the archive, the traumas of the past, and the dislocations from culture and language, and that from the efforts of this memory work, experimental techniques are developed—*newness* à la Bhabha—comes into being on screen (5). Many experimental film artists in the mid-1980s were making "explorations of language and representation at a time when academia was seized by semiotic theory: ...many began making primarily queer work.... When broader cultural interests (or, narrower academic interest) turned to questions of racial and ethnic identity, many artists shifted their work to address these concerns" (4). While Onodera's use of Japanese subtitling in *The Displaced View* distances non-Japanese-speaking viewers, it also situates the non-Japanese speaker in the position of the sansei, who struggle to understand the older generations, especially the issei. In so doing, Onodera aims to encourage cross-cultural listening. She explains, "That's what I do a lot of the time with my grandmother: sometimes it works, sometimes it doesn't" (qtd. in Waring 18). Onodera wants and expects audiences to feel both frustrated, as she often has, but also to listen for an intercultural communication beyond language—what she refers to as "a sort of basic or pure communication" (qtd. in Duran 8). This technique of subtitling the English and not the Japanese audio is an intercultural experiment to test the potential for film to act as a conduit of communication across previously irreconcilable breeches between individuals and communities, represented onscreen by the three female characters, each of whom have specific generational, cultural, and linguistic perspectives.

Within the context of ongoing debates associated with the contradictory natures of bilingualism and multiculturalism, Onodera's focus on language can be read as both a semiotic system and a form of political resistance. These subtitles in *The Displaced View* allow not only for communication between the filmmaker and the first generation, represented by her grandmother, but they also layer the celluloid with a visible Japanese aesthetic that brings into relief exactly what Onodera has lost. Marks maintains that in intercultural film a process of mourning is part of the work of interrogating the traumas of the past. The resulting "grief may be individual or widely shared, but in these films and tapes it becomes a collective experience" (5). In the Japanese-Canadian historical context, the causes for grief are multiple. However, Onodera, as sansei, represents a grief that results from her break with Japanese language—the ancestral mother tongue—and therefore culture. The film exposes the pain that this linguistic alienation causes her, both in terms of the impact on the relationship with her grandmother, the first generation (issei) more generally, and in terms of Onodera's own sense of identity as a Japanese-Canadian woman. Despite being a third generation Canadian, Onodera is largely received by white Canadians as "Japanese." She expresses her frustrations with the discrepancy between perception and reality, as well as her shame at being misidentified. She feels both the upset at being considered "other" in her native nation-state, Canada, and the poignant loss of the linguistic knowledge that is, in part, the result of her family's and the larger Japanese-Canadian communities' postwar desire to be identified as loyal Canadians and model citizens—an ambition to belong that seemed the promise of suppressing one's Japaneseness. However, the film reveals that it was a false promise. Onodera's character explains, "I met an old man who said 'too much Japanese stuff. That's over.' I remember my mom saying just because you're Japanese that doesn't mean you are different from anyone else. She said that for quite some time. If that were true, why did she have to keep reminding me?" The film narrative exposes all that has been lost and forsaken in an effort to belong, only to document how prejudiced assumptions are sustained into the present. Onodera's character describes her struggles as someone who does not conform to rigid identity paradigms of either Japanese or Canadian:

> A few years ago I decided to learn Japanese. I wanted to talk to you [her grandmother] properly. I quit after two classes. Just because I look Japanese everyone expects you to know the language.
>
> "How long have you been here? You have such good English."
> "I can only speak English."

Furthermore, the use of Japanese subtitles becomes part of the film's resistance against the fact that Onodera's mother—as the synecdoche of the nisei generation—has forever acted as the family translator. In this role, her mother has been the mediator and the barrier, allowing for communication but impeding direct contact with the grandmother's generation and by proxy the family culture and history.

Onodera's directorial choice not to translate the Japanese of the grandmother into English forces the non-Japanese-speaking viewer to reflect on Onodera's displacement from her grandmother, as well as her ancestral language, history, and culture. An outsider within her own family dynamic, Onodera is shut out from any nuanced understanding of the older generations and therefore has the perspective of a perpetual child. This technique foregrounds for viewers how the filmmaker's relationship with her grandmother has been mediated–both literally, through translation, as well as metaphorically–by her nisei mother, in much the same way that many Japanese-Canadian family and community interactions (including the complicated community debates that went on in the 1980s regarding redress) have relied on nisei intervention to smooth intergenerational understanding, linguistic as well as world views, political perspectives, and cultural attitudes.

Onodera reclaims the power of direct communication through video and film. Via her control of the medium, she can bypass her mother's interventions to speak directly with her grandmother. As such, this experimental film is a tool for cross-cultural and even cross-temporal exchange. Onodera's directorial choices–to speak to the grandmother directly through subtitles and to have the grandmother speak in unmediated and untranslated Japanese–place this representation in stark contrast to the appropriation of Japanese-Canadian voices and stories in other earlier television and film productions. In this sense, the film is an attempt to reestablish lost voices, lost genealogies, and the fissure between grandmother and granddaughter.

### *Nisei-Sansei: Mother-Daughter Relationships*

*The Displaced View* also records the transformation in Onodera's understanding of her nisei mother that is a direct outcome of the intercultural video techniques employed in the filmmaking process. Onodera opens

*The Displaced View* by making the following claims: "My love and respect for my grandmother lead me to ask the questions. I have begun to understand my mother better through the answers." While the mother character in the film speaks English, like many nisei, she has never used that language to defend herself publicly or to resist oppression. Onodera's character struggles to reconcile herself to a mother who has been unwilling to fight for her rights: "I don't understand why she didn't fight back, stand up for her rights. I realize the time and the struggle are different, but that doesn't allow me to forgive her." Unable to relate to the non-politically engaged mother character, Onodera's character imagines that she has gained her strength from her grandmother.

Initially, Onodera is highly critical of her mother's generation: "I've heard you [mother] say that the evacuation was a good thing. *It made the Japanese assimilate more. It took them out of the ghetto.* Do you really believe that, or are you still trying to justify the pain?" At the outset, Onodera's character, equating her resistance against heteronormative standards and racist injustices, cannot fathom the issei and nisei acceptance of the past and of government policies that assured assimilation. Fearful of reawakening the past, many issei and some nisei, depending on their age and attitude, advocated the mantras of *shikata ga nai*, indicating resignation ("it couldn't be helped") and *enryo*, restraint. However, by the end of the film, the narrative has traced Onodera's path to understanding that it has been unfair on her part to compare her own struggle to assert her sexuality with her mother's lack of defence of her ethnicity, when, in fact, Onodera herself has failed to assert herself as Japanese Canadian: "Like my mother I've denied my history for so long, pretending to be white." By 1988, Onodera had already directed several films focused on her lesbian identity. This intercultural film, however, becomes her ethnic "coming out" film in two senses: in it, she comes out as a lesbian to her own ethnic community, and the film itself also allows her to explore and assert herself as Japanese Canadian. "Because I had to fight for my sexuality, I ended up protecting my culture." Onodera articulates that the process of filmmaking has made her increasingly aware of her differences within difference—of the role of her ethnicity in relationship to her sexuality. By the end of the film, one identity is no longer subsumed by the other.

### *Intercultural Narrative Fantasy: Reclaiming a Genealogy*

*The Displaced View* records Onodera's sometimes unsuccessful struggle to reassemble her maternal history, an elusive goal that she identifies as an ongoing task. The gaps and silences Onodera encounters and then represents in the film itself are consistent with the process of memory work that Marks identifies as integral to intercultural film, given that the filmmakers are typically addressing difficult histories. Like other intercultural video and filmmakers who undertake "traumatic investigations," Onodera's narrative discovers "personal and family memories, only to create an empty space where no history is certain...The story suspends in order to contemplate this emptiness, which is narratively thin but emotionally full" (Marks 5). Through a better understanding of her mother and grandmother, the narrator of the film seeks to know herself, her matrilineal parentage, and her Japanese-Canadian identity more thoroughly. To achieve this, Onodera resists easy conclusions. She asks the following questions: "Am I a Japanese Canadian, or a person 'of Japanese descent'? Passing as. In the closet when. I am guilty of playing it safe." Admitting that it has been easier to deny her heritage than to confront it, she has existed in a liminal space, floating between signifiers.

Where there has been no story, Onodera has fantasized a matriarchal figure, creating for herself a genealogical history. Framed by tangible wishes and transformed fairy tales, the absence of a spoken history creates the space for an imagined family story. Onodera's film is one of the first Japanese-Canadian films to use this technique, which is later applied by other filmmakers.[10] In the absence of any knowledge of her grandparents' past, the narrator as a young child fantasized that her grandmother and grandfather were the old man and his wife in *The Crane Wife* fairy tale. Onodera uses this story as a framing device and imagines her grandmother to be the wife of the benevolent woodcutter:

> There is still so much I don't know about you, my grandmother: *Bāchan*. Information guarded from me, simply because I never asked. I didn't need to. A Japanese fairy tale. You became the old woman living in a small village with *Jiichan*: the childless couple. *Jiichan* was the one

> who freed the snow crane from the trap. For his act of kindness, you were rewarded with a visit from a young girl. You gave her food and shelter, and in return she wove beautiful fabric of exquisite design. Then one day, her secret was discovered. But, I made up that past for you.

In an attempt to recapture yet another history and a more complex understanding of her grandmother's early life, Onodera embarks on a train voyage into the BC Interior to identify former sites of confinement (internment camps). This exploration becomes more specifically a metaphysical journey of reflection—the deconstruction and reinvention of history and identity. When Onodera goes in search of the internment camps scattered across BC, they are not situated on the maps—spatial oblivion—and she does not know what she will find: "Everyone told me not to be disappointed, but I didn't need the physical evidence to validate history. I wanted to find the part of you [my grandmother] that I imagined in myself, the part of you that my mother had denied me, but I was almost afraid of what I might discover." On her trip, Onodera is struck by the realization that there is little physical evidence remaining of the injustices done to her family and the Japanese-Canadian community in general throughout the 1940s. In many cases, nothing identifiable denotes the locations of the unmapped sites that nature has since reclaimed; the mainstream nation bears no scars.

Nature's reclamation of these physical spaces parallels the "naturalization" of the de facto obliviation of Japanese-Canadian communities caused by government policies during and after the war. In this sense, Canada, with its mythopoeisis of the natural landscape, is able to re-absorb any societal glitches that have occurred and absolve the nation of responsibility for historical injustice. Japanese Canadians, however, need no physical marker of wartime discrimination for it to continue to exist as a wound in their psyche and lived reality. Onodera's voyage to Sandon, Slocan City, and New Denver unfurls the concept of the internment camp as a mythical place/space, erased from the landscape, just as family histories had been erased for several decades between the war's end and the redress period. This sequence resonates with the tropes of silence and the discovery of family history that permeate Kogawa's *Obasan*.

*The Displaced View*, like that novel, acknowledges its status as a text, a narrative construct, a fallible medium through which one potential (never absolute) version of history and one interpretation of truth can be reconstructed. This experimental film follows Onodera's journey back to an identity that requires partial reinvention. Through this process, the sansei narrator is replacing her childhood fantasies about her grandmother's biography with another potential story, invented for viewers, by the character of the grandmother. Still, the new version does not represent a concrete account, verifiable by places and facts. It too relies on the grandmother character's failing memories and interpretations of her personal history.

The grandmother's story, founded in lived experiences, is potentially less impressive than the fairy tale Onodera has told herself for her entire life, but by replacing the fairy tale with the bits of information that she gleans about her grandmother's past through the filmmaking process, the narrator is able to create a *new*, more nuanced her-story. In its avant-garde use of historical invention, the film creates a dynamic mythopoeia, subject to change and metamorphosis that encompasses not only the wartime situation but also the narration of the issei's arrival to Canada, as it links to the identities of the issei's daughter and granddaughter. In this context, the grandmother's identity is not frozen in time, limited only to affirming the family's link to Japan; nor are community identities fixed as a result of traumatic experiences resulting from unjust and racist policies and legislations.

Between the various generational views of the grandmother, mother, and daughter, supplemented by family pictures and historical documents, exists a story—suspended between the images that remain, the places that remain, and the people who testify to their varying points of view on what happened during and after the war. Onodera also exposes the difficult reality that some facts are too difficult to recall: in some cases what was silenced was also forgotten. Using the dynamics of the image, Onodera re-represents the space of oblivion—those elements of the fragmentary history that have been permanently erased from the cultural community memory. In so doing, the film's narrative makes explicit that facts do not equate to "truth." A meta-narrative is not possible for reasons linked not only to the fallibility of memory but to generational politics and perspectives. In some cases, and to varying degree, silence was the status quo after the Second World

War. Ultimately, however, through the process of intercultural filmmaking, Onodera comes to a better understanding of her mother and grandmother's politics of silence. Functioning as a polyphonic community autobiography, the film's narrative proposes that silenced and missing history/stories must be imagined into a new vision (revision) of identity—personal, familial, and communal.

## *Potential Futures*

As the film comes to an end, Onodera closes the frame stories but identifies the search for the family history and ethnic identity, linked the recovery of oblivion, as a work in progress. As director, she wisely avoids providing simplistic answers that recuperate diverse Japanese-Canadian experiences into mainstream narratives of economic success and/or assimilation, as earlier white filmmakers had typically done. Instead, she interrogates the historical outcomes that speak to the larger sociopolitical ethos of the period, and the contradictions and complexities inherent in determining a multicultural future for the country. Despite the fact that Onodera was creating a film focused on ethnocultural identity during a moment of heightened awareness of multicultural issues, she ironically found it even more difficult, in some cases, to find funding for the film. Onodera was confronted with the negative implications of multicultural funding in ways that made it clear that multiculturalism gives attention to Canadian diversity within a paradigm that still privileges the view of the dominant culture(s) and homogenizes ethnocultural interests in order to disenfranchise the minority groups it claims to empower (Marchessault 20). In *The Displaced View*, Onodera was working to represent a complexity of Japanese-Canadian perspectives that ran contrary to tidy homogeneous ethnocultural identity paradigms. Furthermore, despite the fact that asserting ethnocultural identity is cohesive at many levels with multicultural politics, the redress movement positioned Japanese Canadians (and therefore Onodera's project) in opposition to the state.[11]

In *The Displaced View*, Onodera avoids succumbing to the funding imperatives that have resulted from the institutionalization of cultural difference and has instead written new identities that resist stagnant Japanese-Canadian identity representations that exist only in relationship to internment—an overly simplified term that does not encompass all the various policies and civil/human rights abuses enacted against the Japanese-Canadian wartime community. This film was a response to previous cinematic texts that had represented a history of racist government policies as aberrations, rather than fully acknowledging the degree to which these events are part of what has constituted the formation of the Canadian nation. Stagnation of identity at the moment of historical trauma, whether it be the initial immigration, or the events of the Second World War, or coming out as a lesbian, does not allow for a fluid and dynamic identity. Whether personal or communal, identities that are constructed solely around a particular event become fossilized. To historicize ethnicity at the moment of victimization is to recuperate it into status quo narratives of "enemy alien" and "other." Furthermore, the mainstream narratives that evaluate Japanese Canadians according to a Protestant work ethic that values economic productivity, in general, claim that Japanese Canadians have recovered from the wartime injustices and the ramifications of those events, based on their economic successes after the war and their continued economic productivity. These narratives of the model minority fail to capture the complex consequences of a century of racist policies and social attitudes enacted on Japanese Canadians, starting soon after the first Japanese immigrant arrived to Canada in 1877.

Onodera reminds viewers of potentially negative cultural outcomes resulting from these practices—about how a lack of intergenerational communication can reduce the issei to mere representatives of family ethnicity, instead of incorporating ethnic identity as a comprehensive part of a lived reality, enriched by cultural diversity. *The Displaced View*, by contrast, resists this impulse. The film articulates Onodera's fears about losing her grandmother and her history/stories either to a failing memory or to the inevitability of death. It records her grandmother for posterity, but it also communicates with her and allows her to represent a complex new story and identity for the next generation that will not be possible from a nostalgic posthumous perspective—once Obāchan and all the issei women are gone. Onodera's desire for her grandmother's immortality articulates one of the predominant concerns of later Japanese-Canadian documentaries released in the 1990s: the fear of invisibility through a complex process of assimilation that begins with a loss of language and a lack of communication between generations, creating cultural gaps and an erasure of history. As the issei age and die, families begin to recognize that the issei are bearers of culture, language, and history, and when they die, so do the links to the family's sense of ethnic identity. Grandmothers, and the symbolic role of the matriarch as a link to cultural heritage, become a trope in Japanese-Canadian family documentaries (community auto/biographies).

### *Conclusion*

The directorial focus of *The Displaced View* is a cinematic narrative of resistance against the imposition of historical oblivion. By archiving fragments of the past and weaving them with a degree of fictionalized content necessary to establish a cohesive narrative, Onodera realizes her dream to communicate with her grandmother. Initially, this connection with the grandmother assumes an exclusion of the mother, which is eventually transformed into a stronger mother–daughter relationship. Onodera's initial desire to speak to her grandmother without the intervention of her mother is reflected from the outset, with the dedication "For My Grandmother, Suno Yamasaki," to the concluding scene. Onodera's quest to communicate with her grandmother is creatively imagined by the fairy tale frame-story and visually represented by a Daruma doll.

A Japanese Daruma doll initially has blank eyes. When a wish is made, the first eye is painted. The second eye is filled in when the wish comes true. Onodera paints the doll's first eye at the beginning of the film. In the film's final moments, Onodera fills in the second eye and we hear her recounting to her grandmother what she has learned from her:

> Through you I've gained the strength to be who I am, and somewhere along the line I've discovered my own, as well. In order for a person to grow, they say that you must confront your worst fear. In some ways mine hasn't changed since childhood. I'm still afraid of losing you and

> I will always regret not being able to tell you what you mean to me.... That wish I have, of you living forever. I know it'll come true. If your memory fails and you don't remember who I am, I'll remember, for the both of us, and when you die, we'll remember.

However, the closure symbolized by the Daruma doll is the only narrative resolution the film claims to achieve.

Onodera's community auto/biography does not propose an official history. She explains both the impossibility of one cohesive history and the possibilities born of an engagement with multiple and dynamic narratives: "It's difficult to get your facts straight. Even in one family, everyone has a different story. Shikata ga nai. Shikata ga nai. There are questions that remain unasked." Via an open-ended story, Onodera destabilizes the facts, transforms the failings of memory into a positive space for reinvention, resists the resignation of *shikata ga nai*, and alludes to all that must still be discovered and the memory work still to be done.

The narrative does not seek to record a family history for posterity but rather to create one in absentia. By extension it also offers one potential visual iteration of Japanese-Canadian history, while simultaneously using the medium of experimental film to represent the impossibility of achieving a cohesive community narrative given the numerous displaced views, the heterogeneity common to every (ethnocultural) community. To finally understand her grandmother and then her mother, Onodera, the filmmaker, navigates back from the vocality of the redress campaign to the silence that had marked Japanese-Canadian postwar history. She places in evidence the individual and community struggles that were involved in the move from secrecy and silence to personal action, political action, and public acknowledgement. Onodera's film, as an answer to this dynamic, emphasizes the necessity for intracommunity, intergenerational communication that starts with the sansei narrator's deepened understanding (if not forgiveness) for her mother's choices and world views. One proposed path toward understanding is a shared family story, co-constructed by whatever means available.

The film itself initiates an exchange with various demographics of viewers, both Japanese-Canadian and non-Japanese-Canadian. It catalogues Onodera's personal transformations, the shifts that take place in her relationships with her mother and her grandmother (her genealogy), and the metamorphoses that she undergoes in relationship to her various communities: queer, Japanese Canadian, Canadian, and beyond. By the end of the film, Onodera's own identity is newly transformed as plural and fluid, in a dynamic relationship to others, to time and across space—proposing similar possibilities for viewers, who dare to ask the "questions that remain unasked." By addressing her own personal, familial, and community relationships and their correlation to larger Canadian political events during the Second World War and the redress campaign, Onodera effectively challenges the multicultural construction of her identity, as well as the hierarchical construction of ethnicity in Canada; she appeals to all viewers to question their relationship to others, to "other" histories and, in so doing, to render visible and fluid the whiteness of the Canadian nation.

## *Notes*

1 This article is loosely based on an earlier version that appeared in my doctoral dissertation, "Paradigms Lost and Re-membered: The Case of Japanese Canadian Experience in Canadian Media, Cinema, and Literature."

2 The start date of Onodera's career is ambiguous. However, she produced her first film in high school, in 1979.

3 "Internment" is a term that is culturally understood and often used to refer to the relocation camps. It was actually not the term used during the Second World War, because it is against the Geneva Convention to detain citizen without a trial and Japanese Canadians were not accorded due process of law. As Roy Miki points out, "Even if the government were to ignore that rule—under the War Measures Act it could perhaps justify such action—it would have paid the costs of building what would then be 'internment camps,' and would also have provided food and clothing to the internees, as the United States did for Japanese Americans" (*Redress* 141). In contravention to international law, Japanese Canadians paid for the cost of their confinement. In this chapter, "internment camps" is sometimes used to indicate the "relocation sites."

4 Roy Miki explains that the term "evacuation" was originally a euphemism coined by the Canadian government that "helped to translate the inherent racism of its policies for Japanese Canadians into the language of bureaucratic efficiency" (*Redress* 51). The term is used by many Japanese Canadians (and by Onodera in the film) to indicate the wartime and postwar injustices enacted by the government. These include, but are not limited to, mass uprooting and forced relocation, dispossession, dispersal

and deportation. However, the term "evacuation" is problematic on many levels, including the fact that it suggests an eventual return, which, as Miki has pointed out, was not part of the government plan.

5 For more details, see W. Anselmi and Sheena Wilson, 2009.

6 To further complicate these community nuances and generational differences, families who immigrated to Canada at different periods of Japanese history—namely, the Meiji period (1868–1912) when there was greater focus on collectivity and building the modern nation, as opposed to during the Taishō period (1912–1926) when Western concepts such as individual rights and democracy were influencing the shape of Japanese political and cultural life (Hane 220)—would, in many cases, maintain different Japanese-Canadian values and identities. Furthermore, some second-generation Japanese-Canadian children were sent back to Japan for their education, while others were educated in Canada, which also had an influence on their various world views. Then there were those Japanese Canadians who married newly immigrated issei, which impacted family dynamics. The variations in experience transform exponentially based on individual experiences and the ways that different communities developed in relationship to other Canadians.

7 Bhabha proposes that the "'newness' of migrant or minority discourse has to be discovered *in medias res:* a newness that is not part of the 'progressivist' division between past and present" (325, emphasis in original). He suggests that "the 'foreign' element that reveals the interstitial; insists in the textile superfluity of folds and wrinkles; and becomes the 'unstable element of linkage,' the indeterminate temporality of the in-between, that has to be engaged in creating the conditions through which 'newness comes into the world'" (326).

8 The *s* in "relocation(s)" is to acknowledge the complexity of multiple displacements both during the war and as a result of the policies to mandate dispersal and deportation after the war.

9 Given the historical tendency to homogenize "the" Japanese-Canadian community/perspective/attitude/politics of redress, it is important to acknowledge, of course, that, as with any community, there was a heterogeneity of reactions during and after the war, and some people did speak out. Muriel Kitagawa is one such example. Her writings, both personal and public, have been collected and published by Roy Miki in the book *This is My Own: Letters to Wes & Other Writings on Japanese Canadians, 1941–1948* (1985).

10 For example, in Kerri Sakamoto and Rea Tajiri's film *The Strawberry Fields* (1997), Luke rejects the option of searching for his birth parents and prefers, instead, the fantasy that he has created by relying on images and ethnic stereotypes constructed by the mass media. His girlfriend, Irene, criticizes him for his inability to face his own past: "You can't face the truth. You cut out pictures from the magazines and pretend they are real" (*The Strawberry Fields*). In the docu-drama *Obāchan's Garden* (2001) by Linda Ohama, the messages of the great-granddaughter resonate with those of Midi Onodera. The *yonsei* (fourth generation) great-grandchild imagines that the family has descended from the imperial palace, and that she might find out that she is a princess, once her obāchan's (grandmother's) secrets are revealed.

11 For this, Onodera was, on one occasion, denied access to a cultural event put on by Caravan and sponsored by government money budgeted to support multicultural initiatives because the subject of Japanese-Canadian women was perceived of as overtly political (Waring 26). Onodera also believes she was denied government funding (naming the Ontario Film Development Corporation, as one example) because of a lack of desire to fund experimental films (25) and because of concerns that her film would not conform to "a middle class, heterosexual, apolitical format" demanded of artists using multicultural funding dollars ("Reconsidering"). In 1991, in the *Yellow Peril: Reconsidered*, curated by Paul Wong at Vancouver's Or Gallery (May 10–June 8, 1991), Onodera observes that, in some cases, filmmakers of colour "have become so preoccupied with racial and cultural differences that artistic concerns come second to our visible presence" ("Reconsidering").

## *Works Cited*


Adachi, Ken. *The Enemy That Never Was: A History of the Japanese Canadians*. Toronto: McClelland and Stewart, 1976. Print.

Anselmi, W., and Sheena Wilson. "Performative Radicalism in Contemporary Canadian Documentary Film." *England: Film International* 7.1 (February 2009): 44–53. Print.

Berton, Pierre, narr. "The History We Lived Through: The Exodus of the Japanese." *The Pierre Berton Show*. CBC. 1970. Television.

Bhabha, Homi K. *The Location of Culture*. Oxon: Routledge Classics, 2005. Print.

Blodgett, E.D. "Ethnic Writing in Canada: Borders and Kogawa's *Obasan*." *Precarious Present/Promising Future? Ethnicity and Identities in Canadian Literature*. Ed. Danielle Schaub, Janice Kulyk Keefer, and Richard E. Sherwin. Jerusalem: Magnes, 1996. 61–76. Print.

Bociurkiw, Marusia. "Two Hot Nights in July: Toronto's First Look at Films & Videos by Lesbians of Colour." XTRA 104, 15 July 1988. *Midionodera.com*. Web. 17 February 2012.

Broadfoot, Barry. *Years of Sorrow, Years of Shame: The Story of the Japanese Canadians in World War II*. Toronto: Doubleday Canada, 1977. Print.

"A Call for Justice." CBC. 1982. Television.

*The Crane Wife*. Retold by Odds Bodkin. Illus. Gennady Spirin. London: Voyager, Harcourt, 2002. Print.

Coleman, Daniel. *White Civility: The Literary Project of English Canada*. Toronto: U of Toronto P, 2008. Print.

*The Displaced View*. Dir. Midi Onodera. McAno Film Artists, 1988. Film.

Duran, Francie. "...Words from a Sansei." SURFACE 1 November 1990: 7–9. *Midionodera.com*. Web. 17 February 2012.

*Enemy Alien*. Dir. Jeannette Lerman. NFB, 1975. Film.

Government of Canada. Minister of Justice. *Canadian Multiculturalism Act. R.S., 1985*, c. 24 (4th Supp.) Justice Laws Website. Web. 17 February 2012.

Hane, Mikiso. *Modern Japan: A Historical Survey*. 2nd ed. Boulder, CO: Westview, 1992. Print.

Japanese Canadian Centennial Project. *A Dream of Riches: The Japanese Canadians, 1877–1977*. Vancouver: Japanese Canadian Centennial Project, 1978. Print.

Kitagawa, Muriel. *This is My Own: Letters to Wes & Other Writings on Japanese Canadians, 1941–1948*. Ed. Roy Miki. Vancouver: Talonbooks, 1985. Print.

Kogawa, Joy. *Obasan*. Toronto: Lester and Orpen Dennys, 1981. Print.

Lane, Jim. *The Autobiographical Documentary in America*. Madison: U of Wisconsin P, 2002. Print.

"Making the Mosaic: Multiculturalism in Canada." *Archives.cbc.ca*. CBC, n.d. Web. 17 February 2012.

Marchessault, Janine. *Mirror Machine: Video and Identity*. Toronto: YYZ Books and CRCCII, 1995. Print.

Marks, Laura U. *The Skin of the Film: Intercultural Cinema, Embodiment, and the Senses*. Durham, NC: Duke UP, 2000. Print.

Miki, Roy. *Broken Entries: Race, Subjectivity, Writing: Essays*. Toronto: Mercury Press, 1998. Print.

——. *Redress: Inside the Japanese Canadian Call for Justice*. Vancouver: Raincoast Books, 2004. Print.

*Obāchan's Garden*. Dir. Linda Ohama. NFB, 2001. Film.

*Of Japanese Descent: An Interim Report*. Dir. D.C. Burritt. Prod. Leon C. Shelly. NFB, 1945. Film.

Onodera, Midi. "A Displaced View: What Are We Reconsidering about the 'Yellow Peril'?" *On Edge TV*. Canadian Culture Online, 1991. Web. 17 February 2012.

Omatsu, Maryka. *Bittersweet Passage: Redress and the Japanese Canadian Experience*. Toronto: Between the Lines, 1992. Print.

Patton, Janice, and Pierre Berton. *The Exodus of the Japanese*. Toronto: McClelland and Stewart, 1973. Print.

Pendakis, Andrew, and Sheena Wilson. "Seeing the Nation Whole: Mid-Century Canadian Political Fantasy and D.C. Burritt's *Of Japanese Descent* (1945)." Ed. Dean Irvine, Bart Vautour, and Emily Ballantyne. *Essays on Canadian Writing*. Forthcoming 2014.

Ryan, Phil. *Multicultiphobia*. Toronto: U of Toronto P, 2010. Print.

Sakamoto, Kerri. The Electrical Field. 1st ed. Toronto: Knopf, 1998. Print.

——. *One Hundred Million Hearts*. Toronto: Vintage Canada, 2003. Print.

——, dir. *Obāchan's Garden*. NFB, 2001. Film.

*The Strawberry Fields*. Dir. Rea Tajiri. Pathfinder Pictures; Phaedra, 1997. Film.

Sunahara, Ann Gomer. *The Politics of Racism: The Uprooting of Japanese Canadians During the Second World War*. 1981. Ottawa: Ann Gomer Sunahara, 2000. *Japanesecanadianhistory.ca*. Web. 17 February 2012.

Ward, W. Peter. *White Canada Forever: Popular Attitudes and Public Policy Toward Orientals in British Columbia*. 2nd ed. Montreal and Kingston: McGill-Queen's UP, 1990. Print.

Waring, Wendy. "The Luck of Daruma: an Interview with Midi Onodera." *Fireweed* 24 (1987): 16–26. *Midionodera.com*. Web. 17 February 2012.

Wilson, Sheena. "Introduction: The Multiple Voices of Poiesis and Praxis–The Work of Joy Kogawa." *Joy Kogawa: Essays on Her Works*. Ed. Sheena Wilson. Montreal: Guernica, 2011. 9–42. Print.

——. "Paradigms Lost and Re-membered: The Case of Japanese Canadian Experience in Canadian Media, Cinema, and Literature." Diss. University of Alberta, 2006. Print.

# IV

# *WOMEN IN MOVEMENT...*

# *Publishing and Women in Movement* 13

*Changing the Game*

LOUISE DENNYS

I've had some very happy times in Edmonton, not least when Rudy Wiebe and I launched his now classic book written with Yvonne Johnston, *Stolen Life: The Journey of A Cree Woman*, and somehow, due to Rudy's unusual contacts in high and low places, we held a full-scale media book launch inside the prison for Native women. It was an important occasion, giving recognition to the women of the prison who participated in the full Native ceremony honouring one woman's courage in telling her story. It was also a transformative moment for women and a telling moment for me as a publisher since the book's success nationwide and as a Governor General's Award winner underlined our need to tell the stories of our country—not least through the eyes and experiences of women.

Publishing, writing, and the power of new media are critical components in our fast-transforming world. And in Canada it is especially fast changing if you consider that only thirty-odd years ago, this country played almost no role on the international publishing stage, few of our writers were recognized globally, and all struggled to reach audiences beyond our borders. Today, myriad Canadian writers are acclaimed and honoured, translated in every country. To help picture how this came about, I will offer here a couple of stories about this change that I've witnessed personally. They both reflect the importance of imagination in achieving far-reaching change: they tell us something about courage, and how we effect change; and how we use our stories—whether in fiction, non-fiction, poetry, whether in print or electronically—to speak to others, and for others, to that end.

The first story is about "publishing in movement" and the second is about "women's writing in movement." In the 1980s, a conference titled "women in movement" would have had a specific feminist agenda—and with good reason. Those reasons need no naming today, and are not altogether gone. But in many parts of the world they still hold medieval sway. So I will bring us around at the end to a remarkable online campaign that I and a few friends helped create in July 2010 to try to stop the death by stoning of a woman accused of adultery in Iran, Sakineh Ashtiani—which you will have read about, if the digital world is working!—because for me the threads come together in that final story. The first is a story about how and why Canadian writing suddenly leapt to prominence on the world stage during the 1970s and 1980s, rather like Venus leaping out of her shell onto the beach. The power and appeal of Canadian writing has grown so swiftly internationally since then that it's taken us from being widely seen as a largely colonial backwater to the centre of the world stage, with a globally valued national literature. I've been lucky enough to have witnessed it, and to play a small part in the battles.

Imagine it is 1996 and you are at the autumnal Frankfurt Book Fair, which is the fast-beating heart of international publishing. The annual fair has been in existence since the fourteenth century, and publishers from all countries meet there each year to do the business of publishing. It's a bazaar, a souk—thousands of excited publishers buying and selling the country-rights to their authors' works. It's the largest trade fair in that city of year-long trade fairs, with the automotive industry in second place—which is notable. That year, I was there for one of the first great moments for Canadian new fiction. Knopf Canada had just published four remarkable first novels in a literary program, the New Face of Fiction, which I'd created to support new fictional voices. We were celebrating Gail Anderson Dargatz, who at that time worked and lived on a farm outside Millett, and was just taking the country by storm with her beautiful first novel, *The Cure for Death By Lightning*, while Ann-Marie MacDonald was being feted for winning the Commonwealth Prize for the best work of fiction for her first novel, *Fall on Your Knees*, and Dionne Brand (who would become Toronto's poet laureate) was being feted for her luminous first novel. In Canada, we all know the depth of our writing talent; but to see the excitement at

Frankfurt that year for these "unknowns" from Canada was exhilarating. It was a scrum, with publishers from Japan to Sweden bidding for the rights of first-time novelists (though, it must be said, Yann Martel's experimental first novel *Self* rather struggled to find publishers, but some did see in it the power of imagination that would soon produce *Life of Pi*). Ten years later, when I returned to the Frankfurt Book Fair, publishers from thirty-six countries would gather to celebrate the simultaneous publication in all languages—a first in history—of one book, Margaret Atwood's *Penelopiad*, which was being heralded by the *Sunday Times* as the most exciting retelling of Homer's *Odyssey* in generations; and later that week, I would find myself addressing another roomful of foreign publishers who had come together to celebrate Miriam Toews and the translations of her brilliant, dark, funny, endearing novel, *A Complicated Kindness*. Much had changed in that one decade. Today, newspapers in all parts of the world headline the appeal and power of Canadian writers, and Alice Munro is the 2013 Nobel laureate, but you'd be hard pressed to find headlines quoting a Canadian politician or referencing a major trade deal or important international situation in which Canada had played a role.

The fact is, for the most part, Canada's profile abroad is its culture. It's an extraordinary success story. But it didn't come about easily. It was only a short time ago that Canadian writers were struggling dismally to be recognized abroad. So it's intriguing to look at *why* Canadian writers have found such a welcome internationally. Was it the priceless early investments in the arts, province by province and federally, now largely mourned and buried? Was it simply made possible by the newly developed strengths of publishing businesses in Canada? Was it the undoubted merit of the writing? It's a combination of factors, of course, a partnership, in which the community, its citizens, its universities, its businesses, its politicians, have all played essential roles, many hands helping to nurture the shining results we see today in the books we read and love. Anybody who thinks that what has happened in Canadian publishing is the result of a handful of good writers appearing all of a sudden, out of the blue, has completely missed the investments of the last forty years.

In 1972, when I was fortunate enough to come to Canada, publishing—books and magazines—was a small industry. Canada was still a cultural colony as far as England was concerned, and a slightly backward northern state as far as the United States was concerned. I mean that literally. In international publishing contracts the English automatically claimed Canada as their territory, while the Americans simultaneously claimed us too. We were like a bone being fought over by two dogs. And they chose not to understand why Canadian publishers and writers found this irritating and stultifying for the development of our own ideas, our own businesses. A full two decades earlier, the lawyer-poet F.R. Scott, who understood the importance of giving the writers of the nation a voice, had struggled against this: Is Canada, he asked, to remain a hewer of wood and drawer of water for her richer and more powerful neighbours, first Britain and then America forever? In 1957, when the writer Dave Godfrey, the founder of the House of Anansi along with the great poet Dennis Lee, famously asked the University of Toronto when it would set up a course in Canadian Literature, he was told, "Maybe in ten years—if the right people die." Well, some of the right people did die. But mostly, the writers wanted out, wanted their voices heard. In the decade following Canada's Centennial year, when a surge of cultural, nationalist feeling swept the country, a few inspired, inspiring alternative small presses dedicated to Canadian literature sprang up, run by the rebellious writers themselves to give voice to those feelings: in Edmonton, radical NeWest Press with George Melnyk and Douglas Barbour and then Rudy Wiebe, Robert Kroetsch, and Aritha van Herk; Mel Hurtig, who later gave us our first national encyclopedia, went from bookseller to publisher; in BC, Talonbooks and Pulp Press; in Ontario, Coach House Press (whose proud motto was "Printed in Canada by Mindless Acid Freaks"), which first published Michael Ondaatje, bp Nichol, and then, in 1972, the House of Anansi published *Survival*—which, to the astonishment of the twenty-three-year-old Margaret Atwood herself, became a major Canadian bestseller—a fierce, challenging, funny, activist essay that reflected the ferment of social and cultural ideas boiling up all around. These were the seedbeds of our new literary culture.

But while what was happening was irrepressible in its creative strength, very few writers could make a living or even sustain themselves on their writing. In 1967, domestic sales of Canadian books were barely $200 million (by 1997, they would be over $2 billion; to put that in perspective, ten years later, that had more than doubled). There were very few large Canadian publishing houses—above all, McClelland and Stewart with the charismatic Jack at the helm, and Clarke Irwin with the teetotalling Clarkes and Irwins, and the indomitable Mrs. Clarke setting out to create a solid base for Canadian literature in schools.

It was a tough battle that amazing generation fought, defying the odds—that generation before mine. An exciting time—marked, it seems when you talk to the protagonists, as much by a great deal of alcohol, fraught love affairs, and broken marriages as by good writing or publishing.

But the books we loved, then as now, were those that showed us who we are, gave shape to our hearts, to the challenges and mysteries of life, and gave voice to the familiar places we call home: in Alberta, the incomparable and beloved W.O. Mitchell and Rudy Wiebe; in Ontario, Timothy Findley and Robertson Davies; in Quebec, Nicole Brossard and Marie-Claire Blais.

But through the sixties, seventies, and even the eighties, the creative ferment wasn't making its way outside our borders. The problem largely was that the power structure was colonial. The British publishers, like the Americans, who sold their own books into Canada for gain, had no interest in taking home the "colonial" literature of Canada. But the big world market was the blood that many of our writers craved—and also needed in order to make a living. Rare exceptions—such as Lucy Maud Montgomery—had made it out of Canada in significant numbers. You could count on the fingers of one hand the writers whose books travelled: the young Margaret Laurence and younger Alice Munro; Mavis Gallant (living in Paris); Mordecai Richler (living in London then).

I've been truly lucky to work with some of our finest writers, men and women, including Michael Ondaatje, Miriam Toews, Margaret Atwood, or internationally, Toni Morrison, Jeanette Winterson, P.D. James. But you can imagine a nerdy bookworm of twenty-two back then, as I was, arriving in the middle of all this fledgling cultural excitement. Growing up in England, I was completely unaware of Canadian writers, Oxford education notwithstanding. But I loved stories, and I took the first job I could get in a publishing house: Clarke Irwin. I began as a coffee girl and made the steep climb up the ladder to editorial assistant, and finally, just before I left, Bill Clarke made me an assistant editor. But at that age, movement is never fast enough. I wanted to publish the writers I liked, and to do it quickly. So I began my own small publishing house, with nothing to go on but the confidence of the innocent, a transcendent love of literature, a belief in the power of the book to help shape the world, and two brave authors who had failed to find a publisher and were both desperate enough and generous enough to sign up with a kid crammed into the dusty backroom of a second-hand bookstore.

I was lucky to arrive then because the tough battles to make a mark within Canada had already been fought by that first brilliant wave of publishers and writers. My aggravation was that the doors of the wider publishing world were closed against us—often literally closed in our faces. It was hard to get an appointment in New York or London, the centres of publishing then. It was dispiriting, sometimes humiliating. But youthful passion needs very little in the way of sustenance, and I believed then, as now, that we have not only a unique Canadian voice but a voice that speaks uniquely to the world.

One day I borrowed money from equally penniless but supportive friends to make the trip to New York—and went knocking on the doors of world publishing, clutching a manuscript by one of my two authors in the hope of finding a publisher for it there. I remember how terrified I was, when I actually stood in the doorway of the famous house of Alfred A. Knopf on Fifty-Fourth Street. I'd never even been to New York before, but—ironically, considering I ended up twenty years later founding Knopf in Canada—I'd decided I might as well start at the top. Of course I found out, having come all that way on borrowed funds, that the grand editor with whom I'd made an appointment had already cancelled it and passed me on to an underling. But I was lucky again. It was his young assistant's first week too, and she saw my face—I was clearly about to burst into tears—and took pity on me: we went out and had many drinks in the Oyster Bar on her boss's tab, and she went back clutching the manuscript and convinced the grand editor to read it, and shortly thereafter our Canadian-Czech writer Josef Škvorecký had an American deal for his novel *The Bass Saxophone*, which would soon be acclaimed by the *New Yorker* as "the greatest jazz novel ever written."

That was a scene repeated a few months later in London, when the venerable house of the Hogarth Press—founded by Virginia and Leonard Woolf—called on Christmas Day to accept a manuscript I'd dropped off by the poet Richard Outram. And so on. Early forays to open doors, the beginning of a concerted effort by a handful of determined young publishers and supportive writers, and by the early festivals such as the International Authors' Festival at Harbourfront. Until, in 1984, when I led the first Canadian Publishing Trade Mission to London, the headline about the event, in the business section of the London *Times* read, to our great delight, "The Empire Strikes Back." The Brits had got the message.

Today, Canadian literature is published, sold, read, acclaimed, and taught around the world. I must be clear: most writers do not shine in the sun but work in obscurity and exist on poverty-level incomes. But never before have our domestic book sales had the potential to be so high, with our expectation for a major hardcover bestseller not being the 5,000 copies that it was just ten years ago, but more like 15,000 or 20,000 or even 60,000 or 80,000 in Canada. Internationally, Miriam Toews's *A Complicated Kindness*, for instance, has sold over half a million copies. Ann-Marie MacDonald's *Fall on Your Knees* is at well over two million, thanks to the power of Oprah. Yann Martel's luminous *Life of Pi*, one of five Canadian novels to walk away with the Booker Prize, and has now sold almost 900,000 copies in Canada and over nine million around the world.

Our stories, our arts–that is largely what people think of when they think of Canada. People elsewhere see and understand Canada through our writers. We have a voice, an image, on the world's stage that has broad benefits for our writers, our communities and cities, and unexpected political and business implications. When it comes time for Canada to buy or to negotiate, the attitude towards Canada and the kind of people we are has been determined to a surprising extent by the projection of our culture abroad. In the digital borderless world, it will be more important than ever to find ways to cherish and sustain that, and easier to project it.

So what is it in our society, in our values, that makes our writing–our fiction and our non-fiction–so appealing and sexy to the world at large? The answer, I think, lies somewhere off to the side.

The novelist and essayist Pico Iyer called Canada's literature "the most exciting in the English-speaking world," and he places the cause firmly in what he calls our "mongrel" society. He pointed out that many of the finest writers in English are now men and women with names like Salman

Rushdie, Rohinton Mistry, Anita Rau Badami, M.G. Vassanji, Chimamanda Adichie, Jumpha Lahiri, and Michael Ondaatje. And that many of these writers come from Canada. The power of Anglo-Saxon literature has been taken over by a literature that springs from the old colonial margins.

There's something about our marginal, mongrel status that forms a particular type of writer whose sense of social justice and injustice, of humanity and inhumanity is keen. You become a particularly capable, acute observer if you live long in the margins. Ours is now a literature written by people from many diverse cultures that have been distilled into the Canadian culture. To draw from a lovely phrase of Anne Michaels, our writers at their best "put together shattered pieces to make a stained-glass whole." Or, as Rudy Wiebe said on receiving the Governor General's Award for fiction, "It is only the stories we tell each other that will make us a true Canadian people."

The historical lesson is plain: when we look at the greatness of Rome or Greece, or Alexandria, do we think of their business record? It is our writers, our artists, our scientists, and our philosophers—and sometimes their patrons—that make known the character of a nation. It is only the societies that have paid their dues to their arts that are remembered and glorified. But the rewards are not just in some far-off future. They begin in the present, when our own people as well as the world at large hears the voice of Canada through its writers and its artists, sits up, pays attention, and comes knocking on our doors. As they are knocking today.

If our writers are touching the centre of the world now, it is to some degree because we speak from knowledge of the margins—messy, intolerant, dominated and rebellious, confused and optimistic, as the margins are wont to be. As is much of the world today. And that understanding out of the margins, from the sidelines and the alleyways, brings us to the second story, because it is, I believe, the very thing that has been moving a certain aspect of women's writing in a fascinating new direction.

Let me start with reading you a quote from that wise, tough-minded woman, Virginia Woolf, in her essay "A Room of One's Own"—we think we know everything about her and then, like Margaret Atwood, she becomes prophetic in unexpected ways.

Not quite one hundred years ago—1928—Virginia Woolf exhorted mothers to provide their daughters with "money and a room of her own if she is to write fiction." And what else could they do but write fiction? she asks, in that very cool, clever essay, since "the only training that a woman had...was...in the observation of character, in the analysis of emotion. Her sensibility had been educated for centuries by the influences of the common sitting room. People's feelings were impressed upon her; personal relations were always before her eyes. Therefore, when the middle-class woman took to writing, she naturally wrote novels" (61). When Virginia looks around her: "I find no noble sentiments about...influencing the world to higher ends....Do not dream," she says wryly, "of influencing other people" (100). She hoped that women might attain that influence within a hundred years.

> For if we live another century or so and have five hundred [pounds] a year each of us and rooms of our own; if we can get out of the common sitting room, and have the habit of freedom and the courage to write exactly what we think; if we see human beings not always in relation to each other but in relation to reality; and the sky too, and the trees or whatever it may be in themselves; if we face the fact that our relation is to the world of reality and not only to the world of men and women, then the opportunity will come.... It calls for gigantic courage and strength. More than anything, perhaps...it calls for confidence in oneself. (102, 31)

Well, we're there, and just ahead of her estimated century.

There's still an argument about it, but those who argue are those who like flogging dead donkeys. In November 2008, *The Independent* (UK) titled a discussion piece about how there seems to be a lack of women non-fiction writers "Why Don't Women Write 'Big Ideas' Books?" Julia Cheiffetz, a senior editor at HarperCollins, not a position of minor influence, in a 2008 piece in the *Huffington Post* called "What the Hell, Malcolm Gladwell," responded to the absence of women in Gladwell's book *Outliers*: "It's hard to know whether women are better at telling stories than propagating ideas... or whether the intellectual audacity required to sell our hypotheses about the world simply isn't in our genetic makeup." But the tides of change have swept over her. While twenty, even fifteen years ago, the many manuscripts from women that crossed my desk were largely fiction. Even then much of the non-fiction was world-changing for readers in its power. From Rachel Carson to Jane Jacobs, a great Canadian whom I published and counted a friend, we've been blessed with great non-fiction women writers. Their books have been gigantic building blocks for all humankind. But still, fifteen years ago I received comparatively few manuscripts by women that embraced "Big Ideas," tackled head-on society's major concerns, politics, economics, human rights, strove to influence and change the world directly and overtly. But today many of the most passionately raised voices in the world are women's voices, dealing with broad human issues with sensibility, empathy, and activism, speaking in much needed voices and with much needed ideas. Give a woman a room and the next thing you know she's taken the world....Toni Morrison, whom I publish, said so beautifully in her 1993 Nobel lecture, "Tell us what it is to be a woman...what moves at the margin. What it is to have no home in this place. To be set adrift from the one you knew. What it is to live at the edge of towns that cannot bear your company." Our mongrel nation understands the margins.

In 1999, I published one of the early world-changing Canadian non-fiction "Big Ideas" books, Naomi Klein's *No Logo*, which has sold in about forty-five languages. A brilliant, rabble-rousing work for a whole generation, it tore the branding consumer culture to shreds and took on the misconceptions of globalization; many of those who took to the streets in protest in Montreal and in Seattle, who camped outside the walls of Davos in Switzerland for the economic summits, the workers who demonstrated in the streets of Manila and Buenos Aires, carried that book as their bible. I was Naomi's editor; she was just twenty-six at the time, and I know many people initially told her that she should move on, that she was inadequately trained to the task, that she would be ignored by the experts in the field, that the world would not pay attention to her. She followed *No Logo* with *The Shock Doctrine*, also a #1 bestseller in many countries, and hailed by the Nobel-winning economist Joseph Stiglitz as a book to be read by all economists who cared about the word they live in. Virginia Woolf is an odd great-grandmother for Naomi Klein, but she would not have disapproved of her desire to influence and shed light on reality, or, as Naomi said in her own succinct way in an online video on *Big Think*, "When you read strong analysis, clear analysis, it makes you feel better equipped; it's sort of ammo. As an opinion writer, as a columnist, that's my goal: helping people get more of those clicks of understanding." Other books followed in my own working life—Stephanie Nolen's groundbreaking book on AIDS, *28*; and Irshad Manji's *The Trouble with Islam Today*. As a young woman in her early twenties living in Toronto, Manji decided to speak up for the generous moderate Islam that she passionately advocates for in her book. A brave move—she lives under a fatwa—but her book is read and debated around the world, forging a path for tolerance.

Another woman who has moved out of the margins and pulled down a fatwa on her head in so doing is Ayaan Hirsi Ali. She wrote in her bestselling *Infidel* of her flight from a forced marriage as a child to a much older man (living in Canada)—and in *Nomad*, her inspiring 2010 book, she tells the story of her continuing journey to escape and find a new life. She is articulate, astonishing, beautiful, and unbelievably courageous. She has taken on the cause of eradicating female genital mutilation and fully knows she is writing inflammatory work, but tells me, when I worry for *her* safety, that to inspire change on any level, she *must* be as staunch as possible. She sees the plight of women and radical Islam as the most urgent problem on the planet, one that affects us all: she is not a feminist, she says, but a human being. There is, she says, "a horrific silence from the mainstream." And note there is no unified political perspective or women's perspective. Ayaan and Naomi would not be political bedfellows, but they are nevertheless both critical important voices in the world debate.

In many parts of the world, however, "a room of one's own" is still a secret room. Azar Nafisi, in her bestselling book *Reading Lolita in Tehran*, about teaching Western literature in secret to her students, wrote:

> For nearly two years, almost every Thursday morning, rain or shine, they came to my house, and almost every time, I could not get over the shock of seeing them shed their mandatory veils and robes and burst into color. When my students came into that room, they took off more than their scarves and robes. Gradually, each one gained an outline and a shape, becoming her own inimitable self. Our world, in that small room, with its window framing my beloved Elburz Mountains became

> our sanctuary, our self-contained universe, mocking the reality of black-scarved, timid faces in the city that sprawled below. (5-6)

I want to end by telling you of a personal story of a fight for the rights of one woman, which brings us into the powerful world of electronic communication. In July 2010, Heather Reisman, who runs the Indigo book chain, called me to say she had that morning read a plea from a twenty-two-year-old boy in Iran, begging the world to intervene to save his mother's life, alleging her innocence. Forty-two-year-old Sakineh Ashtiani was in Tabriz prison and due to be executed that weekend by stoning for so-called adultery—buried up to her neck and then stoned to death by a gathered crowd. That day we created a small committee—women and men—Azar Nafisi, Irshad Manji, Shirin Ebadi, the Nobel-winning Iranian lawyer whose book I had published, lawyers, and advisors—and started emailing. Within twenty-four hours, we had a website up with a petition to the regime. Within five days, we had sent off three hundred thousand signed petitions. Sakineh's stoning was delayed, as the regime regrouped. Eight hard-working people managed to bring this barbaric, cruel practice to the news of every country—all through the new digital world of social media. A publishing friend in Brazil created a brilliant social media campaign he called Lula Liga: Lula call. President Lula, being in the middle of an election and bombarded by thousands of Brazilians calling on him to call President Ahmadinejad in Iran, reluctantly called and offered Sakineh and her family a home in Brazil. Ahmadinejad told him, in so many words, that he was a fool. Brazil responded by imposing sanctions on Iran. Sarkozy in France became involved, and when the Iranian regime called his wife a prostitute, world politics changed yet again. Sakineh was not stoned to death and is still alive. Yet she is still in prison. Many more women wait on death row to be stoned, and the world continues to appeal to the regime for compassion and for the abolishment of stoning and of adultery as a capital punishment.

Transformative change is part of our legacy and our lifeblood in Canada. Canadian writers have moved from the colonial margins to the very centre of world literature; and women writers have taken their place in that centre, provoking change, as much as witnessing it. Our goal is to keep moving, to continue to address injustice, the meaning of life, and to celebrate its joys and sorrows. Whether that is pushing against racial, sexual, or political boundaries, whether it's Naomi Klein raising her voice in the public forum or a group of women learning together in secret in a room of their own in Tehran, we move forward, we grow together through our need to participate in our own reality. As Canadians we know, just as writers in all fields know, that we must never stop struggling against those who would give us "no" for an answer or shut a door in our face, never stop struggling against the barriers that hinder our ability to dream aloud, to write, or paint, or make music, to challenge the darkness, and dream a humane society into being. And if we do it well, here in Canada, the world will listen.

## *Works Cited*


Cheiffetz, Julia. "What the Hell, Malcolm Gladwell." *Huffington Post*, 22 October 2008. Web.

Hirsi Ali, Ayaan. *Infidel: Ayaan Hirsi Ali: My Life*. New York: Free Press, 2007. Print.

——. *Nomad: From Islam to America: A Personal Journey Through the Clash of Civilizations*. New York: Simon and Schuster, 2010. Print.

Klein, Naomi. "Why Do You Write?" *Big Think*. N.d. Video. Web.

Manji, Irshad. *The Trouble with Islam Today: A Muslim's Call for Reform in Her Faith*. New York: St. Martin's Griffin, 2005. Print.

Morrison, Toni. "The Nobel Prize in Literature 1993, Toni Morrison." Nobel Lecture, December 7, 1993. *Nobelprize.org*. Audio recording. Web.

Nafisi, Azar. *Reading Lolita in Tehran: A Memoir in Books*. Toronto: Random House, 2004. Print.

Woolf, Virginia. *A Room of One's Own*. Ed. Michèle Barrett. London: Perguin, 1993. Print.

# "To Get In Behind the Curtain" 14

*Miriam Green Ellis's Travels and Tales*

PATRICIA DEMERS

A woman may be the most wonderful designer in the world and still not be able to write how she does it. She may be the most wonderful maker of apple pies in the world, but she cannot tell how she does it—a few apples and a little sugar. So I think that the training of a reporter is primarily important; a good power of observation may come next, and brains should be used if available.
—*Miriam Green Ellis, "Special Fields," Triennial of the Canadian Women's Press Club, Calgary, 1932*

I resent the smug manner with which some pseudo-farmers and politicians refer to themselves as "dirt farmers." To me those are fighting words. That is supposed to be a slam at someone, but what other kind of farmer is there than the one who works in the dirt? The better use he makes of that dirt, the better farmer he is, the more he has to contribute to the food supplies of his neighbours in town.
—*Miriam Green Ellis, "Aggie Stag Banquet," University of Manitoba, 1948*

On the occasion of the retirement of Miriam Green Ellis at the age of seventy-three as western editor of the Montreal paper the *Family Herald and Weekly Star* for over twenty-five years, the past president of the Canadian Women's Press Club (CWPC), Kennethe Haig, hailed her colleague as "that incredible Canadian" (Cram 7). The celebration took place in Winnipeg in early January 1953. Ellis had signed on formally in 1913 as a member of the CWPC, which, making history as well as news, claims "the longest continuous existence of any professional women journalists' organization in the world" (Jackel 53), and renewed affiliation as a "continuous, active member" (*Triennial Report of* CWPC) until her death in 1964. But she was much more than an affiliate. Ellis served as president of the Edmonton branch of the CWPC in 1919 and, in many subsequent roles for this branch, arranged the first CWPC regional conference in Calgary in 1920, served several terms as vice-president of the regional CWPC, and wrote a characteristically informal history of the CWPC, *Pathfinders*, delivered as a talk at the biennial in Edmonton in 1956. She was more than an organizer, too. The vast scope of her published and always personally coloured articles covers topics ranging from stock prices, farm fairs, prize-winning wheat, and farmer-entrepreneurs to learning to drive and change a tire in 1916, camping in the Rockies, and visiting the fledgling Banff School of Fine Arts. In addition to crisscrossing Western Canada countless times on her "aggie" beat, she extended her field to observe Atlantic Canada, reporting on ox-pulls, haymaking, cod and lobster fisheries, and coal mining in Nova Scotia, Cape Breton, and Prince Edward Island, and ventured as far as Honolulu where, being welcomed as "the Dean of Canada's newspaper women" ("Dean," n. pag.), she sent back copy about Hawaiian cattle ranches, sugar cane harvests, floral industries, and the active Kilauea and Mauna Loa volcanoes on the Big Island. The largely unmined Ellis Collection, willed to the University of Alberta, contains holograph manuscripts and typewritten manuscripts, two short stories, and the typescript of her journey from Edmonton to Aklavik, Northwest Territories, in June and July 1922, entitled "Down North," along with 237 photographs, at least half of which were transferred through the technology of the day to coloured glass slides to illustrate her Journey to the Land of the Midnight Sun lectures across Canada and the United States. Watercolour artists with fine sable brushes welcomed the calotype technique of painting and glazing paper-based photographs, which allowed them precision in detailing facial and costume features (Henisch, Heinz, and Henisch 53). The coloured slides of Ellis's magic lantern shows captured "real life" (Humphries 24) in novel ways. Photographs of and keepsakes from friends (Emily Murphy, Nellie McClung, Gertrude "Peggy" Balmer, E. Cora Hind, and Violet McNaughton among them) add to the trove's enlivened sense of the West in the first decades of the twentieth century, of a woman making her mark in a male-dominated field, and of the sustaining bonds among press women.

Poring over the contents of the Ellis Collection, an archive "made from selected and consciously chosen documentation from the past and also from the mad fragments that no one intended to preserve and just ended up there" (Steedman 68), has taught me many things about "Miriam." A woman of daring, wry humour, and tough-mindedness, a diarist, a writer of non-fiction and fiction, a promoter of rural life and agricultural communities, and a champion of press women who exemplifies their motto, "Every Stroke Upward" (Rex 1), this incredible Canadian is also a person of mystery. Despite the accessible tenor and subjects of her widely circulated publications and their marks of a strong, determined personality, Ellis herself as an individual subject is less and less fathomable. Elusiveness is actually not the problem; it is, rather, the thread that connects the work of over four decades of the woman who wanted "to get in behind the curtain" ("Down North," 64), but chose not to lift the veil on her own life. The more I considered the feasibility of resurrecting a figure about whom so little has been written (with the exception of excerpts from the 1922 diary introduced by Lisa LaFramboise, and slight mention in studies by Grant MacEwan, Kay Rex, and Marjory Lang) and about whom so many unanswered, or unanswerable, or impertinent questions persist, the less comfortable I became with the self-styled role as revisionist or un-coverer. On the contrary, it seems important to establish a place in literary studies for the press woman not as a mere hack, bereft of the trimmings of non-linear narration, extended metaphorical allusions, or récherché diction. After a necessarily brief biographical sketch, I plan to get in behind the curtain of Ellis's once widely circulated copy to concentrate on the hidden art of her unpublished work: "Down North" and the two short stories, "Alone" and "A War Bride's Return."[1]

Born in Richville, New York, of Canadian parents, who returned to Canada and the paternal farmstead near Athens, Ontario, where this only child went to school, she later attended Bishop Strachan School in Toronto and graduated from the Toronto Conservatory of Music with an ATCM (Associate of the Toronto Conservatory of Music) diploma. The Green family's move to Edmonton in 1904 was followed by her marriage to George Ellis in All Saints Anglican in 1905. Inspector of Schools for Edmonton from 1906 to 1908, Ellis, a graduate of Athens High School and Queen's University, attended the inaugural University of Alberta convocation in the Strathcona Oddfellows' Hall in 1908, seated next to the minister of education, A.C. Rutherford. George Ellis resigned his position in 1909 to pursue graduate work with Miriam's accompaniment, likely in Chicago. The next appearance of Miriam in any archive is her role in Prince Albert, Saskatchewan, where, in 1912, she started and managed the girls' hockey team of the Prince Albert Collegiate Institute, where George was principal. Ladies' hockey was very popular in Saskatchewan, with Regina boasting its first ladies' team as early as 1896, and the Prince Albert Tumblers in action in 1907 (Zeman 252–53). Based on reports in the *Prince Albert Daily Herald*, Miriam acquired a considerable reputation as a curler. She also began writing for this local paper, though the lack of bylines makes her contributions impossible to trace. She reported on the 1915 Regina meeting of the Women Grain Growers, a "splendid organization, which stands above all for cooperation" ("Women Grain Growers," 11), and their mounting campaign for suffrage for the Toronto-based monthly *Woman's Century*. For a short time, she was a staffer at the *Regina Leader-Post* before joining Frank Oliver's *Edmonton Bulletin*, reporting on the legislature, various churches, sports, and agriculture. Miriam's year as Edmonton president of the CWPC was characterized not only by her preparation of "Bohemian refreshments" for the "soiree[s]" ("John D. Hunt is Honor Guest," n. pag.) but also by an engagement with a larger community; speakers and invited guests for the year included Father Drummond of the Jesuit College, Winnipeg press woman E. Cora Hind, whom Ellis introduced as "being called on to do the work of three men for half a man's salary" ("Press Club Entertains," n. pag), Dean of Agriculture E.A. Howes, and Acting President William Kerr of the University of Alberta, aesthetic dancer Ruth St. Denis, Premier Charles Stewart, and mountaineer Mary Jobe.

Newspaper articles, correspondence, and typescripts provide some details, but curious gaps or omissions, her distinctive leitmotif, remain. George enlisted as a major in the Canadian Expeditionary Force in 1915. According to his personnel record, he was "dismissed in 1916 for misconduct" (Veterans Affairs, RG 150 Accession 1992–93 / 166), an unexplained term, and returned to Eastern Ontario, to the Leeds County area of his birth. From 1922 until 1938, he taught at Lisgar Collegiate Institute in Ottawa, while Miriam lived in Edmonton and, later, Winnipeg. No record of a divorce exists. Reporting on all sorts of conventions and often appearing in breeks, Miriam always signed her writing Miriam Green Ellis, yet no obituary or memoir of Miriam mentions George or the childless marriage. In speaking to the University Women's Club in Saskatoon in 1945, she borrowed a description from her "favorite book, *Winnie the Pooh*" to compare herself to Rabbit's relations: "I am the last little relation following the procession and sometimes getting lost" ("Watching Other People Farm," 18–19). Whether this is an ironic retrospective or tongue-in-cheek candour from a recognizable though discreet personality, who never *seemed* lost, is arguable.

A reading of her typescript "Down North" along with the 249 small pages (3.5" x 6") of typed daily diary entries, index of names, and demographic information relating to her 1922 journey to Aklavik testifies to Ellis's purposiveness, curiosity, and determination. Having failed to convince editor Frank Oliver of readers' interest in reports of such a trip, with typical boldness she granted herself a leave of absence. She travelled by train to Waterways, the terminus of the Alberta and Great Waterways Railway, south of Fort McMurray, and then by river steamer down the Athabasca, crossing the rapids by car at Smith Portage, and proceeding by steamer north on the Mackenzie to Aklavik.

"Down North" is full of candid portraits, textual and photographic, of fellow passengers. With a hint of disbelief she describes Gladys Patterson, "a girl from Yorkshire, England, going down to marry a chap at Norman" whom "she has not seen...since the war and of course has not heard from him since last Fall some time, but she does not seem to have any doubts in the matter" (4). At the Edmonton train station she meets Bishop Grouard, the Oblate missionary who oversaw the immense vicariate of Athabasca-Mackenzie and brought the first printing press to Athabasca country. "He has been in the north for half a century and knows every white man and Indian right down to the Arctic....He is well over eighty now but still carries on as active head of his big diocese" (4–5). Although not photographed, botany professor Roland Holroyd from Pennsylvania State University is initially an instructive source—"it will be interesting getting some first hand information about the plants and flowers" (4)—but soon proves a disappointment when he refuses or is unable to identify any vegetation. Her frustration with this reclusive passenger is evident when she comments on his attempted moustache, "a rather anaemic affair."

> After weeks of sober living he has suddenly given way to smoking cigarettes, but he does it very genteelly, using a six-inch amber holder. We have warned him to be careful, as dear knows what would grow there if the wooly down were burned off. Poplar comes where spruce has been burned off, we tell him; maybe feather follows down. (35)

Wishing that "our fat friend of the Botany department would part with some of the secrets of his profession" (44), she resorts to William McCalla's *Wild Flowers of Western Canada* as a more reliable guide. Her sympathies are engaged for the young Inuit prisoner Alikomiak at Fort McPherson, to be tried and eventually hanged for four murders: "The lad looks about sixteen but they say he is nineteen. He says that he did not mean to kill Doak but just shot to wound him and force retaliation" (43). On the return journey up south on the Mackenzie, an Inuit woman, Laura, who was being forced to Edmonton to appear before Justice Murphy and possibly confined as insane for having beat her husband, claims Ellis's sympathy. "I suggested that perhaps the husband needed beating up" (57), she observes. She presents this portrait of Laura: "All day she sits or stands out on the side deck, rolling cigarettes and smoking. When she gets tired standing, she sits flat down on the floor with her legs straight out in front like a baby. That would be a new one to add to the 'daily dozen' and warranted to strengthen the back" (59). Ellis is happy to report parenthetically that Laura was "found mentally all right and sent back, her worst fault seeming to be that she was an inveterate smoker and also drank when the opportunity offered" (57). She encounters and relates tales of survival, like the Pittsburgh native who suffered gangrene, eventually amputated his own toes with a jackknife, and survived alone for over four months with only twenty-five pounds of flour that he mixed with snow, and who now does not want to leave the North.

Thanks to Ellis's keen eye, "Down North" is equally adept at documenting topographical conditions. Her text has prescient observations on the tar sands, "regular mountains of asphalt" (7), used at the time for superior road surfaces, as one day "going to mean millions of dollars to the country"; despite the opinion of the "cracker-box orators" (61) on board, "squelching one's enthusiasms" that "it was 'just some fool scratching round in the dirt'" (7), Ellis maintains her "visions of another Klondyke" (8). She documents Native women's importance in preparing hides, befriends Native families, notes features of dress, childcare, and diet, and records Native delight in taking pictures of the white visitors. As well as entering mission schools and churches and investigating operating room procedures, such as the one at Fort Simpson, she relays considerable exuberance and vulnerability—in piloting the boat for thirty miles beyond Fort Chipewyan and taking a daily swim in the Mackenzie, admitting to anxiety about mounting her first horse—"I cannot understand why they put the stirrups up so high" (65)—and, at Salt Springs, a thirty-seven-mile journey inland, revealing the perils of a tenderfoot who deals with blistered feet.

A strong-willed personality suffuses every page of "Down North." From the outset Ellis chafes at her editor's apparent lack of interest in her proposed trip to the North Pole, as this episode in early spring illustrates.

> One day I sat in the Premier's office trying to get a "scoop" on the government policy in connection with the administration of the liquor laws, when I noticed on his desk a pamphlet from a transportation company, on which were the words "To the land of the midnight sun." From where I sat in that big blue room, I could see the North Saskatchewan River, just then throwing off its winter bondage and shoving the great cakes of ice ignominiously on the shore to rot. The trees were showing life and the grass along the banks was getting green. It was the time the woods sent out their loudest call, and I lost all interest in the burning question of liquor laws. (2)

She also strikes a blow for women in breeks, but not without a shamefaced admission. Having "put on [her] knickers and big boots...with a defiant air," Ellis is "anxious to see what was behind that screen of trees...to penetrate the leafy foliage" (7–8). For one time only she concedes to the captain's directive "that he could not think of allowing me to leave the boat," but quickly vows "that it won't happen again" (10). Her oath packs conviction: "That man is about half as big as I am and I should just have taken him by the collar and thrown him overboard" (8). Her trips ashore have a less pugnacious tone, showing an observant naturalist at work. The discovery of wild orchids, "the most exquisite things I ever saw," remind her of "fairies' graves" (17). Blue-eyed grass, lupines, tea berries, wild strawberries, and the omnipresent pink, rose, and purple drooping blossoms of the *Heydesarum mackenzii* merit detailed description. So do the "never-ending" sunsets, "liquid light lying on the water" (37), "a bright rich amber, shading to yellow gold" (47). The prospect of a return journey along narrower and shallower rivers, unlike the majesty of the Mackenzie, occasions sadness: "it was like the slow unfurling of a great banner, and now we are rolling it up again till it will be just an uninteresting stick" (58). "Sick of being rushed" (64), Ellis rejoices in the reprieve of having missed the boat, meaning that their return is delayed for a few days.

"Down North, 1922," likely composed in the fall of that year and mined successively thereafter for newspaper articles, is a significant and singular contribution to women's travel accounts dealing with Western Canada and the Arctic. Its distinctive immediacy emerging from Ellis's journalism experience, "Down North" also stands apart from the published records of earlier and contemporary women recreational adventurers or professional travel writers, who were supported by family wealth, industrial sponsors or employed, attending husbands. The personal voice, occasional humiliation, and the encounter with a wide social spectrum separate Ellis's work from the amateur Victorian travelogues of the wives of serving or future Canadian governors-general detailing their cross-country visits with the elite of the Dominion: the Marchioness of Dufferin and Ava's *My Canadian Journal, 1872–8: Extracts from My Letters Home* (1891) and the Marchioness of Aberdeen's *Through Canada with a Kodak* (1893). Though incomplete (or at least un-concluded), Ellis's account is fuller than the report of the American Elizabeth Taylor, a self-taught botanist and collector for museums, who travelled down the Mackenzie in 1892 with the permission of the governor of the Hudson's Bay Company, publishing brief essays two and five years later in *Outing* and *Travel*. In addition to Taylor's timidity about Indian fellow travellers, "a rough wild set," about whom she registers feeling "a little troubled in having [her] tent pitched so near" (Taylor, "Lady's Journey" 51), she fulfils the requirement of the travelling lady in recommending such "useful" articles as a checked skirt, blouse, felt hat, silk handkerchiefs, moosehide gloves, and "black cashmere stockings" (Taylor, "Articles" 60). Ellis's individual experience and first-person voice distinguish her work from the stereotypes and condescending tone of the essays and stories of Quebec-born Harriet Campbell, Lady Jephson's *A Canadian Scrap-Book* (1897), and the fictional first-person narration of Bess Le Ford in Norfolk-born Frances Herring's portraits of the British Columbia Interior, *Canadian Camp Life* (1900). Later records of travel show considerably less travail than Ellis's account. Jean Walker Godsell's description of her 1920 honeymoon trip north as a Hudson's Bay Company factor's wife, in *I was No Lady* (1959), sketches "God's Wide Open Spaces where men were men and where white women were placed on pedestals since they were few in number and far between" (Godsell 2). Clara (Rogers) Vyvyan's 1926 journey by steamer, motor boat, and canoe to Alaska published thirty-five years later as *Arctic Adventure* (1961), a carefully planned and guided trip, reflects the aspirations of a well-to-do, middle-aged Englishwoman and her female artist-companion as they read Shakespeare to one another en route.

The journey most comparable to Ellis's is Agnes Deans Cameron's arrival at Fort Rae in 1908, recounted in *The New North* (1909), a text that Ellis's informal history of the CWPC reveals she knew. "That book came back at me like a boomerang," Ellis revealed to her Edmonton audience: "When I went down the Mackenzie in 1922, the natives clammed up on me when I said I wanted to write about them. Seems Cameron had borrowed precious photographs and failed to return them, as promised" (Ellis, "Pathfinders" 8).

Aside from competing claims about being the first to visit Salt Springs, the biggest differences between these two accounts are their scope and tone. With each of its twenty-four chapters headed by a literary or biblical epigraph, *The New North* is a precisely worded, photo-illustrated narrative of close to four hundred pages, recounting the journey of Cameron and her niece, an accommodating typist, from Chicago to the North, via stagecoach, scow, steamer, and paddle-wheeler, with a return terminus in Winnipeg. The text directly links "a photographic first to a technology of textual representation—the typewriter" (Roy, *Maps* 212). Although not all the photographs were taken by Cameron or Miss Jessie Cameron Brown, it is quite possible, as Wendy Roy suggests, "that Underwood either donated the typewriter or helped to fund the trip and was rewarded by having its corporate name prominently displayed" ("Primacy," 73). Cameron (1863–1912) was not officially a press woman; rather, as a teacher for twenty-five years and the first woman high school principal in Victoria, she had run afoul of the school board trustees and been dismissed. Journalism in Chicago and the trip north, along with its resultant lectures in Britain and the United States promoting immigration, provided her livelihood before her untimely death. In the opinion of Anglican missionary Archdeacon Charles Whittaker, *The New North* was "an intricate compound of fact and fiction" (MacLaren and LaFramboise xxix).

Instead of splitting hairs over truth claims separating the journalist and the educator, a more revealing yet delicate comparison involves the tone of both accounts. Acutely conscious of her role as instructive authority over curious observer, Cameron is quick to impart anthropological lessons.

> Among Mackenzie tribes no Yellow-Knife, Dog-Rib, or Slavi starved while another had meat, no thievish hand despoiled the cache of another. A man's word was his bond, and a promise was kept to the death. Not all the real things of life are taught to the Cree by the Christian. Courage is better than culture, playing the game of more importance than the surface niceties of civilisation, to be a man now of more moment than to hope to be an angel hereafter. (Cameron 199)

In contrast to Ellis's awestruck directness, the vision of sunset at the Ramparts, the entrance to Fort Good Hope, provokes a Romantic effusion from Cameron, in which duelling emphases on aloneness and impressive pronouncement frame the scene.

> Awed and uplifted, our one wish is to be alone; the vision that is ours for one hour of this Arctic night repays the whole summer's travel. The setting of the picture is that ineffable light, clear yet mellow, which without dawn and without twilight rises from the flowing river to starless heavens, and envelopes the earth as with a garment—the light that never was on sea or land. We could not have chosen a more impressive hour in which to pass the portal into the Arctic World. (Cameron 206)

While the differences in length and aim between a typescript and a published volume might challenge the feasibility of this comparison, what emerges as significant are the palpable contrasts in tone between the teacher at ease in lecturing and the journalist pursuing human interest.

Ellis's two short stories, another unique offshoot of the journey north, have no parallel in the subsequent work of other women travellers. These narratives probe Native-white relations with a remarkable willingness to see and articulate both sides of the emotionally fraught issues of identity and belonging. A tautly narrated exploration of dissociation, "Alone" follows the thoughts and escape routes of a hunted man wanted for murder ten years earlier. Moving from the Crowsnest Pass to the Nahanni River in the Northwest Territories, it highlights the man's terror of uncertainty, his realization of betrayal from so many others, and the surprising sympathy his death evokes in the Native girl he has abducted. For Carson, the man on the run, fear is an embodied presence: "But fear, ingrowing and unceasing, gripped him in its coils, like the devilfish, its victim. As time passed, its clutches grew stronger and stronger, till he wondered how much longer he could withstand the vicious monster" (1).

The domestic and emotional details Ellis introduces to her portrait of this terrifying grip create a poignant sense of estrangement and alienation. With the passage of years, Carson's promise to his childhood sweetheart in England, "'Have your sheets and tablecloths all hemmed, and I will be back for you in two years'" (3) and his plans for a home "'with no rent to pay to greedy landlords'" (4) fade to impossibility. As he risks journeys to Vancouver and San Francisco, his attempt to track down the double-crossing prospector, his supposed partner, shows the gullibility to which loneliness has reduced him and confirms that his stake and money are both lost. The shocking act of abduction testifies to Carson's desperation and muddled thinking: "he must have her for his own; if her people pursued, as they doubtless would, he would fly with her. He had eluded the police for ten years; he could elude them too" (19–20). However, "Alone" is not a rape narrative, nor does it illustrate what we would today call the Stockholm Syndrome. Ellis succeeds in complicating both victim and perpetrator. Though terrified and unable to communicate, the girl realizes that "this man did not mean to hurt her" (21). As the narrator explains for her, "an Indian maiden could read the tenderness in his eyes, yearning blue eyes so unlike those of the indifferent men of her tribe" (20). Despite escaping to the far side of the river, the girl screams, runs, and wades into the river to try to stop the raft on which Carson, who has abandoned hope, is careening toward the rapids. Managing to pull his lifeless body to shore, she cradles his head and lies down by his side. "In death, he was not alone" (24).

"A War Bride's Return" may have been prompted by Ellis's silent question about Gladys Patterson's blithe happiness en route to marry her long-separated fiancé. In her story, the sheltered English war bride arrives in Edmonton to start a romantic new life of genteel farming, only to be shocked and horrified by the realization that her beloved Canadian husband, whom she nursed back to health in France, is Native. The bride's immediate revulsion, her change from love to hate, and refusal to listen to any explanation are strong indictments of prevailing prejudices. The contrast between Rose's professed love and readily "upturned lips" (Chap. 2, 1) at the Edmonton train station when the couple is reunited at last and her silent petulance hours later casts doubt on all her declarations. The subtlety of the narrative inheres both in the warm relationship between the husband and his mother, who has educated him and kept the subsistence farm going in his absence, and the delayed disclosure about true parentage. Although Ellis works hard to air the views and desires of both sides of this doomed partnership, she spends most time dissecting John's interior dilemma and ambivalence, "torn between his duty to his mother and his love for his wife" (Chap. 2, 5). Rose constantly questions, extracting protestations of fidelity and explanations about a beloved collie: "'You do love me, do you not?'" and "'Was there another girl, John?'" (Chap. 1, 4), "'Who is Flossie? You talked of her all night in your sleep'" (Chap. 2, 3). "Afraid that Rose would not understand" (Chap. 2, 5) and "shiver[ing] in dread at the outcome" (Chap. 2, 1), John makes the effort to see matters from Rose's uninformed and judgemental perspective: "He was not ashamed of it, but how would it seem to an English girl who knew nothing of Indians except such as she had read in Cooper's novels. But, he defended himself again, he could not tell her of himself without seeming to cast a slur on that mother, who had done so much for him" (Chap. 2, 1).

The unnamed Mother reads Rose's language perfectly: "'No, she will never understand. I saw the look of horror in her eyes when she saw me'" (Chap. 3, 2). For her part, Rose recoils in revulsion: "'Don't touch me. I hate you...I wish I might have died before this happened'" (Chap. 3, 5). Possibly echoing the situation of separation in her own life, Ellis's principals do not get together, yet the current of sexual tension carries through to the final line. The former bride, who is using her stenographer's salary to start her own chicken business in Edmonton, decides "to invest in hens" but "she would not get a cock till later on" (Chap. 5, 9).

Why would work so vivid in its emotional insights, so attuned to the cadences of speech, and so knowledgeably anchored in an Albertan or Arctic setting remain unpublished? What shines through in all Ellis's work are the candour, admiration for resourcefulness, and fighting spirit of the writer. She was not an observer who kept her distance, but an understanding listener eager to support the underdog. Ironically, despite Ellis's wide recognition—a farmer at Fort Smith recognized her from the Edmonton Exhibition and a Californian student at the Banff School remembered her from the International Stock Show at Chicago thirteen years earlier—she remains a figure of considerable mystery. The typescript of her journey to Aklavik provided material for over forty newspaper articles. Fiction may have been a more tentative undertaking for Ellis; she may have been stung by rejection or chosen not to consult or prevail on her friend Nellie McClung for a literary contact.

This temperamental fighting spirit, however, does not align her with the contemporary fictional journalist Aleta Dey, the eponymous heroine of Francis Marion Beynon's largely autobiographical 1919 novel. Pacifist and suffragist, Dey suffers and dies for her principles. She constantly accuses herself of weakness: "Why did I find myself apologetic when I did not agree with the majority? When I was given a mind that questioned everything, why was I not given a spirit that feared nothing?" (Beynon 66). Combining both a questioning attitude and a fearless brio, Ellis never believed that "the wings of [her] soul had been clipped in [her] infancy" (Beynon 66).

While it may seem easy to categorize Ellis as fleeing from the perceived boredom of a music teaching career and a failed marriage into the sorority of press women, I think it is important to see beyond these stereotypes.

Boldly claiming and ultimately owning the male turf of the aggie beat, resorting to no coy nicknames, not isolating herself as a "Lone Scribe" (Lang 22) but rather seizing the advantage of the Aklavik trip to negotiate a new position, Ellis experienced the enabling power of a female constituency and exercised genuine resourcefulness in the sometimes hostile terrain of the newspaper world. Yet she recognized with some regret, in the years following the Second World War, that the need for the solidarity of a women-only association was waning. In many ways she is a liminal figure, valuing the pluck of CWPC pioneers and exulting in her own mobility. Her conversational style, so distinct from the didactic literariness of Agnes Deans Cameron, nevertheless blends clarity and opacity, as this public personality protects the secrets of a private individual.

## *Note*

1 For an annotated, illustrated edition of "Down North" and a selection of Miriam Green Ellis's fiction and journalism, see *Travels and Tales of Miriam Green Ellis: Pioneer Journalist of the Canadian West*, ed. Patricia Demers (U of Alberta P, 2013). For photographs, coloured glass slides, and items from the Miriam Green Ellis Collection, visit the web exhibit hosted by the Bruce Peel Special Collections Library: www.library.ualberta.ca/specialcollections.

## *Works Cited*


Aberdeen, Marchioness of Aberdeen [Ishbel Gordon]. *Through Canada with a Kodak.* Introduction Marjory Harper. Toronto: U of Toronto P, 1994. Print.

Beynon, Francis Marion. *Aleta Day.* Introduction Anne Rich. London: Virago, 1988. Print.

Cameron, Agnes Deans. *The New North: Being Some Account of a Woman's Journey through Canada to the Arctic.* New York: D. Appleton and Co., 1910. Print.

Cram, J.S. "Retiring Editor Honored." *Family Herald and Weekly Star* 15 January 1953, 7+. Print.

Demers, Patricia, ed. *Travels and Tales of Miriam Green Ellis: Pioneer Journalist of the Canadian West.* Edmonton: U of Alberta P, 2013. Print.

Dufferin, Marchioness of Dufferin and Ava. *My Canadian Journal, 1872–78: Extracts from My Letters Home Written While Lord Dufferin was Governor-General.* New York: D. Appleton and Co., 1891. Print.

Ellis, Miriam Green. "Aggie Stag Banquet." 11 November 1948. TS. Miriam Green Ellis Collection, Bruce Peel Special Collections Library, University of Alberta, box 12, folder 3.

——. "Alone." TS. Miriam Green Ellis Collection, box 2, folder 3.

——. "Down North." TS. Miriam Green Ellis Collection, box 3, folder 2.

——. *Pathfinders.* Canadian Women's Press Club, 1956. Miriam Green Ellis Collection, box 2, folder 10, item 12.

——. "Special Fields." Triennial CWPC, Calgary, 1932. TS. Miriam Green Ellis Collection, box 12, folder 1, item 4.

——. "A War Bride's Return." TS and MS. Miriam Green Ellis Collection, box 2, folder 4.

——. "Watching Other People Farm." University Women's Club, Saskatoon, Saskatchewan. 15 January 1945. TS. Miriam Green Ellis Collection, box 12, folder 3, item 1.

——. "The Women Grain Growers of Saskatchewan." *Woman's Century* March 1915, 11. *Feminism and the Periodical Press, 1900–1918.* Ed. Lucy Delap, Maria DiCenzo, and Leila Ryan. Vol. 1. London: Routledge, 2006. 431. Print.

Godsell, Jean W. *I Was No Lady: The Autobiography of a Fur Trader's Wife.* Toronto: Ryerson Press, 1959. Print.

Henisch, Heinz K., and Bridget A. Henisch. *The Painted Photograph, 1839–1941: Origins, Techniques, Aspirations.* University Park, PA: Pennsylvania State UP, 1996. Print.

Herring, Frances E. *Canadian Camp Life.* London: T.F. Unwin, 1900. Print.

Humphries, Steve. *Victorian Britain Through the Magic Lantern.* London: Sidgwick and Jackson, 1989. Print.

Jackel, Susan. "First Days, Fighting Days: Prairie Presswomen and Suffrage Activism, 1906–1916." *First Days, Fighting Days: Women in Manitoba History.* Ed. Mary Kinnear. Regina, SK: Canadian Plains Research Center, 1987. 53–75. Print.

Jephson, Lady [Harriet J. Campbell]. *A Canadian Scrap-Book.* London: Marshall Russell and Co., 1897. Print.

"John D. Hunt is Honor Guest at Women's Press Club Soiree." *Edmonton Bulletin* 3 February 1919. Provincial Archives of Alberta, Accession no. 74. 56 / 9.

LaFramboise, Lisa. "Miriam Green Ellis, 1881–1964." *The Small Details of Life: Twenty Diaries by Women in Canada.* Ed. Kathryn Carter. Toronto: U of Toronto P, 2002. 301–22. Print.

Lang, Marjory. *Women Who Made the News: Female Journalists in Canada, 1880–1945.* Montreal and Kingston: McGill-Queen's UP, 1999. Print.

MacEwan, Grant. "Miriam Green Ellis: The Lady with the Notebook." *...And Mighty Women Too: Stories of Notable Western Canadian Women.* Saskatoon, SK: Western Producer Prairie Books, 1975. 169–74. Print.

MacLaren, I.S., and Lisa LaFramboise, eds. Introduction. *The Ladies, the Gwich'in, and the Rat: Travels on the Athabasca, Mackenzie, Rat, Porcupine, and Yukon Rivers in 1926.* Edmonton: U of Alberta P, 1998. xv–xlix. Print.

"Miriam Green Ellis, Dean of Canada's Newspaper Women, Visiting Here." *Honolulu Star-Bulletin* 10 May 1950, n. pag. Miriam Green Ellis Collection, box 14, folder 6. Print.

"Press Club Entertains in Honor of Miss Cora Hind." *Edmonton Journal* April 1919, n. pag. Provincial Archives of Alberta, Accession no. 74. 56 / 9. Print.

Rex, Kay. *No Daughter of Mine: The Women and History of the Canadian Women's Press Club 1904–1971.* Toronto: Cedar Cave Books, 1995. Print.

Roy, Wendy. *Maps of Difference: Canada, Women, and Travel.* Montreal and Kingston: McGill-Queen's UP, 2005. Print.

——. "Primacy, Technology, and Nationalism in Agnes Deans Cameron's *The New North.*" *Mosaic* 38.2 (2005): 53–79. Print.

Steedman, Carolyn. *Dust: The Archive and Cultural History.* New Brunswick, NJ: Rutgers UP, 2002. Print.

Taylor, Elizabeth R. "Up the Mackenzie River to the Polar Sea: A Lady's Journey in Arctic America" and "Articles Found Useful on My Mackenzie River Trip." *The Far Islands and Other Cold Places: Travel Essays of a Victorian Lady.* Ed. James Taylor Dunn. St. Paul, MN: Pogo Press, 1997. 50–62. Print.

*Textual Document Canadian Expeditionary Force Personnel.* RG 150 Accession 1992–93 / 166, box 2882-40. Record of Major George Ellis. Print.

*Triennial Report of* CWPC, 1959–62, n. pag. Provincial Archives of Alberta, Accession no. 74. 56 / 6. Print.

Vyvyan, Clara. "Lady Vyvyan's Arctic Adventure." *The Ladies, the Gwich'in, and the Rat: Travels on the Athabasca, Mackenzie, Rat, Porcupine, and Yukon Rivers in 1926.* Ed. I.S. MacLaren and Lisa LaFramboise. Edmonton: U of Alberta P, 1998. Print.

Zeman, Brenda. *88 Years of Puck Chasing in Saskatchewan.* Regina, SK: WDS Associates and Saskatchewan Sports Hall of Fame, 1983. Print.

# Catherine Mavrikakis 15

*La force de penser (chaque jour)*

MAÏTÉ SNAUWAERT

Depuis le succès public et critique de son roman *Le ciel de Bay City*[1] en 2008 (réédité à Paris en 2009 chez Sabine Wespieser), Catherine Mavrikakis est devenue une figure de proue de la relève littéraire québécoise[2]. Son œuvre critique est aussi saluée, notamment avec l'essai *Condamner à mort. Les meurtres et la loi à l'écran*, récipiendaire du prix de l'Académie des Lettres du Québec Victor-Barbeau en 2006. Cependant, au croisement de l'œuvre littéraire et de pensée, ne séparant pas l'une de l'autre, son écriture s'est mise à essaimer *autrement* avec la création par sa maison d'édition montréalaise, Héliotrope, du blogue catherinemavrikakis.com. Les textes qui y sont parus ont été republiés à l'automne 2010 sous la forme d'un livre désigné comme « e-carnet » et intitulé *L'éternité en accéléré*. Enfin, Catherine Mavrikakis a créé pour le site Internet *Radio-Spirale*[3], émanation du magazine culturel montréalais *Spirale*, une émission de radio alternative, *Rêvez pour moi*, produite sous forme de conversations dans lesquelles elle demande à ses invités de lui raconter leurs rêves.

Je veux faire l'hypothèse que, par ces nouveaux formats, Catherine Mavrikakis ne s'efforce pas seulement, techniquement, d'emprunter les moyens de son temps, mais propose de façon plus intéressante une réflexion sur le contemporain comme co-énonciation, co-responsabilité et méditation sur le temps d'une vie. J'appuierai mon investigation sur trois textes publiés sur le blogue. Le premier, intitulé « Nos rêves les plus fous », critique la propagande populiste de John McCain, construite sur la figure de *Joe the plumber* et l'idée d'un rêve partagé par tous. Le second, « Backslide with Michael », met en jeu une défense de Michael Jackson en tant qu'ex-icône culturelle tombée dans une disgrâce que même sa mort n'a pu racheter. Enfin, je me pencherai sur la réflexion que propose Mavrikakis de la notion de vie, réflexion qui court en filigrane tout au long de ces chroniques et s'incarne dans un texte en particulier, nommé « Moments fragiles ».

Commentant la chronique de Marguerite Duras publiée dans le quotidien français *Libération* au cours de *L'été 80*, Arnaud Bernadet écrit que l'auteure y opère une « subjectivation de l'actualité » (28). Autrement dit, le caractère contingent du temps chronique, aveugle et indifférent, s'y voit tout à coup personnalisé par l'écriture – non seulement parce que l'auteure choisit tel ou tel événement dans la masse d'informations que lui offre le monde, mais aussi parce que, l'écrivant, elle en fait la matière de sa propre vie. Or la force de ce que Marguerite Duras a ainsi appelé « le seul journal de [s]a vie » (*La vie matérielle* 11) vient de ce que dans ces « papiers d'un jour »[4] se nouaient la dimension de l'événement politique à la fois éloigné et poignant qui se déroulait pendant qu'elle écrivait – exemplairement les grèves des ouvriers de Gdansk – et celle quotidienne du spectacle de la plage, où chaque jour s'intensifiait la tendresse d'une monitrice de colonie de vacances pour l'un des jeunes enfants.

Sur le blogue de Catherine Mavrikakis, catherinemavrikakis.com, il n'en va pas autrement. Un événement auquel nous assistons tous, une « actualité » à la fois insignifiante dans sa banalité et potentiellement grave dans son contenu politique, mais dont nous sentons que le jour va l'emmener, les semaines l'oublier, tout à coup est retenu par l'auteure pour la résonance qu'il vient produire en elle, écho d'autres événements, ou ranimant en elle des souvenirs. Ainsi, dans un texte intitulé « Nos rêves les plus fous », Mavrikakis écrit :

> « *We all have the same dream as Joe the plumber* ». C'est ce que le candidat républicain à la présidence des États-Unis martèle dans ses grands rassemblements. Nous aurions tous le même rêve, le rêve américain, de Joe, de celui qui ne veut pas payer d'impôts, qui rêve que sa business fonctionne bien et que sa vie s'écoule sans heurt dans sa banlieue blanche. Nous aurions tous ce rêve-là.
>
> Moi, je le confesse, je ne rêve pas de cela. (« Nos rêves » 135)

Contre le rêve de *Joe the plumber*, contre le rêve de Goebbels aussi que, dans un élargissement politique de la réflexion, elle rappelle ensuite, Mavrikakis choisit en finale le rêve de Martin Luther King. Mais ce qu'elle montre surtout, c'est que le rêve ne saurait être rêvé collectivement. C'est seulement ensuite, par le choix de chaque singularité d'épouser la singularité d'un autre, qu'il peut se faire espace commun. Car ce qui réside dans le rêve est, fondamentalement, idiosyncrasique, et c'est ce qui fait du rêve justement le dernier espace de résistance contre les idéologies – du moins faudrait-il le préserver comme tel. Plaqué sur d'autres contre leur gré ou bien à leur insu, le rêve n'est plus que propagande : il se fait rêve de dominer jusqu'aux rêves des autres, alors qu'on ne peut rêver que par soi-même.

Le travail du blogue est de cette dimension : se faire le support évanescent – mais qui dure – des pensées d'un instant ou d'un jour, offertes en partage pour que leur singularité rencontre une autre singularité, non pas imposées, mais circulant avec une liberté plus grande que par le livre, que par les journaux. À l'instar du rêve rêvé par chacun, dont on ne devrait jamais oublier ce qu'il a d'intime, la page Internet d'écrivain se présente comme le lieu ultime de résistance au grand ordre imposé du monde, et notamment à l'ordre imposé par « l'actualité » – qui n'est jamais choisie que par quelques-uns.

Ainsi l'auteure remarque-t-elle, au sujet d'une perte de foi dans la notion d'« esprit collectif générationnel » que lui inspire la mort de Michael Jackson, qu'elle « ne fonde plus [s]es propos sur le mensonge d'une communauté qui a une même époque à consommer » (« Back-slide » 25). Pourtant, vieillir et écrire au jour le jour, c'est reconnaître qu'il est « arrivé un temps de ma vie où il m'est devenu évident que je ne suis pas beaucoup plus que l'époque qui m'a formée » : « Je vois combien je suis réduite au moment où j'ai pensé que tout était possible » (28), ces années 80 où l'auteure avait vingt ans. Il est alors difficile d'assumer une position de recul vis-à-vis de son époque tout en s'en réclamant en partie dépositaire, de porter sur elle un regard critique sans la renier unilatéralement, de faire corps avec son temps sans nécessairement être solidaire de sa génération.

> Si mes cours portaient sur le Moyen Âge ou encore le XIX^e^ siècle, je pourrais [...] parler, engoncée dans mes propos, au nom d'un temps qui dépasse le temps. Mais alors que je m'attache à travailler

> sur ce que certains appellent non sans mépris et bêtise « l'extrême contemporain », je m'aperçois que ce qui m'excite encore dans ce que j'enseigne, c'est de montrer à des étudiants des textes qui, en quelque sorte, n'appartiennent pas encore tout à fait à l'Histoire, mais qui font plutôt écho à ma petite histoire, à ma « vie minuscule » qui reste la seule chose que je peux léguer ou encore donner à entendre. (25-26)

Ainsi, écrire sur le chaque jour, *subjectiver* l'actualité, c'est accepter qu'une icône galvaudée comme Michael Jackson, en mourant, fasse mourir avec lui une partie de ce que nous avons été, en deçà de ou par delà toute pertinence culturelle. Parce que la vie, pour se continuer, a à ne pas se renier. Parce qu'il a été le contemporain d'un désir qui n'était pas seulement le sien de ne jamais mourir.

> Le temps est immensément cruel pour ceux et celles qui survivent à leur jeunesse. [...] Et la cruauté des années réside dans ma propre humiliation, dans la ressemblance que je me découvre aujourd'hui avec Michael Jackson.
>
> Or, c'est précisément d'humiliation qu'il est question dans l'enseignement de ce qui constitue le contemporain, ou le pas très ancien [...] malgré ma volonté de rendre compte le plus objectivement d'une époque, établir une anthologie du présent ou du passé immédiat relève irrémédiablement du goût, du choix intime, de l'exhibition de soi et de son temps comme mortel. (29)

Saisir *son temps comme mortel*, c'est aussi saisir sa vie dans son caractère fugitif, au présent, et de ce point de vue l'écriture du blogue constitue une ponctuation du monde. Le discours qu'il propose du chaque-jour ou du chaque-instant opère à la fois une conversion de l'empirique en matière à penser, mais aussi met en évidence le tissage de nos vies.

Dans un texte intitulé « Moments fragiles », l'exemple du père du petit Eloi menant son fils à l'école chaque matin, mais qui un jour tout à coup pas comme les autres lui déclare qu'il l'aime, attire notre attention sur le fait que la vie est à reconquérir chaque jour, qu'elle est une conscience à saisir ou ressaisir, non un état naturel ou donné.

> Tous les matins, j'entends le père d'Éloi dire au revoir à son fils. [...] Mais ce matin, le père d'Éloi [...] a ajouté ce « je t'aime » qui m'a fait tressaillir. Il y a, il est vrai, dans tout au revoir à nos proches, une forme de déclaration d'amour secrète, cryptée, que parfois l'intonation révèle un peu. En disant à l'aimé : « Au revoir, bonne journée! », nous lui donnons la permission de passer quelques heures sans nous, et nous maîtrisons un peu l'angoisse de la perte possible, de la mort qui se love, comme une traître, même dans les petites séparations. (116-117)

Peur de la séparation, peur de la mort qui n'est pas l'apanage des mères, mais de quiconque voit le temps passer dans son enfant. « La maternité, la paternité nous rappellent parfois que le temps doit s'arrêter » (118). Or, « Dans ce "je t'aime, Éloi...", le père stoppait un peu la marche folle du temps; il volait un morceau d'enfance aux heures et aux années méchantes à venir et donnait à lui-même et à son fils la permission de s'oublier l'un l'autre, de faire avec la vie » (117).

Alors si, selon un vieux mythe féministe, c'est la vie qui se transmet dans ces écrits quasi quotidiens d'une femme en prise sur l'actualité, dans la tradition du journal intime et dans la mythologie de la maternité qui *donne le jour*, ici c'est d'une vie comme *travail* qu'il s'agit, une vie comme rythme, comme inscription de soi dans le monde, à inventer chaque jour.

L'écriture du blogue, la forme de présentation et de diffusion spécifique de la page Internet d'un écrivain, devient alors un mode de pensée spécifique, à même d'intégrer le régime discontinu selon lequel nous vivons nos vies. À même aussi d'y refaire du lien : entre moi et le père de cet enfant, moi et mon voisin, moi et ma famille, moi et les millions de gens qui dans le monde souffrent en même temps que moi et, que sans connaître pourtant, je n'ignore pas.

À la fois improvisé et né d'une nécessité, le blogue est pour notre présent ce « papier d'un jour » par lequel Marguerite Duras désignait la chronique d'un temps d'été voué plus encore qu'un autre à disparaître. Il est moins expression d'un moment sauvé brièvement de l'oubli qu'exposition de ce qui fait la matière même d'un jour, ce mélange de tâches et d'omission des sentiments les plus forts au milieu duquel surgit parfois un rêve ou une folie.

En empruntant la forme subalterne – et éminemment singularisée – d'un billet d'humeur ou d'une histoire exemplaire, Catherine Mavrikakis opère cette conversion de la matière du temps en matière à penser. Elle tire de ce tissu apparemment anodin, anecdotique, une réflexion de plus grande échelle qui dit quelque chose de l'organisation de valeurs souvent implicite qui sous-tend nos vies. Le blogue ne parle pas ainsi de l'actualité, mais *donne son actualité au jour*, pour celle qui l'écrit, pour ceux qui la lisent, et qui, la lisant, co-énoncent et co-actualisent un jour qui est peut-être aussi le leur (et pas nécessairement en même temps).

Le billet-page, la page-jour fabriquent ainsi un format énonciatif, un rythme ayant à voir avec le continu discontinu de nos vies; ils actualisent une rythmique intensive du vivre dont nous prenons rarement conscience. Ultimement donc, l'écriture du blogue, plus que celle du livre, affirme la mise en vivre du monde par sa mise en langage. L'écrit n'a plus seulement le rôle de graver dans la pierre, ou s'il le fait c'est justement *en accéléré*. *Éternité en accéléré*, le blogue fusionne la pérennité historique de l'écrit avec la vitesse d'exécution du vivre, rapprochant la possibilité d'être le contemporain de cette vie en action qui a conscience d'être en vie.

Marguerite Duras déplorait de ne pouvoir rejoindre, en tant qu'individu, « celle-là, celle qui avait écrit ça » (« Interview » 59)[5], faisant référence au sujet d'écriture de *L'été 80* et à l'actualité singulière et décalée du présent de l'écriture, qui nous rend *après coup* (et, sans doute, sublime) le présent de la vie, toujours inconnu de soi pendant qu'il se vit. Catherine Mavrikakis écrit au plus vite, au plus près, pour que cette vie qui passe en s'ignorant, cette vie qui se vit en vitesse sans la conscience de mourir, se réfléchisse au double sens du terme, se retourne sur elle-même pour se voir exister. Proche en cela beaucoup plus du *Journal de deuil* de Roland Barthes que du journalisme, son écriture enregistre le vivre comme un mourir, comme un décompte du temps et la prise de conscience de ce peu de durée qui nous reste avant de disparaître. Écriture du présent, elle l'est seulement dans la mesure où elle montre à quel point le présent n'est accessible que rétrospectivement. Son but ultime, à l'instar du mérite d'exemplarité qu'elle prête au genre biographique, c'est de « faire de la vie un savoir » (« Par l'exemple » 178). Désir d'autant plus poignant que Mavrikakis déclare : « Il y a quelque chose d'épuisant et surtout de terrorisant à ne pas pouvoir, à bientôt cinquante ans, m'appuyer sur l'expérience que j'ai arrachée au temps » (« Back-slide » 25). L'écriture, *a fortiori* celle du blogue, permet peut-être de remédier à cette carence, par l'instauration, en lieu et place du partage d'expériences assurées et certaines, validées par le temps, d'un partage *qui va pouvoir devenir* expérience.

Le blogue, comme à sa manière la capsule de radio[6], vient mettre de la conscience dans la fuite irraisonnée du temps. Beaucoup plus qu'un moyen technique, ce qu'apporte sa possibilité technologique est cette monstration du fugitif que signale également l'enregistrement des voix de la conversation : bien qu'on puisse les archiver, on ne peut les retenir. Une fois disparus les corps qui les portaient, ils deviennent les supports physiques indispensables d'une *conscience du vivre*, aussi bien que des rappels irrémédiablement nostalgiques.

## *Notes*

1 Le roman a remporté au Québec le Grand Prix des Libraires, le Prix du livre de Montréal et le Prix littéraire des collégiens.

2 Je fais par là référence à une nouvelle génération de maisons d'édition créées à Montréal depuis les années 2000 : Héliotrope, Les Allusifs, Le Quartanier, Le Marchand de Feuilles, Alto, Le Lézard amoureux, qui s'illustrent, outre par la nouvelle génération d'auteurs qu'elles publient, par un soin particulier apporté au graphisme. Un article du journal étudiant *Quartier libre* a ainsi titré « Nouvelle vague dans l'édition québécoise » (Mercier, 2009).

3 http://radiospirale.org/emission/revez-pour-moi.

4 C'est le sous-titre de l'un de ses recueils de textes écrits pour les journaux, *Outside 1. Papiers d'un jour.*

5 L'extrait dit encore : « J'étais bouleversée par celle qui avait vu la mer, qui avait vu cet enfant, qui avait couru sur les collines d'argile, le long de la mer. J'étais dans un état de colère, comme ça, de la vie, que la vie vécue ne puisse pas rejoindre ça. J'étais jalouse de moi. » (59)

6 On écoutera en particulier pour apercevoir cette *saisie de vie* qu'est l'entretien radiophonique l'émission enregistrée avec Savannah Lou, la fille de Catherine Mavrikakis. http://radiospirale.org/emission/revez-pour-moi.

## *Bibliographie*


Barthes, Roland. *Journal de deuil*. Paris: Seuil/IMEC, 2009.

Bernadet, Arnaud. « Le journal de l'invisible : *L'été 80* ». *Marguerite Duras : L'image critique*. Dir. Maïté Snauwaert. Dossier spéc. de *Dalhousie French Studies* 95 (été 2011): 27-46.

Duras, Marguerite. *La vie matérielle*. Paris: P.O.L., 1987.

——. *L'été 80*. Paris: Minuit, 1980.

——. « Interview du 12 avril à Montréal et du 18 juin 1981 à Paris ». *Marguerite Duras à Montréal*. Dir. Suzanne Lamy et André Roy. Montréal: Éditions Spirale, 1981. 55-71.

——. *Outside 1. Papiers d'un jour*. Paris: P.O.L., 1984.

Mavrikakis, Catherine. « Back-slide with Michael ». *L'éternité en accéléré*. 24-30.

——. *Le ciel de Bay City*. Montréal: Héliotrope, 2008.

——. *L'éternité en accéléré*. Montréal: Héliotrope, 2010.

——. « Moments fragiles ». *L'éternité en accéléré*. 116-20.

——. « Nos rêves les plus fous ». *L'éternité en accéléré*. 135-39.

——. « Par l'exemple ». *L'éternité en accéléré*. 172-78.

——. « Rêvez pour moi : entretien avec Savannah Lou ». *Radiospirale.org*. Web. 8 juin 2011.

Mercier, Samuel. « Nouvelle vague dans l'édition québécoise ». *Quartier libre. Le Journal indépendant des étudiants de l'Université de Montréal* 17.3 (23 septembre 2009). Web. 7 juin 2010.

# *This is What a Public Intellectual Looks Like* 16

## *Dorothy Livesay's Housewife Years and the Public Sphere*

SHAUNA LANCIT

In discussing Dorothy Livesay's conception of the public, as seen through her engagement with CBC radio, it may be useful to begin with Brecht's utopian dream for the role of radio:

> As for the radio's object, I don't think it can consist simply in prettifying public life. Nor is radio in my view an adequate means of bringing back cosiness to the home and making family life bearable again. But quite apart from the dubiousness of its functions, radio is one-sided when it should be two. It is purely an apparatus for distribution, for mere sharing out. So here is a positive suggestion: change this apparatus over from distribution to communication. The radio would be the finest possible communication apparatus in public life, a vast network of pipes. That is to say, it would be if it knew how to receive as well as to transmit, how to let the listener speak as well as hear, how to bring him into a relationship instead of isolating him. (51)

This "vast network of pipes," sounds, of course, uncannily like the Internet. Given current fears about the atomizing effects of the Internet and its part in the erosion of what had been understood as public life, it is refreshing to encounter such a utopian vision of the power of a communication tool to draw us into relation, rather than to isolate. In short, Brecht is proposing a view of communications technology as a means of producing a public rather than eroding it.

What is most interesting for my reading of Livesay's view of the radio, however, is Brecht's contrast of family life to public life. The radio is uninteresting in its functions of "prettifying" public life (as a housewife might prettify her home) and of bolstering the cosiness of the home. Here, for Brecht, the radio's alignment with the domestic, the private, is beside the point. On the other hand, radio's potential as a "communications apparatus" is ideally realized in the public sphere, which is marked by speech, rather than by mere private reception. This is a contrast that had frequently been taken for granted until the feminist movement and gay liberation movement convincingly challenged the convenient and containing opposition between the private and the public. Brecht's contrast between radio as reinstating the cosiness and tolerability of the domestic and the possibility of radio as a genuinely public tool illustrates how this construct may have specific implications for how radio as a mass medium has been viewed. Radio may be exemplary of tensions between private and public, domestic and political because of its relationship to space: it comes from the public, out there, into the home where, at least in Brecht's view, it is absorbed and conservatised by the domestic. The receptivity of the home is isolating; the listener does not speak.

Compare this to Livesay's "housewife" figure, so productively read by Paul Tiessen in his article "Dorothy Livesay, the 'Housewife,' and the Radio in 1951." Tiessen, interested in the corporeality of the radio listener, suggests that Livesay's housewife figure offers a counterpoint to intellectual anxieties about the passive consumption of mass media. Tiessen describes Livesay's housewife as "a citizen passionate about a Canadian cultural agenda, [who] was also a radio listener who asserted the primacy of the self, of the sensate listener in real space" (207). Building on Tiessen's reading, I wish to dwell a little longer on what the citizenship of Livesay's housewife implies. This chapter argues that Livesay's mobilization of the image of the housewife destabilizes the division between public and private (and alongside this, production and consumption, masculine and feminine) in advance of the social movements that were to articulate the political operation of this distinction with greater clarity and force.

Tiessen refers us to a series of talks that Livesay prepared in the 1950s for the program *Critically Speaking* (*Dorothy Livesay and the* CBC). Here

Livesay talks back to the CBC programmers, making programming suggestions from the point of view of a mother and, in her own words, a housewife. "Like most housewives," she says in one 1951 address, "I am more frequently a daytime than an evening listener. And in looking back over the year's daytime programs it is impossible not to say: 'What a good friend the radio was to me'" (10).

The radio in this account visits the isolated housewife during her lonely hours and refrains from judging her unfinished chores. Livesay carefully positions herself as a representative of the domestic, feminine, consumer of radio; this is the very figure that looms large for many contemporaneous intellectuals as representative of the pacifying effects of mass media. Contradicting these assumptions about the interests of the housewife, Livesay asks for the CBC to block together its highbrow offerings so that they might be more easily found. In a 1952 discussion of CBC dramas, she expresses her excitement for a production of A.M. Klein's *The Second Scroll*.

She is not, however, merely asking for a "higher level" of programming from the CBC; rather, she advocates for the CBC to take a place as a truly public and interactive medium. For example, echoing her ongoing concern with documentary, she argues for "actuality broadcasts" to connect citizens across Canada (*Dorothy Livesay and the* CBC 12). This desire for access to the CBC as a public medium is expressed in tandem with a desire for the distribution of highbrow art and literature; it is public, but not populist. This is a distinction that still has much to offer current discussions about CBC programming. In these brief talks, Livesay paints a picture of the housewife as not a mere passive consumer but as an engaged participant in a public conversation–indeed, as potentially an intellectual.

Are we to take this housewife identification as anything other than ironic given that Livesay's ambitious and politically passionate documentary poem "Call My People Home" was first broadcast on the CBC just a few years earlier in 1949, and again in 1952? We might keep in mind Livesay's ongoing struggle with the CBC to get her work on air. Peggy Lynn Kelly shows that Livesay's literary style, departing from the CBC's preferred dramatic realism and straight narrative, was a major obstacle in this relationship. Livesay's housewife may be seen as a pose that allows her to communicate her ideas about public engagement and formal experimentation.

Yet, in this period, Livesay *was* a housewife. In her memoir *Journey with My Selves*, the period is treated only briefly, as a time of retreat from public life: "The war and having children changed all my perspectives: from being a participant in the struggle for a better world I became an observer. All community efforts narrowed down to that of the home" (174). Livesay also paints an image of this time as one of retreat in *Right Hand Left Hand*: "Our solution was to withdraw, settle down to family life on the North Shore" (278). In the wake of the dissolution of the radical Left during the Second World War, Livesay claims that she substituted the suburbs and domestic retreat for political engagement. The representation of this time in Livesay's life as one of domestic retreat between her publicly engaged work of the 1930s and from the 1960s on has become pervasive.

Despite this perceived preoccupation with domestic life, Livesay was in fact remarkably artistically and intellectually productive during the years in which she raised young children. In addition to the broadcasting of *Call My People Home*, Livesay was awarded two Governor General's awards, wrote fiction, poetry, and radio texts, reported for the *Toronto Star* and participated in the founding of *Contemporary Verse*. But was her work publicly engaged, or part of a general retreat from political and public concerns? I argue that, in her years of "domestic retreat," Livesay continues to be concerned with the public sphere. It is through her mobilization of the figure of the housewife that I wish to think about how this public appears in Livesay's work of this period.

Theories of the public have, of course, a longer history than I will be able to articulate here; however, I will offer a couple of views of the relationship of the intellectual to the public that might be useful in thinking about what Livesay accomplishes with her housewife figure.

Following Russell Jacoby's popularization of the term "public intellectual" in his 1987 book *The Last Intellectuals*, much thinking about the relationship of the intellectual to the public has taken for granted that a public intellectual takes on a partisan (usually, but not always, Left) and populist approach to intellectual work, in contrast to, say, the academic intellectual. Jacoby identifies a lost generation of public intellectuals: the baby boom generation, whose Marxist politics were effectively consumed by their academic success. The term "public intellectual" has circulated beyond Jacoby's original thesis to include a number of intellectuals speaking directly to a non-academic audience, frequently on topics relating to public life.

It is worthwhile, then, to remember that as recently as the 1950s, when Livesay was producing her *Critically Speaking* talks, the intellectual was almost centrally defined by a *lack* of partisan passions. This view of the intellectual frequently employed the term "disinterest" in describing the ideal function of the intellectual. This is the disinterest that we know best in English literary scholarship through Matthew Arnold, the origins of which can be found in Emmanuel Kant. In "What is Enlightenment?" written in 1784, Kant attempts to designate the private and public rights and responsibilities of the intellectual. For Kant, the freedom of original thought allowed for by the Enlightenment comes with a limit on the expression of that thought; it belongs purely to the public realm. Thus, the intellectual has a split function. For example, a clergyman has responsibilities to his congregants and must, in that capacity, reflect the values and beliefs of the church he represents. In his capacity as a scholar, however, he must enjoy an unlimited freedom to use his reason. His actions as a free intellectual are bound with the public nature of intellectual discourse. Significantly, Kant describes the intellectual's sphere of limitation as "domestic" (in the German, "Hausliche"). Insofar as the intellectual has any institutional responsibilities, he is not free, and his thought is not protected as legitimately public. Here there is a division between the domestic and the public. The public is the realm of disinterested freedom; the domestic is the realm of partiality and institutional responsibility.

Skipping ahead to 1958, Hannah Arendt, in *The Human Condition* elaborates extensively on the view, espoused by Kant, that the public role of the intellectual is defined by disinterest, suggesting a lineage for this conception of the public that begins in ancient Greece. In Arendt's schema, human affairs can be grouped into three realms: the public, the private, and the social. For the Greeks, the public realm was a neutral space; its antithesis is the domestic. Whereas the home contends with necessity, the public allows freedom from material necessity. The domestic is where women, children, and slaves contend with the animal business of life; the public is where man achieves agency and acts freely. The key idea for Arendt is that the domestic is inherently concerned with what we have come to call "interest," and the public is only truly public to the extent that it is free from interest. That much of what we understand as the public realm today is constituted by warring interests is a sign of the impoverishment of our conception of the public. In fact, we no longer have much of a public, according to Arendt, but rather a new realm—the social. The social is defined by the introduction of the material concerns, traditionally belonging to the household, into public discourse. The domination of politics by economics attests to this ascension of necessity and the material.

I've necessarily condensed this trajectory of thought about the nature of the public, the private, and the social. Key to my reading of Livesay, however, is the opposition between the domestic and the public, and the alignment of the intellectual's project with the public, which is thought to be a disinterested site. It is in this context that I am interested in Livesay's mobilization of the figure of the housewife at this point in her career.

Writing in the 1950s, Livesay poses a challenge to the split between the domestic and the public before the second wave of the feminist movement does so in a more overtly theorized fashion. In positioning the housewife as the listener who "transmits," that is to say, produces programming for the CBC, Livesay challenges the conception of the domestic, and the feminine, as passive receptacle of mass media. Livesay seems keenly aware of the limits on women's intellectual engagement in this time. Consequently, she uses the image of the housewife to leverage her way into broadcast, to keep doing what she was already doing in the 1930s and would continue doing after the rise of second-wave feminism and the new Left: engage wholeheartedly in public discourse.

To see this leveraging in action, we might look at Livesay's "Statement for New Year's Day," written to be broadcast through the CBC for a European audience on New Year's 1953 (*Dorothy Livesay*). Here she argues for a Canadian arts policy that would provide support for cultural production, suggesting the building of a functional and funded national arts council, a working and representative authors' association, and the institutional machinery necessary to represent Canada properly to UNESCO. The larger context of these concerns is a humanist argument for the arts as a source of connection in an increasingly alienating world. In this talk, not only is Livesay engaging publicly but she is also foregrounding the public context and public role of the writer. A significance of this rapid movement from housewife to, one might say, public intellectual, is that it directly contradicts the opposition between the private and the public that has been central to Kant and Arendt's understanding of the intellectual. Whereas Kant and Arendt see intellectual work as public, and necessarily sheared from the domestic, Livesay, in these talks, moves in fairly short order from being a housewife to being a writer with opinions on the structuring of arts funding. Doing so, she elides the distinction between the housewife, a vehicle for all that is private, and the intellectual, who is inherently public.

The relationship between private and public has been an ongoing concern in Livesay scholarship. In the 1986 conference proceedings *A Public and Private Voice*, a number of people theorize the contradiction and, in some cases, the permeability between Livesay's two "voices." The poetry Livesay was writing in the 1950s has been mostly aligned with her private voice, in line with the belief, mentioned earlier, that the 1950s represented a time of domestic retreat in Livesay's life. Looking at Livesay's CBC projects from this period may serve to call into question the possibility of a truly private voice for Livesay, suggesting instead that, at least after the 1930s, historical circumstances may account for the appearance of a private voice, but deeper readings might reveal the public investments of even that voice. Jonathan C. Pierce hints at this in his suggestion that the importance of Livesay as a public poet resides in the *link* she makes between the private and public in her work (23).

For Pierce, however, Livesay's public constitutes an extension of the concerns of her private work (26). If this is the case, we might be justified in aligning her not with a true public voice but with the social, to use Arendt's terms. When we look at her speech, we see this is not entirely correct; instead, we see Livesay bridging the vast space between the domestic and the public with the *language* of the social. In addressing arts funding, the role of public broadcast, and the possibilities of radio for making connections between communities, Livesay appears to be interested in calling into being a public realm, in Arendt's sense. 1950s Canada may not have had the privileged and neutral space of the polis, but the ideal of an infrastructure of funded institutions, which support cultural production by independent artists, approaches a fantasy of the polis.

In calling upon the housewife figure, Livesay appears to be drawing domestic concerns into the public realm, only to turn nearly immediately to conversations regarding programming, funding, and public policy. It seems likely that Livesay the writer held Livesay the housewife at a distance. Given Livesay's enduring commitment to a vision of "the people"—an inherently public interest—it makes sense to complicate Pierce's argument and attend to the extent to which the private as represented by Livesay appears as an extension of her public concerns.

While Livesay's approach to the public can be said to line up with Arendt's in that it is concerned with an institutional space of appearance for discussions that exceed personal material interest, Livesay differs from Arendt in one significant way. Unlike Arendt, for Livesay the domestic is not an abject zone in which the necessities underlying public life are sequestered. Instead, it is a politicized realm, affected by and implicated in the public realm. Succinctly, it is not outside of the polis. Put somewhat ahistorically, she demonstrates that "the personal is political." This slogan distills the insights of the movements that would come to radically call into question the division between the public and the private that Kant and Arendt rely on. It is, however, important to note that this is a very different claim than that of the social, which may be condensed as "the political is personal." This distinction is of increasing political significance.

In these CBC talks, when the private Livesay is extended into the public sphere it is in the form of a figure. It is through an understanding of the private Livesay as figural rather than expressive that we can most clearly see the cultural relevance of the tremendous fluidity with which the public and private circulate in Livesay's work. When we read Livesay's private voice, her housewife, as a self-conscious pose created in the service of public concerns, we can see that what appears to be most private in Arendt's sense, most domestic, is in fact a guise under which Livesay may engage with the public.

One way to situate the complicated circulation of the private and the public in Livesay's writing is as reflective of a general cultural and economic shift that would go on to shape our understandings of the political, the public, and the personal. In this framing, Livesay's circulation of the public and the private in terms that exceed Arendt's category of the social come to seem not only prescient but also inevitable. Arendt's concern over the rise of the social occurs in the context of the postwar solidification of two trends in political and cultural organization: American consumer culture on the one hand, and the Soviet Union's bureaucratization of public life on the other. The ultimate victory of the American model, which was even at the time threatening to become a global structure, may distract us from the commonality Arendt diagnosed in these trends: the creation of mass society at the expense of genuine individual engagement with democratic structures. This constituted both a political and a subjective crisis for Arendt. The rise of the social as the dominant realm in both the Soviet Union and the United States was symptomatic of the abandonment of the projects of individuality and democracy. Truly political concerns no longer appeared; in both systems, they came to be replaced by economic ones.

Livesay's prescience in her articulation of the relationship of the personal to the political could be a coincidence. Certainly, she had no way of knowing the political insights of the second wave of feminism that were soon to emerge. But I wonder if Livesay did have an intuitive knowledge about the changing nature of the public and private. In the 1950s, even as state structures appear to be consolidating (for example, the influential role of the CBC that grounds Livesay's interest in radio during this period) a movement away from nation toward global trade was already underway. The establishment of the General Agreement on Tariffs and Trade, forerunner to the World Trade Organization, in 1947, might be seen as the base to the superstructure of CBC's international New Year's Day broadcast.

If Livesay participates in this liberal internationalism in the context of the CBC talks, her understanding of the subjectivity of the housewife as something other than a consumer identity pushes back on the kinds of subjectivity that globalization encourages. As we will see, there is a tremendous difference between the housewife as a consumer and the housewife as a situated subjective position. Livesay's disposition to notice the effects of economic systems on people's lives may account for what I have called her intuitive understanding of the impact of globalization on the national public sphere.

Lynette Hunter provides us with useful vocabulary for discussing the shift in the constitution of the public that globalization is still in the process of being established. In her 2006 article "Daphne Marlatt's Poetics," Hunter addresses the changes in public culture that result from the changing nature of the nation. This article offers a working definition of public culture that accounts well for the way in which Livesay appears as a public writer:

> If "art" is the culture of the empowered and relatively-empowered group with special rights which have the money both to consume and produce, to disseminate and market, and "popular culture" is the culture of people excluded from that empowered group, then "public culture" could be defined as the culture of people at last included in "rights," including the right to cultural power. (145)

Hunter notes that the situation of knowledge is a strategy through which these newcomers may appear in the public realm, and notes that it is the model of situated knowledge that challenges what she calls "the universal/relative split of the liberal social contract" (145). We might consider Livesay's housewife as exemplifying this situatedness.

In a historical moment when the increasing exclusion of women from the public was accompanied by a retrenchment of domesticity for women, Livesay appears as a housewife to access the public. But this is not the same as *being* a housewife, wherein housewife is a rising consumer identity. Hunter's article addresses the significance of this distinction quite forcefully. Hunter argues that the twentieth century has seen a shift from Althusser's Institutional State Apparatuses, those that serve the nation, to Global State Apparatuses (GSAs), which serve the interests of global capital. Nations in general, and Canada in particular, are caught in a tension between protecting individuals against GSAs and enabling GSAs to operate within their borders (144). In this context, partiality and situatedness, which had previously been excluded from public representation and derided as "interest," come to be seen as differences between subjects; these differences acquire political relevance. Hunter warns that there is a crucial distinction to be made between the situated as a politically relevant fact for previously excluded subjects and the situated as marker of consumer identity and niche marketing. Hunter asserts, "partiality and the situated in themselves are no guarantee of democratic agency. They employ rhetorical techniques often similar to those used by GSAs to establish representations, which even if they are not representations for the individual in the nation state, are still representations for the consumer in global state structures" (147). Hunter's distinction is between the representations that enable new subjectivities to enter public discourse (those she calls *partial*), and the representations that tie difference to the individual's role as consumer (those she calls *relative*) (147). To cast this in the language of Arendt, Hunter argues that there is an expanded role for a citizen who is articulated in terms that challenge those of the universal subject in the public sphere. This is seen in our increasing belief that material previously cast as private is, in fact, infused with the political. The public must come to acknowledge and include elements that had previously been relegated to the private. This is not, however, a total evacuation of the difference between public and private, or in Arendt's language, the social. Relative identities, those that are aligned with corporate economic interests, are in Hunter's model the location of the social, and, for Hunter as much as for Arendt, they threaten the existence of a genuine public.

Livesay's leveraging of the housewife figure in her CBC broadcasts shows Livesay using the guise of the unthreatening relative subject (the housewife as consumer of radio in her lonely hours) to do the work of the situated subject. This is a further elaboration on my earlier claim that Livesay bridges the space between the domestic and the public with the language of the social. She stages the housewife as a private figure and then embodies that position to recuperate her access to the public sphere.

In Livesay's poetry written in the 1950s, there is evidence that the experience of the housewife as a relative subject is in her view an unpromising basis for participation in a wider, public discussion. In the tension between two poems of this period, we can see Livesay considering, and rejecting, the notion that the private activities of the housewife connect her with anything outside of the domestic. In 1951's "Life of the Mind," Livesay traces the fantasies of a female "inhabitant / Of silence; of one land; / Yet in the mind / Many times a traveler" (*Archive* 93–95). The title suggests two meanings: that the subject of the poem is an intellectual, engaged, if only in fantasy, in the life of the mind, and that the subject of the poem is isolated from the stream of life and discourse, a participant only in her mind. In successive scenarios, she imagines herself travelling to various European locations, then as "realmed in other consciousnesses" (93) presumably a man in a "community where all men think, yet think alike" (94). In the final imaginary scenario of the poem, the subject revisits her own childhood, and childhood in general: "Later she is thrust again / into the early area of pain." Following this we are asked if the "traveler" who lives with an "abundant throng" has lost access to her voice, before redefining the role of the voice of the poet. Instead of "being part singer, dissonant," it "must become the total song."

There are two ways one can read this transition from "part singer, dissonant" to "total song." The first reading positions the subject as multiplied by her imagination, and thereby expanded to a more universal subject. In this reading, the "abundant throng" is the multiple interior life of the artist. In a second possible reading, the final scenario is not a purely imaginary one, but a life experience of the subject, maternity. "Later she is thrust again/ Into the early area of pain,/ Her own child life; sees children grow" can be read as a return to the experience of childhood, through motherhood. In this reading, the "abundant throng" is not an internal one, but an external one comprised of the lively distractions of family. Here it is not the imagination but rather maternal experience that allows the subject to become universal. She moves, through association with the stream of domestic life from "part singer, dissonant" to "the total song." This calls to mind Livesay's earlier mass chants, which are concerned with a collective poetic voice. Perhaps the "total song," accessed through the labour of mothering has this in common with Livesay's more political poetry. This second reading's understanding of the universal is an almost exact inversion of Arendt's claims about the role of the domestic. The false universal of a "community where all men think, yet think alike" is usurped by a true universal, a total song, which is only accessible through the domestic.

This vision of the mother as accessing a poetic of the universal is significantly at odds with her evocation of the housewife as a solitary figure awaiting the arrival of the outside world through radio programming. In addition, this universal, "total song" seems more in the realm of a mythologized and ahistorical femininity than in the realm of public discourse. Her decision not to further develop and publish this poem may suggest that she ultimately could not side with a poem that suggests that maternity is the route through which the female poet participates in a "total song." "The Three Emilys" (*Self-Completing Tree*, 83), a poem of this period that did make it into print, represents a position that Livesay may have ultimately been more comfortable with. Written in tribute to Emily Brontë, Emily Dickinson, and Emily Carr, the poem insists on the impoverishment of the domestic. In this poem, family life does not bring the artist to a fusion with a larger human song but rather keeps her from an experience of the self, which is seen as necessary for the artist.

To return to Brecht's "vast network of pipes," I would like to reflect on what the fulfilment of this hope has offered, and what it has taken away. To the extent that the relative democratization of broadcast has allowed new voices to circulate, and enabled the circumvention of a tight corporate hold on the means of mass communication, it is undoubtedly a good thing. Nonetheless, at the risk of sounding nostalgic, I wonder if this unlimited circulation between private and public has produced, in Brecht's terms, an "apparatus in public life," or merely furthered the tendency Arendt saw toward the encroachment of the small concerns of the private into our understanding of the public. That the rise of the Internet parallels, in Canada, the dissolution of the structure of public funding for the arts and intellectual engagement that Livesay was interested in establishing may suggest that it is in fact part of a general diminishing of the public sphere. One doesn't have to spend a long time reading the online comments section of a major newspaper to come to the conclusion that individual grievance rather than abstract concern for good policy forms the bulk of reader responses to major political events. Similarly, a proliferation of blogs and overtly ideological media outlets may signal that while the "listener" on the Internet can talk back, he talks not to peers, but in an echo chamber. It does not appear that the decentralized democratization promised by this moment does in fact constitute (to repeat Brecht's words) "the finest possible communication apparatus in public life." Perhaps we need institutions, and certain moments of listening in the absence of the possibility of broadcasting back, to allow a truly public sphere to exist.

It is through public and non-partisan institutions, like Livesay's vision of the CBC, that the individual voice can participate in a discourse that is public in Arendt's sense of the word. Counterintuitively, an institutional gatekeeper placing limits on access to public speech allows for individuals to appear as partial rather than simply relative. Arendt's insistence on the neutrality of the public intellectual may strike us as naïve or conservative in the light of movements that establish the political content of the personal. However, quite relevantly for our political moment, Arendt warns that outside the neutral ideal of the public sphere lies not freedom but rather an encroaching and all-consuming economicism.

## *Works Cited*


Arendt, Hannah. *The Human Condition*. 2nd ed. Chicago: U of Chicago P, 1998. Print.

Brecht, Bertolt. "The Radio as an Apparatus of Communication." *Brecht on Theatre: The Development of an Aesthetic*. Trans. John Willett. Ed. John Willett. 32nd ed. New York: Hill and Wang, 2001. 51–52. Print.

Hunter, Lynette. "Daphne Marlatt's Poetics: What is an Honest Man? And Can There Be an Honest Woman?" *Open Letter: A Canadian Journal of Writing and Theory* 12.8 (2006): 143–69. Print.

Jacoby, Russell. *The Last Intellectuals: American Culture in the Age of Academe*. New York: Basic Books, 2000. Print.

Kant, Immanuel. "What is Enlightenment?" *On History*. Trans. Louis W. Beck. Ed. Louis W. Beck. New York: Bobbs-Merrill, 1963. 3–10. Print.

Kelly, Peggy L. "Dorothy Livesay and the CBC Radio: The Politics of Modernist Aesthetics, Gender and Regionalism." *Wider Boundaries of Daring: The Modernist Impulse in Canadian Women's Poetry*. Ed. Di Brandt and Barbara Godard. Waterloo, ON: Wilfrid Laurier UP, 2009. 213–36. Print.

Livesay, Dorothy. *Archive for Our Times: Previously Uncollected and Unpublished Poems of Dorothy Livesay*. Ed. Dean J. Irvine. Vancouver: Arsenal Pulp Press, 1998. Print.

——. *Dorothy Livesay and the CBC: Early Texts for Radio by Dorothy Livesay*. Ed. Hildi F. Tiessen and Paul Tiessen. Waterloo, ON: MLR Editions, 1994. Print.

——. *Journey with My Selves: A Memoir 1909–1963*. Vancouver: Douglas and McIntyre, 1991. Print.

——. *Right Hand Left Hand: A True Life of the Thirties*. Ed. David Arnason and Kim Todd Erin, ON: Porcépic, 1977. Print.

——. *The Self-Completing Tree*. 2nd ed. Vancouver: Porcepic Books, 1999. Print.

Pierce, Jonathan C. "A Tale of Two Generations: The Public and Private Voices of Dorothy Livesay." *A Public and Private Voice: Essays on the Life and Work of Dorothy Livesay*. Ed. Lindsay Dorney, Gerald Noonan, and Paul Tiessen. 2nd ed. Waterloo, ON: U of Waterloo P, 1988. Print.

Tiessen, Paul. "Dorothy Livesay, the 'Housewife,' and the Radio in 1951: Modernist Embodiments of Audience." *The Canadian Modernists Meet*. Ed. Dean Irvine. Ottawa: U of Ottawa P, 2005. 205–30. Print.

# *Afterword*

SUSAN BROWN & MARY-JO ROMANIUK

Knowledge of women's writing in Canada is on the move. New paths of inquiry, connections, and insights, as this collection richly illustrates, are emerging as this field of research embarks on major discoveries enabled by new methods of literary inquiry.

*Regenerations / Régénérations: Canadian Women's Writing / Écriture des femmes au Canada* emerged from the inaugural conference of the Canadian Writing Research Collaboratory (www.cwrc.ca), hosted by the Canadian Literature Centre/Centre de la littérature canadienne (CLC). The Collaboratory, or CWRC (pronounced "quirk"), is a path-breaking experiment in devising new ways of undertaking scholarship in a digital environment.

Virtually all of us do our research as digital writing, using email, Internet resources, and word processors as key tools in our scholarly work. But email connects us fleetingly, Internet resources are often in silos on their own and not easily collected or connected to our notes on them, and our materials remain in word processing files on our hard drives until they emerge, in print or in digital form, to be consumed but not often interacted with or reused in a digital environment. The CWRC project aims to create a new kind of environment for literary research on and about Canada. It will make it easier for scholars to work together and to share the raw materials of their research (such as bibliographies, timelines, annotations, or digitized primary texts) with each other and with the wider scholarly community. It will also provide a space for publishing in nontraditional online forms and interconnecting research results in innovative ways. CWRC aims particularly to support the work of junior scholars by mentoring, by furnishing mechanisms for tracking and reporting collaborative contributions, and by offering a welcoming space within which anyone can explore the potential of digital tools for their work.

The Collaboratory is not a research project, but rather an infrastructure project. It is funded by the Canada Foundation for Innovation to create a research environment that will demonstrate the potential of online tools to support literary inquiry and foster practices that contribute to the interoperability and longevity of digital knowledge. It will combine a repository for primary and secondary materials with an array of tools, some for creating or placing materials in the repository and others for gathering, analyzing, visualizing, and mapping materials from within and beyond the repository collections.

As its name suggests, at the heart of the Canadian Writing Research Collaboratory are participation, partnership, and collaboration—all forms of connection that have been important in scholarship on women's writing in the past, but that take new prominence and embody new possibilities in the digital era. The scholars whose work is represented in this volume represent a fraction of those who have affiliated themselves with CWRC. This participation, whether of individual projects that scholars wish to carry forward into a collaborative environment, large-scale projects such as the Editing Modernism in Canada Project or the Canadian Women's Writing Project, or of our colleagues whose research is on technical aspects of the Collaboratory, is essential to building CWRC into an environment that will meet scholars' needs.

The diverse investigations that make up the Canadian Women's Writing Project, some of which are reported in this volume, are representative of ways that digital scholarship can allow us to collaborate outside of a centralized model of large-scale research. So long as we provide the basis for connections among digital scholarly materials in ways that computers can process, the wealth of materials that the various contributors to this project produce—whether biocritical profiles of writers, bibliographies, readerly or critical responses, or analysis of patterns in publishing or poetics—will be able to interact within the CWRC environment in ways that allow unforeseen connections between texts and generations to emerge. In this respect, the Collaboratory emerges from the Orlando Project, upon whose systems CWRC builds, and its vision of the potential of computers to serve feminist literary studies. Canada needs better online representation of the strength of its female writing and fuller and more inclusive scholarly accounts: this volume shows how much both will enrich our understanding of Canada's cultural wealth.

The digital turn is transforming research so thoroughly that it is remaking our institutions. Research libraries have a long-established tradition of collecting and preserving scholarly works, albeit in the analog formats in which they were created. As research and scholarship evolve, so must the roles and practices of libraries in this new digital era. The University of Alberta Libraries are national leaders in rethinking the relationship of the library to digital research.

The Education and Research Archive (ERA), which has its genesis and home in the University of Alberta Libraries, is more than a repository for research and scholarly output. ERA embodies a technological and philosophical framework that not only supports collaboration but invites experimentation and fosters a robust relationship with researchers and new ways of doing research. The capacity and future potential of ERA has propelled the Libraries to be both a more frequent and a more active partner in research ventures. The Libraries are partnering with CWRC to enhance the repository and, moreover, to ensure that the CWRC materials are ingested and curated in such a way that they are accessible, available for future research, and amenable to preservation in the long term.

The mode of publication of this book itself, a result of a four-way collaboration among the University of Alberta Libraries, the University of Alberta Press, CWRC, and the CLC, signals, in important ways, the changing roles and relationships of university libraries and academic presses in relation to the dissemination of scholarship. This scholarly work takes advantage of traditional analog publication while simultaneously existing in an enhanced digital environment that contemplates, without presuming the specifics, the future research potential and needs of the scholarly community. This is not simply a monograph with a digital surrogate; it is a publication that lives with untapped future potential in its evolving digital representation. We are collectively excited by this exemplar of print publishing combined with the power of a repository enabling digital dissemination, access, and preservation as not only a vehicle for scholarly output but an impetus for future research and continuing scholarship.

# *Contributors / Collaborateurs*

***NICOLE BROSSARD*** est poète, romancière et essayiste. Elle est née à Montréal. Depuis 1965, elle a publié une trentaine de livres dont *Le Désert mauve, Musée de l'os et de l'eau, La lettre aérienne* ainsi qu'une *Anthologie de la poésie des femmes au Québec* (avec Lisette Girouard) et *Poèmes à dire la francophonie* (2002). Sa poésie a influencé toute une génération de poètes. Ses livres sont traduits en plusieurs langues et son œuvre a été célébrée par de nombreux prix littéraires majeurs dont le Prix du Gouverneur général en 1974 et 1984 et le prix Athanase-David. Son plus récent recueil est *Piano blanc.*

***SUSAN BROWN*** is professor of English at the University of Guelph and visiting professor at the University of Alberta. Her research interests include the digital humanities, Victorian literature, and women's writing. All of these interests inform *Orlando: Women's Writing in the British Isles from the Beginnings to the Present*, an ongoing experiment in digital literary history published online by Cambridge University Press since 2006 that she directs and co-edits. She leads the Canadian Writing Research Collaboratory infrastructure project.

***MARIE CARRIÈRE*** est directrice du Centre de littérature canadienne à l'Université de l'Alberta, où elle enseigne aussi la littérature québécoise, française et comparée. Elle a publié récemment *Médée protéiforme* (2012) aux Presses de l'Université d'Ottawa. Carrière mène des recherches sur l'écriture contemporaine des femmes, l'évolution de la pensée féministe ainsi que l'éthique en littérature.

***PATRICIA DEMERS***, Distinguished University Professor in the Department of English and Film Studies and the Comparative Literature Program at the University of Alberta, has received numerous awards for her research and teaching. The author or editor of seventeen books and over fifty articles, she has served in senior positions with the Social Sciences and Humanities Research Coucil and the Royal Society of Canada.

***LOUISE DENNYS*** is executive publisher, Knopf Random Vintage Canada Publishing Group, and executive vice-president, Random House of Canada Limited. She is a recipient of the Order of Canada for her contribution to Canadian culture; a recipient of the Queen's Diamond Jubilee Medal; and most recently the 2013 winner of the Ivy Award for her contribution to Canadian publishing and writers. She is a Doctor of Civil Law, *honoris causa*, Bishop's University, and a past president of PEN Canada.

***CINDA GAULT*** teaches at the University of Guelph. In 2012, she published *National and Female Identity in Canadian Literature, 1965–1980*. Her new project, *Abortion in Canadian Literature*, analyzes Canada's story of abortion over the twentieth century. From the mid-twentieth century to contemporary times, we see a nation and its writers wrestle with an issue that signifies myriad meanings in a changing culture.

***LUCIE HOTTE*** est vice-doyenne à la recherche à la faculté des arts de l'Université d'Ottawa où elle est aussi titulaire de la Chaire de recherche sur les cultures et les littératures francophones du Canada et professeure titulaire au département de français. Ses recherches portent surtout sur les théories de la lecture, les littératures minoritaires et l'écriture des femmes. Elle s'intéresse aussi à la réception critique des œuvres d'écrivains marginaux. Elle a beaucoup publié sur les littératures franco-canadiennes et les enjeux institutionnels propres aux littératures minoritaires.

***DEAN IRVINE*** is director of Editing Modernism in Canada/Édition du modernisme au Canada and associate professor in the Department of English at Dalhousie University. He is the author of *Editing Modernity: Women and Little-Magazine Cultures in Canada, 1916–1956*, and editor of *The*

*Canadian Modernists Meet*; *Heresies: The Complete Poems of Anne Wilkinson, 1924–1961*; and *Archive for Our Times: Previously Uncollected and Unpublished Poems of Dorothy Livesay*. With Zalig Pollock and Sandra Djwa, he is a general editor of the Collected Works of P.K. Page and its online companion, *The Digital Page*.

***GARY KELLY***, at the University of Alberta, has published books and essays on and editions of the eighteenth-century Bluestocking circle and women writers of Revolution and Romanticism in Britain and the American republic. He has also written on the Romantic novel and Newgate literature and is general editor of the multivolume *Oxford History of Popular Print Culture*. He is working on a history of British Romanticism; Romantic chronotopes; and women, learning, and lore in Romantic Britain.

***SHAUNA LANCIT*** is writing a dissertation on the public intellectual contributions of Pauline Johnson, Dorothy Livesay, and Dionne Brand. Her writing, which theorizes and fantasizes the relationships between intellectual work, poetics, and publics, has appeared in *Open Letter*, *Tessera*, and *Fireweed*, in numerous zines, and in the form of public performance. She wrote her contribution to this collection mostly during her son's nap time.

***MARY MCDONALD-RISSANEN*** traces her roots back to Prince Edward Island where she was born, brought up, completed her earlier degrees, and now spends her summers. For the rest of the year, Mary teaches English at the University of Tampere (Finland) where she defended her doctoral dissertation on early women's life writing. Mary's archival research on ordinary PEI women's diaries has culminated in her new book, *In the Interval of the Wave: Prince Edward Island Women's Nineteenth- and Early Twentieth-Century Life Writing* (McGill-Queen's University Press, 2013).

***LINDSEY MCMASTER*** teaches in the Department of English Studies at Nipissing University. Her research and teaching focus on early Canadian literature, especially the works of women writers and the genre of Canadian gothic. Her book, *Working Girls in the West: Representations of Wage-Earning Women* (2007), examines depictions of women in Canada's workforce, focusing on writers such as Montreal's J.G. Sime and turn-of-the-century prostitute Madeleine Blair. She has also published on gothic dimensions in the works of L.M. Montgomery.

***MARY-JO ROMANIUK*** is an adjunct professor at the School of Library and Information Studies, University of Alberta while at the University of Southern California Libraries and Marshall School of Business. Prior to her current positions she was chief librarian (acting) at the University of Alberta, having previously been associate university librarian–Information and Financial Resources. At that time, she first engaged with the Canadian Writing Research Collaboratory initiatives and this project. She is committed to fostering and preserving traditional formats for scholarly publication while exploring innovative interfaces and technologies that expand the reach and interactivity of scholarship and scholarly communication.

***JULIE ROY*** a obtenu le Prix de la Chaire d'étude Claire-Bonenfant sur la condition des femmes en 2004 pour sa thèse de doctorat intitulée *Stratégies épistolaires et écritures féminines : Les Canadiennes à la conquête des lettres (1639–1839)*. Ses recherches post-doctorales ont porté sur l'histoire littéraire des femmes, la presse et la formation des couventines et elle a codirigé le projet *Histoire littéraire des femmes : stratégies de légitimation et principes de filiation (1837–1882)* (CRSH, 2006–2011). Elle est archiviste à Bibliothèque et Archives Canada depuis 2007.

***SUSAN RUDY*** is a literary critic and feminist theorist whose research focuses on the connections between feminist theory and women's lives. On extended leave from her position as professor of English at the University of Calgary, she is currently director of The Rhodes Project in London and visiting research fellow, Institute of English Studies, School of Advanced Study, University of London. Her current research includes, with Kate Blackmon (Said School of Business, University of Oxford), a forthcoming Oxford University Press book on the gender gap in leadership. See "'and you think you have it all mapped out': Women Rhodes Scholars' Work-Life Identity Narratives" (http://rhodesproject.com/publications/).

**CHANTAL SAVOIE** est professeure au département d'études littéraires de l'Université du Québec à Montréal et chercheure au Centre de recherche interuniversitaire sur la littérature et la culture québécoises (CRILCQ). Elle fait partie du collectif qui rédige la série *La vie littéraire au Québec* (Presses de l'Université Laval, six tomes parus) et elle s'intéresse principalement aux pratiques littéraires des femmes et à leur place dans le champ littéraire canadien-français, de même qu'à la culture de grande consommation.

**MAÏTÉ SNAUWAERT**, professeure adjointe à l'Université de l'Alberta, s'intéresse au vieillissement, au deuil et à la fin de la vie dans la littérature française, canadienne et américaine. Son ouvrage *Philippe Forest, la littérature à contretemps* (Éditions Cécile Defaut, 2012) est la première monographie sur un écrivain français dont l'œuvre s'inspire de l'expérience de la perte d'un enfant. À ses publications s'ajoutent la direction et codirection de numéros spéciaux sur Marguerite Duras (*Dalhousie French Studies* 95, 2011) et Sophie Calle (*Intermédialités* 7, 2006). Chroniqueuse pour *Lettres québécoises*, elle collabore aussi à la revue culturelle *Spirale*.

**ROSEMARY SULLIVAN**, OC, is the author of thirteen books, including biographies of Elizabeth Smart, Gwendolyn MacEwen, Margaret Atwood, and the collective biography, *Villa Air-Bel: World War II, Escape, and a House in Marseille*. She has won numerous prizes for her books, including the Governor General's Award for Non-fiction, the Toronto Book Award, and the Yad Vashem Canadian Book Prize. She worked as the director of Literary Journalism at the Banff Centre for the Arts, and has held Trudeau, Jackman, and Guggenheim Fellowships.

**SHEENA WILSON** is an assistant professor at Campus Saint-Jean, University of Alberta. Her research involves an interdisciplinary approach to studying cultural representation of human and civil rights abuses and women's issues in literature, film, and media. Dr. Wilson is director of the Centre d'écriture bilingue at Campus Saint-Jean, co-director of the Petrocultures Research Group (petrocultures.com) and editor-in-chief of the online journal *Imaginations: Journal of Cross-Cultural Image Studies/Revue d'études interculturelles de l'image.*

# Index

*The index to the French chapters appears on pages 307–310.*
*L'index des textes francophones se trouve aux pages 307–310.*

# Index

*L'index des textes anglophones se trouve aux pages 293-305.*
*The index to the English chapters appears on pages 293-305.*

# *Other Titles from*
# *The University of Alberta Press*

Cultural Mapping and the Digital Sphere: *Place and Space*
RUTH PANOFSKY & KATHLEEN KELLETT, Editors

336 pages | Foreword, 35 illustrations and maps, bibliography, notes, appendices, index
978-1-77212-049-3 | $39.95 (T) paper
978-1-77212-056-1 | $31.99 (T) EPUB
978-1-77212-057-8 | $31.99 (T) Kindle
978-1-77212-058-5 | $31.99 (T) PDF
Canadian Literature/Digital Humanities/Essays

Landscapes of War and Memory: *The Two World Wars in Canadian Literature and the Arts, 1977–2007*
SHERRILL GRACE

600 pages | 30 B&W photographs, notes, bibliography, index
978-1-77212-000-4 | $49.95 (T) paper
War & Cultural Memory/Literature, Visual Arts & Film

Poets Talk: *Conversations with Robert Kroetsch, Daphne Marlatt, Erin Mouré, Dionne Brand, Marie Annharte Baker, Jeff Derksen, and Fred Wah*
PAULINE BUTLING & SUSAN RUDY

216 pages | Notes, bibliography, index
A volume in cuRRents, a Canadian literature series
978-0-88864-431-2 | $34.95 (T) paper
Literary Criticism